# A REABILITAÇÃO DA RESIDÊNCIA NOS CENTROS HISTÓRICOS DA AMÉRICA LATINA

CB020512

ROSÍO FERNÁNDEZ BACA SALCEDO

# A REABILITAÇÃO DA RESIDÊNCIA NOS CENTROS HISTÓRICOS DA AMÉRICA LATINA

## CUSCO (PERU) E OURO PRETO (BRASIL)

editora
unesp

© 2007 Editora UNESP

Direitos de publicação reservados à:
Fundação Editora da UNESP (FEU)

Praça da Sé, 108
01001-900 – São Paulo – SP
Tel.: (0xx11) 3242-7171
Fax: (0xx11) 3242-7172
www.editoraunesp.com.br
feu@editora.unesp.br

CIP – Brasil. Catalogação na fonte
Sindicato Nacional dos Editores de Livros, RJ

B115r

Salcedo, Rosío Fernández Baca
   A reabilitação da residência nos centros históricos da América
Latina: Cusco (Peru) e Outro Preto (Brasil) / Rosío Fernández Baca
Salcedo. São Paulo: Editora UNESP, 2007.

   il.

   ISBN 978-85-7139-757-6

   1. Patrimônio cultural - Proteção - Cusco (Peru). 2. Patrimônio
cultural - Proteção - Ouro Preto (MG). 3. Habitações - Cusco
(Peru). 4. Habitações - Ouro Preto (MG). 5. Edifícios históricos
- Conservação e restauração - Cusco (Peru). 6. Edifícios históricos
- Conservação e restauração - Ouro Preto (MG). I. Título.

7-1095.                                          CDD: 363.69
                                                 CDU: 351.853

Este livro é publicado pelo projeto *Edição de Textos de Docentes e
Pós-Graduados da UNESP* – Pró-Reitoria de Pós-Graduação
da UNESP (PROPG) / Fundação Editora da UNESP (FEU)

Editora afiliada:

Asociación de Editoriales Universitarias
de América Latina y el Caribe

Associação Brasileira de
Editoras Universitárias

*A José Aparecido, meu esposo,
aos meus filhos Marcelo e Vinícius
e aos meus pais César e Olga.*

# AGRADECIMENTOS

Agradeço a minha orientadora, professora Dra. Amalia Ines Geraiges de Lemos, pela dedicação e experiências transmitidas, que contribuíram para minha formação profissional; à professora e amiga Dra. Lívia de Oliveira, pelas valiosas lições e experiências transmitidas na elaboração da tese.

Ao Instituto Nacional de Cultura em Cusco e ao Instituto do Patrimônio Histórico, Artístico Nacional em Ouro Preto, pelas informações concedidas. Em especial aos moradores dos centros históricos de Cusco (Peru) e Ouro Preto (Brasil), pela colaboração e disposição em responder às perguntas do questionário.

À Fundunesp pelo auxílio recebido para a pesquisa de campo em Cusco, ao Pibic-CNPq pela bolsa discente e ao Programa Capes/PICD pela bolsa de deslocamento.

# SUMÁRIO

# Prólogo

Quando recebi o convite para realizar o prólogo deste livro, fiquei muito emocionada por duas circunstâncias que acontecem simultaneamente. Em primeiro lugar, a autora foi minha aluna de doutorado num curso novo, com perspectivas diferentes desde a sua fundação, faz já mais de dez anos. Refiro-me ao Prolam (Programa de Integração Latino-Americana, da Universidade de São Paulo), um projeto de pós-graduação interdisciplinar, no qual se aprende a conviver e a trabalhar com diversas áreas do conhecimento. No caso do trabalho de Rosío Fernández Baca Salcedo, encontramos com aqueles que se preocupam com o espaço, com a sociedade, enfim, com a história, que os torna arquitetos, geógrafos, sociólogos, economistas, entre outros cientistas sociais.

Em segundo lugar, tenho a oportunidade de falar sobre as cidades – em todos os tempos, em todos os lugares – e sobre a formação delas no espaço-tempo, relação considerada o maior produto da realização humana.

Quando os espanhóis chegaram à América Latina, encontraram as cidades das civilizações preexistentes, tanto aquelas do México como as da América do Sul. Refiro-me a todo o império inca, que se estendia desde o sul da Colômbia até o noroeste e centro do Chile e a Argentina, onde a presença de centros religiosos já era a representação simbólica do poder materializado no espaço. Essas cidades possuíam importantes construções, de imponentes formas arquitetônicas, tanto para a realização de cultos, como para residência dos monarcas e das cortes que os rodeavam.

Manifestavam-se nessas construções as diferenças de classes por meio não apenas de suas posições e de sua complexidade funcional e formal, como também pelos materiais com que eram construídas.

Entre essas civilizações, constataram-se as diferenças formais de suas construções, como o formato dos tetos, as inclinações à maneira de taludes e as plataformas superpostas nas suas pirâmides. Percebia-se também uma forte consciência de adaptação arquitetônica às exigências físicas do relevo e do clima. Podemos mencionar, por exemplo, as cidades maias, na América Central e, especialmente, a cidade inca de Machu Picchu, no Peru.

Com a chegada dos ibéricos, a partir do século XVI, a América Latina transformou-se em uma cópia – *sui generis* – do mundo europeu mercantil e burguês. A vigorosa cultura européia dirigia os processos econômicos desde as sedes do poder – as cidades –, que foram fundadas com esses objetivos e que determinavam as influências e os limites das regiões. Embora os espaços latino-americanos fossem, desde sua colonização, urbanos e rurais, coube à cidade realizar, a partir da sede ou invadindo e dominando as áreas rurais, o comando para impor normas, costumes, cultura e outras exigências à vida espontânea da população.

Quando o espanhol Hernan Cortés destruiu a cidade indígena Tenochtitlán e construiu a capital da Nova Espanha no mesmo sítio e com os mesmos materiais, pretendeu mudar o domínio simbólico que tinha a primeira capital sobre a população autóctone. A mesma atitude foi tomada pelos outros conquistadores, em todas as cidades encontradas pelo caminho, de Bogotá até o centro-norte da Argentina e do Chile. O valor do sítio e de sua posição e as condições geográficas que tinham estes aglomerados foram aproveitados para efetivar mais rapidamente a imposição da nova religião, da nova língua, de outros costumes, de outros cotidianos para, dessa maneira, conseguir-se, com maior facilidade, a exploração econômica.

Povoados, aldeias e cidades indígenas ficaram subjugados ao processo civilizatório ibérico, em especial o espanhol. O império português, somente a partir do século XVIII – quando Salvador (na Bahia) e Recife (sob domínio holandês) já eram cidades importantes –, exerceu alguma influência sobre a aristocracia agrária (que residia em suas fazendas, gostando muito da vida rural, e preocupados apenas com a produção da cana-de-açúcar) para que ela vivenciasse a vida urbana.

Desde os primeiros séculos da formação territorial na América, houve um forte empenho da Espanha, a partir da cidade e pela cidade, na formação de uma sociedade urbana, compacta, homogênea e militante de uma ideologia sobre outra realidade, a da sociedade autóctone, considerada amorfa e sem possibilidades de criação de uma identidade.

A combinação desses fatores deveria resultar, como produto da rede de cidades do império espanhol, em uma América hispânica, européia, católica e, sobretudo, totalmente dependente da metrópole, respondendo aos seus anseios, em um domínio territorial que se estendia desde o centro-oeste dos Estados Unidos e das terras e ilhas do Golfo do México e do mar do Caribe até a Patagônia.

Embora essas cidades fossem fundadas para cumprir esse papel que acabamos de desenhar, elas criaram, no seu processo de formação, uma identidade latino-americana própria, a partir da realidade econômica e dos aspectos culturais da época.

A idéia de inaugurar uma nova Europa na América não estava sendo tarefa fácil de ser realizada, especialmente a partir do século XVIII, devido aos constantes conflitos entre os "peninsulares" e os *criollos* (como são denominados os primeiros espanhóis nascidos na América hispânica), sobretudo nas capitais dos vice-reinados, onde esses embates ocorriam com maior intensidade.

A cidade imaginada e formulada na Lei das Índias por Felipe II, no século XVI, era um projeto; mas a cidade real, apenas um ponto isolado em um enorme espaço continental. A cidade real era pequena, acanhada e, sobretudo, miserável, com uma população branca minoritária, com muito temor e sozinha, em uma região ampla e desconhecida, cujo real povo, o indígena, tinha que ser enfrentado e *catequizado*.

As cidades portuguesas do Brasil Colonial foram diferentes, desde sua fundação até as funções que desempenharam ao longo do processo de formação. Produto da relação campo-cidade, eram outras as formas de organização, das quais se destacam as funções de centro de exportação e de importação e de sítio de recursos minerais (ouro, diamante e pedras preciosas em geral), embora, como no caso espanhol, a situação de classes da sociedade urbana se apresentava com sérias e profundas divisões. Era a sociedade dos fidalgos, dos peninsulares e dos outros, entre os quais estavam, no último degrau, os negros escravos e os índios.

Essa sociedade introduziu formas concretas em seu espaço urbano, produzindo catedrais, igrejas, prédios de ordens religiosas, palácios, casas, moradias dos mais diversos estilos, todos de origem européia, mas com as marcas da mestiçagem que naturalmente se realizava e que até hoje deixam admirados aqueles que conhecem essas construções.

Enfim, não tenho dúvidas de que a matéria-prima do livro de Rosío Salcedo – as cidades de Cusco, no Peru, e de Ouro Preto, no Brasil – ajudará a resolver as incógnitas que surgem para aqueles que se preocupam com o tema da reabilitação dos centros históricos.

O que penso ser ainda o mais importante neste livro é que a autora teve e tem interesse não pelas formas monumentais daquelas cidades históricas, mas pelas residências e suas ocupações nos dias de hoje. Poderia ainda afirmar que Rosío está preocupada com a degradação que os centros antigos de todas as cidades da América sofrem, devido às novas influências estrangeiras que recebem e que desvalorizam ainda mais essas formas urbanas que concentram nelas os processos históricos e sociais que as produziram.

*Amália Inês Geraiges de Lemos*
*Departamento de Geografia da Universidade de São Paulo*
*São Paulo, março de 2007*

# INTRODUÇÃO

Este livro é o resultado da tese de doutorado apresentada no Programa de Pós-Graduação em Integração da América Latina (Prolam), em novembro de 2003. Este trabalho realiza um estudo comparativo das residências entre dois países da América Latina: os centros históricos de Cusco (Peru) e Ouro Preto (Brasil), ambos reconhecidos como Patrimônio Nacional e como Patrimônio Cultural da Humanidade, geograficamente situados em região montanhosa, importantes centros de comércio, serviços e turismo.

Os centros históricos representam principalmente o traçado inicial da cidade, são estruturas urbanas e arquitetônicas que expressam as manifestações políticas, econômicas, sociais, culturais e tecnológicas, das formações sociais dos diferentes períodos históricos, por meio dos quais evoluiu, estruturas unitárias ou fragmentárias, ainda que se tenham transformado ao longo do tempo e se apresentem como testemunhos de civilizações do passado. Remetem-se fundamentalmente às categorias administrativa, histórica, social, econômica, urbana, arquitetônica e ambiental.

Uma das funções das cidades e dos centros históricos desde sua origem é a residencial. A residência é o abrigo ou hábitat do homem, o palco permanente das atividades de descanso, lazer e serviços em geral, ligados aos hábitos e práticas de uma sociedade, sendo a arquitetura seu espaço construído. Como tal, a arquitetura residencial é a testemunha viva das manifestações sociais e culturais das gerações anteriores e da nossa, sendo de fundamental importância sua salvaguarda.

Os centros históricos da América Latina, Cusco e Ouro Preto, entre outros, destacam-se por sua relevância cultural, histórica, urbana e arquitetônica. O processo de formação urbana do centro histórico de Cusco e a evolução da arquitetura residencial passam por três períodos: inca, colonial e republicano.

No período inca (de 1200 a 1532), Cusco foi a capital do império do Tahuantinsuyo. O espaço urbano estava constituído basicamente por três zonas hierarquizadas: o centro nobre, que abrigava o governo central, os serviços urbanos e regionais; a moradia para a nobreza; e a área de expansão. A arquitetura residencial estava caracterizada pela "cancha inca" (dois ou mais cômodos construídos em pedra), implantada em torno de um pátio central. Com a conquista dos espanhóis, em 1532, grande parte do território do Tahuantinsuyo passou a constituir o vice-reinado do Peru, colônia da Espanha. Cusco passou de capital do Tahuantinsuyo a cidade de intercâmbios comerciais. Organizou-se sobre a estrutura urbana inca, conservando o sistema viário básico da cidade antiga. A área ocupada pelos espanhóis estava localizada nas áreas privilegiadas da cidade e abrigava os equipamentos para administração pública, comércio, saúde, educação, religião e segurança, ao passo que a área ocupada pelos índios localizava-se nos bairros dos *curacas* da antiga estrutura inca e abrigava suas casas e os equipamentos para saúde e religião. A residência dos espanhóis foi implantada principalmente sobre as fundações da arquitetura inca e estava caracterizada pelo uso de adobe na construção e pela distribuição dos cômodos em torno de um pátio central.

Na República, Cusco é capital da região inca. Atualmente a cidade está caracterizada por três zonas: o centro histórico, as áreas novas de expansão e os *pueblos jovens* ou favelas. Em 1980, Cusco é reconhecida como Patrimônio Nacional e Patrimônio Cultural da Humanidade. A residência sofre a influência principalmente dos estilos arquitetônicos: neoclássico, eclético, neocolonial e moderno. Apesar das mudanças no uso do solo e da modificação de algumas construções existentes, o centro histórico de Cusco preserva grande parte de suas edificações antigas, caracterizadas pelas construções coloniais e pela superposição inca e colonial. Herança recebida das culturas inca e hispânica.

Por sua vez, o processo de formação urbana de Ouro Preto teve início no final do século XVII. No período colonial, Ouro Preto é reconhecida juridicamente como Vila Rica. A arquitetura residencial estava influenciada pelos estilos colonial e barroco, o edifício conformava um bloco único e compacto, construção em taipa de pilão ou pau-a-pique.

Vila Rica é elevada por Dom Pedro I à "Imperial cidade de Ouro Preto", em 1825, e como capital da província de Minas Gerais, tornou-se importante centro administrativo, de comércio e de serviços em nível regional. A arquitetura sofre a influência do neoclássico.

Em 1897, a transferência da capital política do Estado de Minas Gerais, de Ouro Preto para a cidade de Belo Horizonte, provocou um período de declínio e de esvaziamento. No entanto, a instalação da indústria, das faculdades federais e, principalmente, a declaração de Monumento Nacional em 1933 e o título de Patrimônio Cultural da Humanidade concedido pela Unesco em 1980 tornaram Ouro Preto um importante centro cultural e de turismo em nível regional, nacional e internacional. Nesse período, a arquitetura sofre a influência dos estilos eclético e neocolonial.

Apesar das relevâncias histórica, urbana e arquitetônica, as residências nos centros históricos de Cusco e Ouro Preto estão caracterizadas pela perda da qualidade de hábitat, deterioração, descaracterização e mesmo destruição. Perante essa ameaça, as instituições do patrimônio, tanto em Cusco como em Ouro Preto, têm realizado esforços consideráveis para documentar, legislar, tombar, preservar e fiscalizar o patrimônio residencial, seguindo as orientações nacionais e internacionais de preservação. Essas medidas não foram suficientes para preservar o patrimônio arquitetônico residencial e manter os moradores.

Neste livro, trabalhou-se com base nas seguintes hipóteses: as atividades do comércio e dos serviços concentram-se cada vez mais no lugar da função residencial, ocasionando a expulsão dos moradores. A falta de uma legislação específica para o centro histórico, implementação e fiscalização, a falta de mecanismos de financiamento para a reabilitação das residências, o controle do Imposto Territorial Urbano (IPTU) e dos aluguéis, a subdivisão dos lotes e das construções, a alocação dos cômodos com áreas e condições de conforto insuficientes, entre outros, estão contribuindo para o adensamento, a descaraterização, a deterioração e a destruição do patrimônio arquitetônico residencial e a deficiente qualidade das residências. Como a natureza dos centros históricos é a residência, é de suma importância a reabilitação das residências (a preservação do patrimônio arquitetônico, a qualidade e a permanência dos moradores) como instrumento de sua salvaguarda.

Apesar das várias pesquisas realizadas sobre as cidades de Cusco e Ouro Preto em relação à história, à arquitetura, à reabilitação, à restauração, ao urbanismo, entre outros aspectos, não existem trabalhos que estudem a qualidade das residências e a relação dos moradores com suas residências nesses centros históricos. Hoje torna-se cada vez mais relevante a salvaguarda dos centros históricos, em especial do patrimônio arquitetônico residencial, que são testemunhos vivos das formações sociais dos diferentes períodos históricos através dos quais evoluiu. É importante também visar à permanência da composição social dos moradores.

Os objetivos traçados são: mostrar os processos de formação dos espaços urbanos e caracterizar a arquitetura residencial nos centros históricos de Cusco e Ouro Preto; analisar a relação dos moradores e de suas residências e realizar uma comparação das residências nos centros históricos de Cusco e Ouro Preto; e propor uma reflexão sobre os critérios para a reabilitação da residência como instrumento de salvaguarda desses centros históricos. Para tal, utiliza-se o método comparativo que "[...] é um procedimento ordenado e sistemático de pôr em relação para observar, descrever, explicar e interpretar semelhanças, diferenças e relações, objetos, fenômenos e instituições" (Lemos, 2003). Abordam-se as questões teóricas que irão subsidiar a compreensão, interpretação, análise e discussão dos resultados. Utilizam-se como técnicas a aplicação de questionários, o levantamento métrico, o desenho das plantas e fachadas das residências no Autocad 14 e a quantificação das informações. Por último, espera-se contribuir com os estudos sobre a reabilitação das residências e a salvaguarda dos centros históricos de Cusco e Ouro Preto – Patrimônio Nacional e Cultural da Humanidade.

# 1
## QUADRO TEÓRICO: AS MEDIDAS DE SALVAGUARDA DO PATRIMÔNIO ARQUITETÔNICO NOS CENTROS HISTÓRICOS, PATRIMÔNIO CULTURAL DA HUMANIDADE

Abordar as medidas de salvaguarda do patrimônio arquitetônico nos centros históricos reconhecidos como Patrimônio Cultural da Humanidade leva à necessidade de explanar os conceitos de patrimônio arquitetônico, patrimônio cultural da humanidade ou patrimônio mundial, centros históricos, assim como refletir sobre a salvaguarda do patrimônio: identificação, proteção, conservação, restauração, reabilitação, manutenção e revitalização dos centros históricos.

O *patrimônio arquitetônico* "é um capital espiritual, cultural, econômico e social cujos valores são insubstituíveis" (Conselho da Europa. Manifesto de Amsterdã, 1995, p.246).

Diante da ameaça da destruição desse patrimônio não somente pelas causas naturais da degradação, mas também pelas mudanças da vida social e econômica, para a proteção desse patrimônio, a Organização das Nações Unidas para a Educação a Ciência e a Cultura (Unesco) (Convenção sobre a salvaguarda do patrimônio..., 1995, p.178) realizou em Paris a Convenção sobre a Salvaguarda do Patrimônio Mundial, Cultural e Natural, em 1972. Essa reunião expressa que "alguns bens do patrimônio cultural e natural apresentam um interesse excepcional e, portanto, devem ser preservados como elementos do patrimônio mundial da humanidade inteira". Além disso, é definido o conceito de *patrimônio cultural*:

- os monumentos: obras arquitetônicas, de escultura, ou de pintura monumentais, elementos ou estruturas de natureza arqueológica, inscrições, cavernas e grupos de elementos que tenham um valor universal excepcional do ponto de vista da história, da arte ou da ciência;
- os conjuntos: grupos de construções isoladas ou reunidas que, em virtude de sua arquitetura, unidade ou integração na paisagem, tenham um valor universal excepcional do ponto de vista da história, da arte ou da ciência;
- os lugares: obras do homem ou obras conjugadas do homem e da natureza, bem como as áreas que incluam sítios arqueológicos, de valor universal excepcional do ponto de vista histórico, estético, etnológico ou antropológico.

Assim, os centros históricos são conjuntos com valores histórico, artístico ou da ciência. Interpretar a dinâmica atual dos centros históricos requer situar a conjuntura no contexto: temporal, espacial e cultural. No marco das transformações urbanas, desmembrar a heterogeneidade de sua estrutura interna e conhecer as formas como nossa sociedade interpreta e valoriza os centros históricos. Portanto, pode-se ter uma visão consciente na sua proposta.

Para entender os centros históricos, é preciso compreender: o que são os centros históricos? Será que todas as cidades abrigam um centro histórico ou existe uma diferença entre o centro da cidade e o centro histórico de uma cidade? Abordam-se essas questões tomando-se por base as diferentes definições de centros da cidade e de centros históricos.

Para Santos (1981, p.181), o "centro urbano da cidade" caracteriza-se:

> por uma paisagem arquitetural e humana muito mais complexa que nos setores precedentes. Além do mais, sua localização não é necessariamente central [...] nos países subdesenvolvidos suas características mais marcantes são a de constituir o módulo principal da rede de vias urbanas (quanto a este ponto, pode haver vários centros dentro de uma mesma cidade) e de apresentar uma forte concentração de serviços de todos os níveis, especialmente comércios.

É importante ressaltar que o conceito de "centro urbano" remete à funcionalidade econômica, ao passo que o de *centro histórico* refere-se fundamentalmente às categorias administrativa, histórica, urbana, arquitetônica, social, econômica e ambiental. A categoria administrativa corresponde à legislação urbana e arquitetônica específica para a área delimitada como centro histórico.

A definição de centro histórico abrange, em princípio, somente suas características urbanísticas, arquitetônicas e históricas. Posteriormente, sua salvaguarda compreenderá o compromisso social vinculado à política de residência.

O governo da Itália, por meio da Carta de Restauro (1995, p.212), reunião realizada na Itália, em 1972, define assim *centros históricos*:

> Para efeito de identificar os centros históricos, levam-se em consideração não apenas os antigos centros urbanos, assim tradicionalmente entendidos, como também, de um modo geral, todos os assentamentos humanos cujas estruturas unitárias ou fragmentárias, ainda que se tenham transformado ao longo do tempo, hajam se constituído no passado ou, entre muitos, os que eventualmente tenham adquirido um valor especial como testemunho histórico ou características urbanísticas ou arquitetônicas particulares.
>
> Sua natureza histórica refere-se ao interesse que tais assentamentos apresentarem como testemunhos de civilizações do passado e como documentos de cultura urbana, inclusive independentemente de seu intrínseco valor artístico ou formal, ou de seu aspecto peculiar enquanto ambiente, que podem enriquecer e ressaltar posteriormente seu valor, já que não só a arquitetura, mas também a estrutura urbanística, têm por si mesmas um significado e um valor.

Entende-se histórico como tudo aquilo que expressa relevância na vida social e cultural de uma comunidade, e não somente os fragmentos mais antigos ou aqueles vinculados a um acontecimento "histórico", mas também aqueles relacionados com o cotidiano. Muitas vezes, principalmente na América Latina, destruíram-se inúmeras edificações civis, pensando que somente aquelas edificações de caráter político e religioso teriam importância "histórica".

Pela categoria arquitetônica, o centro histórico apresenta as edificações dos diversos estilos e períodos históricos por meio dos quais evoluiu a cidade. Além disso, a categoria do centro histórico não está apenas representada em sua arquitetura, mas também na estrutura urbana. Podemos dizer que os centros históricos apresentam o traçado inicial da cidade e uma grande concentração de edificações de valor histórico, arquitetônico e afetivo, e constituem um conjunto urbano ainda preservado.

Só com base na Resolução de São Domingos (1974), assume-se o compromisso social e da política de residência nos centros históricos, assim:

> A *salvação dos centros históricos* é um compromisso social além de cultural e deve fazer parte da política de residência, para que nela se levem em conta os recursos potenciais que tais centros possam oferecer. Todos os programas de intervenção e resgate dos centros históricos devem, portanto, trazer consigo soluções de saneamento integral que permitam a permanência e melhoramento da estrutura social existente. (Organização dos Estados Americanos..., 1995, p.225)

Para Hardoy & Santos (1983a), a natureza dos centros históricos *"no se agota a la estructura física. El patrimonio arquitectónico de los centros históricos está indisolublemente unido al valor social de la población que los habita y, por ende, la acción sobre el conjunto no debe atender sólo los aspectos físicos"*. É importante ressaltar que, na Resolução de São Domingos, a intervenção nos centros históricos vai além do aspecto formal arquitetônico e urbano. Percebemos então que, para preservar os centros históricos, é necessário permitir a permanência dos seus moradores e melhorar as condições de residência.

Já a Unesco e o Proyecto Regional de Patrimônio Cultural Andino, no "Coloquio sobre la preservación de los Centros Históricos ante el crecimiento de las ciudades contemporáneas", realizado em Quito (Equador), em 1977, definem:

> *Como* Centros Históricos *a todos aquellos asentamientos humanos vivos, fuertemente condicionados por una estructura física proveniente del pasado, reconocibles como representativos de la evolución de un pueblo.*

*Como tales se comprenden tanto asentamientos que se mantienen ínte-*
*gros, desde aldeas a ciudades, como aquellos que a causa de su crecimiento,*
*constituyen hoy parte o partes de una estructura mayor.*

*Los Centros Históricos, por sí mismo y por el acervo monumental que*
*contienen, representan no solamente un incuestionable valor cultural sino*
*también económico y social.*

*Los Centros Históricos no sólo son patrimonio cultural de la humanidad*
*sino que pertenecen en forma particular a todos aquellos sectores sociales*
*que los habitan.*

Além das categorias formal, social, histórica e cultural, nesse colóquio é ressaltada a categoria econômica dos centros históricos. Segundo a Organização dos Estados Americanos (OEA) (1995, p.131),
nas Normas de Quito de 1967:

parte do pressuposto de que os monumentos de interesse arqueológico,
histórico e artístico constituem também recursos econômicos da mesma forma que as riquezas naturais do país. Conseqüentemente, as medidas que levam a sua preservação e adequada utilização não só guardam
relação com os planos de desenvolvimento, mas fazem ou devem fazer
parte delas.

À medida que o patrimônio é preservado, atrai-se a atenção do
visitante e há um aumento da demanda de comerciantes interessa-
dos em instalar estabelecimentos apropriados às necessidades dos
usuários.

Assim, na pesquisa de campo, abordam-se as categorias administrativa, histórica, arquitetônica, econômica, social e ambiental das
residências nos centros históricos de Cusco e Ouro Preto, uma vez
que a salvação dos centros históricos é sobretudo um compromisso
social fundamentado na salvaguarda do patrimônio, na permanência de seus moradores e na melhoria da residência.

Entenda-se por "*salvaguarda* a identificação, a proteção, a conservação, a restauração, a reabilitação, a manutenção e a revitalização
dos conjuntos históricos ou tradicionais e de seu entorno" (Organização das Nações Unidas... Recomendação relativa à salvaguarda...,
1995, p. 255).

O pensamento sobre a salvaguarda do patrimônio arquitetônico e dos centros históricos vem ao encontro das primeiras intervenções realizadas na Itália e na França, sobre as diferentes teorias do restauro até as Cartas Patrimoniais Internacionais que norteiam as intervenções em nível nacional, regional e local no mundo. A prática de intervir em edificações de épocas precedentes é bastante antiga. Cada período histórico e cada localidade tiveram uma maneira própria de se relacionar com o passado, renegando-o ou a ele se ligando, dando continuidade ou fazendo escolhas seletivas.

As intervenções no edifício anteriores ao século XVIII estavam voltadas apenas para sua adaptação às necessidades da época, segundo as orientações do arquiteto; muitas vezes, em detrimento do próprio bem, essa intervenção acaba não sendo uma restauração. Apesar de, no Renascimento, ter havido admiração pelas construções do passado, essas construções apenas serviram de fonte de materiais para a construção de novos edifícios: "Muitas vezes essas operações ficaram incompletas, permitindo que parte do monumento original sobrevivesse, sendo um caso notável o Coliseu" (Kulh, 1998, p.181).

Na Europa, as teorias iluministas estavam embasadas na razão e no método científico:

> Desde o século XVIII vinham alterando as relações na arquitetura, suas teorias e aplicações. Mas, é com o advento da revolução industrial que este fato consolida-se, criando alternativas para mudanças radicais não somente na arquitetura, mas sobretudo no *modus vivendi* dos povos ocidentais. As novas relações de trabalho, a urbanização repentina, a possibilidade de novas tecnologias construtivas, a viabilização do uso de outros materiais, alteraram sobremaneira as relações do homem com seu *habitat*. (Simão, 2001, p.23)

É no contexto dessas grandes transformações que surge a preocupação com a salvaguarda do patrimônio. Também é a partir do século XVIII que a noção de história, como entendida hoje, começou a formar-se. O interesse de artistas, arquitetos, arqueólogos e historiadores por edifícios de épocas passadas intensificou-se. Na Itália, surgia o interesse pela Antiguidade clássica grega e romana;

tratava-se de modelos que eram seguidos pelas artes. Kulh (1998, p.183) ressalta:

> No que se refere às obras de restauração em Roma, destaca-se o período do governo francês (1798-1814). Durante a administração napoleônica foi criada a Comissão para o Embelezamento de Roma que contava com a contribuição de, entre outros, Antônio Canova e Giuseppe Valadier. Durante o pontificado de Pio II (1800-1823) prosseguiam com vigor renovado os trabalhos de restauração, apesar das graves consequências econômicas da ocupação napoleônica para a região. [...] A intervenção era voltada para a recomposição ou consolidação do monumento, utilizando as partes originais ainda existentes. Este tipo de intervenção ficou conhecido, na Itália, como "restauro arqueológico".

Na França, do fim do século XVIII ao início do XIX, a Revolução Francesa demarcou uma época de destruições, vandalismos e saques praticados contra as obras de arte e arquitetura, com o intuito de destruir os símbolos da classe dominante. Na raiz disso, o Estado formula a primeira legislação sobre a preservação.

Nesse contexto, as teorias sobre a restauração e a conservação dos monumentos foram abordadas principalmente por Viollet-le-Duc, Ruskin e Boito, no século XIX, e por Brandi, no século XX. Restaurar ou conservar são duas questões teoricamente abordadas desde o século XIX até os dias de hoje. Atualmente a polêmica continua em relação a como fazer.

Eugéne Viollet-le-Duc (1814-1879), arquiteto e restaurador, em 1840, responde pela restauração da Madeleine de Vézela e, em 1844, com Lassus a de Notre Dame de Paris. Para Le-Duc (1865), "restaurar um edifício não é conservá-lo, repará-lo ou refazê-lo; é restituí-lo a um estado de inteireza que pode jamais ter existido em um dado momento". Restaurar seu estilo, sua forma, sua estrutura segundo o estilo original do edifício, é dizer restabelecer a unidade do estilo. Os acréscimos ocorridos ao longo do tempo são normalmente desprezados em nome de uma unidade estilística e de um retorno à situação original do monumento, quase sempre suposta e não comprovada.

O bom restauro, no conceito de Le-Duc, é manter a estrutura física original do edifício, utilizar critérios estilísticos próprios do período, utilizar elementos novos que devem ser autênticos em relação aos originais, "efetuar reintegrações mesmo que não tivessem jamais existido, devemos nos colocar no lugar do arquiteto primitivo e supor que coisa ele faria se tornasse ao mundo e tivesse diante de si o mesmo problema". A restauração de Le-Duc fundamentava-se na hipótese de algo que é incompleto e que pode ser reintegrado segundo a unidade estilística do período no qual o edifício foi construído.

Muitos aspectos de seus ensinamentos ainda são válidos, como manter as características estruturais originais não somente em sua aparência externa, mas no seu modo de funcionamento.

Na Inglaterra, no século XIX, contemporaneamente aos ensinamentos de Le-Duc, surgiu um movimento antagônico que visava à preservação do edifício original, assim como suas ampliações e modificações que eram consideradas de importância histórica para sua conservação. John Ruskin, estudioso da arquitetura medieval, foi um dos primeiros teóricos dessa tendência, conhecida na Itália como "restauro romântico".

John Ruskin nasceu em Londres, em 1819, e tinha um espírito analítico e sensível. Sua veneração pela arquitetura era manifestada continuamente por meio de seus livros – *As sete lâmpadas da arquitetura* e *As pedras de Venecia* –, textos que influenciaram na evolução da arquitetura inglesa, passando de uma tendência pseudoclássica ao estilo gótico.

Para Ruskin (1956, p.235), a arquitetura deveria ser sacramentada. A título desta, deveremos consagrar-lhe nossas maiores meditações: "poderemos viver sem ela, mas não poderemos relembrar sem ela [...] se os homens vivessem verdadeiramente como homens, suas casas seriam templos, templos que apenas ousariam tocar e nelas seria sagrado poder viver". Além disso, para Ruskin, a arquitetura possuía alma. Alma que lhe era dada pelo seu construtor, criador. Assim, a restauração não poderia jamais restituir a alma que era única. Essas eram as razões pelas quais Ruskin não aceitava a restauração. A restauração era "a destruição mais completa que poderia sofrer um edifício, destruição da qual não poderia salvar-se a menor parte, destruição acompanhada de uma falsa descrição do monumento destruído [...] é impossível ressuscitar aos mortos como restaurar o que foi grande ou belo em arquitetura" (idem, p.237).

Ruskin (1956, p.246) admite que os edifícios deveriam ser cuidados, conservados, construídos para sempre: "a maior glória de um edifício não depende em efeito nem de sua pedra, nem de seu ouro, sua glória está em sua idade". Isso manifesta que a vida do edifício tinha um começo e um fim por si só, sem a intervenção do homem.

No último quartel do século XIX, a preservação na Itália toma novas posturas mais equilibradas em relação às posições extremas de Le-Duc e Ruskin. Essas novas atitudes são conhecidas no país como "restauro histórico" e "restauro moderno". Seus representantes são Luca Beltrami e Camillo Boito, respectivamente, sendo o primeiro uma personalidade eminentemente prática e o segundo teórica.

No restauro histórico, o monumento era considerado essencialmente um documento. As intervenções nele feitas deveriam ser baseadas em informações obtidas de arquivos, livros, gravuras etc., assim como na análise da própria construção.

Para Camilo Boito, conservar e restaurar são dois conceitos confusos. No texto *Restaurare e conservare*, Boito (1893) constrói uma visão crítica do século XIX, tanto da unidade estilística de Viollet-le-Duc como da visão contemplativa e sacramentalista de Ruskin. Boito critica o acréscimo de elementos no restauro do edifício trabalhados por Le-Duc, pois eles conferem uma falsa leitura. Boito também critica a visão contemplativa e de inviolabilidade ou sacramentalista de Ruskin, quando expressa que o restaurador tem de ser como o cirurgião: não pode deixar morrer o edifício. Para Boito, o restaurador tem de ser eticamente responsável e não passar uma falsa leitura.

Boito vai apontar três categorias para o restauro: restauro arqueológico, pictórico e arquitetônico. Além dessas categorias, ele estabelece princípios que deveriam ser considerados na restauração do edifício: diferença do estilo entre o novo e o velho, diferença de materiais de construção, supressão dos ornatos, permanência dos elementos originais do monumento, colocação em alguma parte da data do restauro, descrição do monumento, descrição e fotografia dos diversos períodos do trabalho.

Enfim, a restauração deveria deixar claro para a posteridade as intervenções realizadas no edifício por meio do estilo próprio da época de intervenção, dos materiais de construção, da data de restauro e da documentação na intervenção realizada. Esses princípios são até hoje considerados na restauração.

O "IV Congresso degli ingegneri e architetti italiani del 1883", realizado em Roma com a participação de Boito, elaborou a primeira carta de restauração do país e teve grande influência sobre as subseqüentes.

É importante ressaltar que, contemporaneamente à Exposição de Paris de 1889, realizou-se o Congresso Internacional sobre a Proteção de Obras de Arte e dos Monumentos, em junho de 1889. Segundo Kulh (1998, p.194):

> O congresso emite a moção que, no futuro, todas as vezes em que se intervier em uma obra de arte, seja de arquitetura, seja de escultura, seja de pintura, o autor da restauração, assistido de uma comissão composta de arqueólogos, pintores, escultores e arquitetos, elabore um duplo memorial relatando, pormenorizadamente, o estado da obra antes e depois da restauração.
>
> Temas também mencionados no congresso foram a preservação das cercanias dos monumentos públicos e as propostas para a proteção dos monumentos históricos em tempos de guerra.

Esse congresso foi um importante ponto de intercâmbio e um embrião de reuniões posteriores, das quais resultariam recomendações internacionais sobre a preservação dos monumentos históricos.

Camillo Sitte e Alois Riegl são dois austríacos, importantes por suas considerações sobre o patrimônio histórico. Camillo Sitte, arquiteto e urbanista, trabalhava como profissional autônomo desde o início da década de 1870. Em 1875, assumiu a direção da Escola de Artes e Ofícios de Salzburgo, tratando das questões relacionadas à preservação dos monumentos.

Em seu livro *Der Staddtebau nach seinen Kunstlerrischen Grundsatzen* (A Construção das Cidades Segundo seus Princípios Artísticos), publicado em 1889, Sitte fez uma análise minuciosa dos tecidos urbanos das cidades antigas. Procurou apontar as razões, do ponto de vista estético, pelas quais as pessoas se sentem "bem" nessas cidades, ressaltando o papel da assimetria. Posicionava-se contra a excessiva rigidez e simetria dos projetos urbanísticos contemporâneos a ele, criticava o isolamento dos monumentos, e defendia a preservação e perpetuação dos tecidos urbanos tradicionais. (Kulh, 1998, p.195)

Sitte preocupou-se com a estética das cidades, defendendo o urbanismo como arte e a preservação das edificações históricas.

No século XIX, o crescimento caótico das cidades manifesta-se nos países industrializados, onde se dá a migração das populações mais abastadas em direção à periferia, conseqüência do uso de automóveis, abandonando as áreas centrais das cidades que, assim, tendem a se deteriorar por falta de recursos. No século XX, nos países em desenvolvimento, as cidades caracterizam-se pela maciça migração rural, que se instala em bairros marginais carentes de serviços e de infra-estrutura urbana, e nas edificações deterioradas do centro histórico, onde os aluguéis são baixos. Os perigos da descaracterização, deterioração, abandono e mesmo a destruição do patrimônio arquitetônico e urbano, que se manifestam constantes em nossa época, fizeram que primeiramente a Europa e depois a América se preocupassem com a preservação do patrimônio. Assim, em nível internacional, realizaram-se reuniões para a salvaguarda do patrimônio redigidas nas "Cartas Patrimoniais" que norteiam a preservação do patrimônio no nível nacional, regional e local.

A Carta de Atenas, realizada pela Sociedade das Nações em Atenas (1995, p.15), em 1931, recomenda algumas considerações na restauração dos monumentos: "nos casos em que uma restauração pareça indispensável em função da deterioração ou destruição, a conferência recomenda que se respeite a obra histórica e artística do passado, sem prejudicar o estilo de nenhuma época". Essa primeira recomendação é muito vaga, pois não especifica sobre a importância ou não dos acréscimos no edifício. Além disso, expressa "que se

mantenha uma utilização dos monumentos, que assegura a continuidade de sua vida, destinando-os sempre a finalidades que respeitem
seu caráter histórico ou artístico". Em relação às técnicas, a Carta de
Atenas recomenda "o emprego adequado de todos os recursos da
técnica moderna e especialmente o cimento armado". Especifica,
porém, que esses meios de reforço devem ser dissimulados, salvo im-
possibilidade, a fim de não alterar o aspecto e o caráter do edifício a
ser restaurado. Assim, essa recomendação concorda com os princípios estabelecidos por Boito e muda o conceito de restauro defendi-
do por Viollet-le-Duc, no qual os materiais e técnicas de restauro
deveriam ser idênticos à construção original.

A Carta de Atenas de 1931 (Sociedade das Nações, 1995, p.17)
aceita ainda que "na falta deles [os modelos originais], a execução
[pode ser feita por meio] de moldes". Isto é, pode-se copiar os elementos originais da construção por meio de moldes, mas, como sugere
Boito, é necessário diferençá-los do elemento original por meio de
datas, cores etc. pois, o elemento novo deve ter a leitura de sua época.

Le Corbusier, em defesa da cidade moderna, racional com funções definidas e setorizadas, defende junto a seus pares a reformata-
ção dos núcleos urbanos. As ruas estreitas e as referências do passado deveriam ser preservadas tão-somente quando não incomodassem
os ideais do modernismo; sobre estes, Le Corbusier coordenou a
Carta de Atenas de 1933.

Assim, em relação ao Patrimônio Histórico das Cidades, a Carta
de Atenas realizada pelo Congresso Internacional de Arquitetura
Moderna (Ciam) (1995, p.59), em Atenas, em 1933, expressa:

> A morte, que não poupa nenhum ser vivo, atinge também as obras
> dos homens. É necessário saber reconhecer e discriminar nos testemu-
> nhos do passado aquelas que ainda estão vivas. Nem tudo que é passa-
> do tem, por definição, direito à perenidade; convém escolher com sabe-
> doria o que deve ser respeitado [...] nos casos em que se esteja diante de
> construções repetidas em numerosos exemplares, algumas serão conser-
> vadas a título de documentário, as outras demolidas; em outros casos
> poderá ser isolada a única parte que constitua uma lembrança ou um
> valor real; o resto será modificado de maneira útil.

Enfim, em casos excepcionais, poderá ser aventada a transplantação de elementos incômodos por sua situação, mas que merecem ser conservados por seu alto significado estético ou histórico.

Assim, o conceito de patrimônio apenas abrange as obras de culturas anteriores. Também, nem toda construção antiga deve ser conservada, só aquelas que apresentam um valor histórico, artístico e significado quer prático quer emocional. Além disso, a Carta de Atenas de 1933 sobre o patrimônio histórico expressa:

- os valores arquitetônicos devem ser salvaguardados (edifícios isolados e conjuntos urbanos);
- serão salvaguardados se constituírem a expressão de uma cultura anterior e se corresponderem a um interesse geral;
- se sua conservação não acarreta o sacrifício de populações mantidas em condições insalubres;
- se é possível remediar sua presença prejudicial com medidas radicais: por exemplo o destino de elementos vitais de circulação ou mesmo deslocamento de centros considerados até então imutáveis;
- a destruição de cortiços ao redor dos monumentos históricos dará a ocasião para criar superfícies verdes;
- o emprego de estilos do passado, sob pretextos estéticos, nas construções novas erguidas em zonas históricas, têm conseqüências nefastas. (Sociedade das Nações, 1995, p.59-61)

A Carta de Atenas, visando discutir um novo urbanismo e uma nova arquitetura, renegava a herança do passado. Os monumentos seriam conservados quando não contrariassem as novas posturas em relação à higiene, salubridade e circulação. Grande parte do tecido estava sendo condenada à demolição. No entanto, é importante sua apreciação em relação à não-utilização de estilos arquitetônicos do passado. Assim, na arquitetura, para Harvey (1992, p.42):

as idéias do CIAM, de Le Corbusier e de Mies Van der Rohe, tinham a primazia na luta para revitalizar cidades envelhecidas ou arrasadas pela guerra (reconstrução e renovação urbana), reorganizar sistemas de transporte, construir fábricas, hospitais, escolas, obras públicas de todos os tipos e, por último não menos importante, construir habitações para uma classe trabalhadora potencialmente inquieta.

Para solucionar questões de insalubridade das habitações, do congestionamento do trânsito, entre outros, os urbanistas modernos planejaram as cidades em grande escala, criando as superestruturas, as infra-estruturas e a zonificação da cidade. Primeiro na Europa, depois na América, colocaram em prática a renovação urbana como solução para os problemas urbanos, principalmente na área central. A Inglaterra adotou uma legislação municipal e nacional de planejamento bastante rigorosa. Restringiu a suburbanização (demoliu habitações miseráveis) e a substituiu pelo desenvolvimento planejado de alta densidade, seguindo o modelo de Le Corbusier (construiu habitações de alta densidade, escolas, hospitais, fábricas etc.). Nos Estados Unidos, a deterioração do centro das cidades provocada pela saída de empregos e pessoas gerou a renovação urbana subsidiada pelo governo; para tal efeito, demoliram-se e reconstruíram-se os centros urbanos mais antigos. Entenda-se por renovação urbana:

> *la acción de demoler las edificaciones existentes en un área determinada y la construcción de acuerdo con los planos de zonificación de nuevas estructuras para el mismo o diferentes usos a las que estaban destinadas las edificaciones demolidas y la provisión de los servicios comunales correspondientes.*(Pozo Diaz, 2000, p.272)

A renovação urbana também foi instrumento de intervenção nos centros históricos da América Latina; como exemplo disso temos a construção da Avenida Sol em Cusco (Peru) e a remodelação da Praça Tiradentes em Ouro Preto (Brasil). Na Colômbia:

> O caso recente da destruição do bairro de Santa Bárbara, em Bogotá, e a construção da Nova Santa Fé demonstram o que significou a expulsão da população pelo Banco Central Hipotecário e a construção de grandes conjuntos residenciais para outras faixas de maior renda. Assim, a "revitalização" do centro histórico é concebida como uma "renovação" não só municipal, como também social. (Gutierrez, 1989, p.145)

Infelizmente, a renovação urbana destruiu inúmeras edificações com grande valor histórico, arquitetônico e cultural, além da destruição de fragmentos urbanos das cidades tradicionais.

As modificações e até destruições das edificações de vários centros urbanos, geradas pelas tentativas de modernização, especulação imobiliária, renovação e pela Segunda Guerra Mundial, mudaram a forma de se pensar sobre a preservação e restauração do patrimônio. Assim, a destruição causada pela guerra provocou na Itália o questionamento do método científico e das teorias. Diante de milhares de monumentos bombardeados e centros urbanos atingidos, na Itália tentou-se salvar ao máximo possível os monumentos, foram realizadas recomposições e reconstituições com formas simplificadas; em casos de destruição em grande escala, tentou-se a anastilose,[1] e só em casos de destruição total renunciou-se a qualquer tipo de intervenção.

Do dualismo entre os aspectos histórico e estético de uma mesma obra, nasceu o chamado "restauro crítico", vertente surgida em meados da década de 1940 e que contava, entre seus principais teóricos, com Renato Bonelli, Cesare Brandi, entre outros. Kulh (1998, p.204) ressalta que para Renato Bonelli:

A nova e moderna teoria parte de um procedimento lógico que aplica ao tema a estética espiritualista: se arquitetura é arte, e por conseqüência a obra arquitetônica é obra de arte, o primeiro dever do restaurador deverá ser o de individualizar o valor do monumento, ou seja, reconhecer neste a presença maior ou menor da qualidade artística. Mas esse reconhecimento é ato crítico, juízo fundado sobre o critério que identifica no valor artístico e, por isso, nos aspectos figurativos, o grau de importância e o valor mesmo da obra; sobre isso é baseado o segundo dever, que é o de recuperar, restituindo e liberando, a obra de arte, vale dizer o complexo inteiro de elementos figurativos que constituem a imagem e através dos quais esta realiza e exprime a própria individualidade e espiritualidade.

Qualquer operação deverá estar subordinada ao objetivo de reintegrar e conservar o valor expressivo da obra, uma vez que o objetivo a alcançar é a libertação de sua forma verdadeira.

---

1 Anastilose é a recolocação em seus lugares dos elementos originais encontrados (Instituto do Patrimônio Histórico e Artístico Nacional, 1995, p.17).

Ao contrário, quando as destruições forem tão graves ao ponto de ter grandemente mutilado ou destruído a imagem, não é absolutamente possível rever o monumento; este não pode ser reproduzido, dado que o ato criador do artista não é repetível.

Bonelli fez restrições ao chamado "restauro científico". Para ele, deviam-se preservar a forma e o estilo do edifício.

Cesare Brandi criou na Itália o Instituto Centrale del Restauro e dirigiu-o de 1939 a 1961. Lecionou na Universidade de Palermo e foi um dos mais eminentes teóricos da preservação. Em 1963, publicou em Roma seu livro de título original *Teoria del restauro*, com posterior tradução ao espanhol como *Teoria de la restauración*. Seus textos tiveram, e ainda têm, uma grande influência na restauração.

Para Brandi (1996, p.56), a restauração consiste no momento metodológico do reconhecimento da obra de arte, na sua consistência física e em sua dupla polaridade estética e histórica, em ordem a sua transmissão ao futuro. O momento metodológico é o reconhecimento da obra como obra de arte e produz-se intuitivamente na consciência individual, que conduz ao comportamento futuro em relação à obra de arte: "O comportamento do indivíduo que reconhece essa obra de arte personifica instantaneamente a consciência universal a que exige a missão de conservar e transmitir a obra de arte ao futuro".

Segundo Brandi, a consistência física da obra de arte representa o mesmo lugar da manifestação da imagem, assegura a transmissão da imagem ao futuro, garante em definitivo sua percepção na consciência humana. A instância estética corresponde à ação básica da qualidade do artístico; pela qual a obra de arte é obra de arte; e a instância histórica concerne-lhe como produto humano realizado num certo tempo e lugar, em que se localiza sobremaneira. Brandi (1996, p.16-7) estabelece dois axiomas para a restauração:

1. Restaura-se só a matéria da obra de arte. A matéria desdobra-se em estrutura e aspecto. O material do aspecto deve ser o original, enquanto o material da estrutura pode ser substituído por um outro mais resistente. O aspecto é o material visível aos olhos.

2. A restauração deve dirigir-se ao restabelecimento da unidade potencial da obra de arte, sempre que isso seja possível, sem cometer uma falsificação artística ou uma falsificação histórica, e sem apagar o vestígio do transcurso da obra de arte através do tempo. A unidade potencial da obra de arte está contida em seu todo e em cada um dos seus fragmentos.

Essa unidade potencial conceituada por Brandi é diferente da unidade estilística de Viollet-le-Duc. Brandi (1996, p.26-7) também define três princípios em relação ao restauro:

1. A reintegração deve ser reconhecível sempre e com facilidade, sem que, por isso, tenha de romper a unidade que se pretende reconstruir. Assim, a reintegração deverá ser invisível desde a distância na qual a obra de arte venha a ser contemplada; porém, imediatamente reconhecível e sem necessidade de instrumentos especiais, quando se acesse a uma visão apenas mais próxima.

2. A matéria que compõe a margem é insubstituível unicamente onde colabore diretamente a figuração da imagem, ou seja, o aspecto.

3. Refere-se ao futuro: qualquer intervenção de restauração não tornará impossíveis eventuais intervenções futuras; pelo contrário, elas serão facilitadas.

Na restauração, segundo Brandi (1996, p.29), o tempo e o espaço constituem as condições formais de qualquer obra de arte e aparecem estreitamente fundidos no ritmo que configura a forma. O tempo encontra-se na obra de arte em três momentos responsáveis por seu aspecto fenomenológico: a duração, momento da formulação da obra pelo artista; o intervalo entre o fim do processo criativo e a consciência da obra; e o átimo, quando a obra de arte instaura na consciência do fruidor.

De acordo com Brandi, na restauração, para apresentar uma operação legítima, não se deverá conceber o tempo como algo reversível, nem abolir a história. Pelo contrário, na restauração devem-se diferençar as zonas reintegradas e o respeito à pátina. Brandi (1996, p.39) ressalta outras duas instâncias importantes a serem levadas em consideração na restauração do edifício: a história e a estética.

Na restauração, segundo a instância da historicidade, apresenta-se a questão da conservação ou a eliminação dos acréscimos na construção ou reconstrução do edifício. Desde o ponto de vista histórico, os acréscimos sofridos por uma obra de arte não são mais que novas testemunhas da atividade humana, porém da história. O acréscimo não se diferencia do núcleo original e tem idêntico direito à sua conservação; ao contrário disso, sua eliminação destrói um documento, o que conduz à negação e destruição de um acontecer histórico e à falsificação da informação.

Para Brandi (1996, p.46), na restauração, segundo a instância estética, o acréscimo deve ser eliminado. Porém, numa obra de arte surge novamente a questão: qual das duas instâncias se impõe? Impor-se-á aquela que tem a maior importância na obra de arte. Cada caso é um caso. Mas, se o elemento acrescentado descaracteriza, desnaturaliza, ofusca em parte a obra de arte, tal acréscimo deverá ser eliminado.

Em suma, Brandi ressalta: é sempre um juízo de valor o que determina a escolha de uma ou outra instância na conservação ou a eliminação dos acréscimos nos edifícios a serem restaurados. Houve divergências entre os teóricos do chamado "restauro crítico". Assim, era o maior rigor de Brandi em relação à preservação dos traços históricos e à condenação de reconstituições, se comparado a Bonelli.

Também, em relação aos projetos de intervenção em centros históricos, a "Recomendação relativa à salvaguarda da beleza e do caráter das paisagens e sítios" (Organização das Nações Unidas..., 1995, p.99), evento realizado pela Unesco, em Paris, em 1962, ressalta para a:

> construção de edifícios públicos e privados de qualquer natureza. Seus projetos deveriam ser concebidos de modo a respeitar determinadas exigências estéticas relativas ao próprio edifício e, evitando cair na imitação gratuita de certas formas tradicionais e pinturescas, deveriam estar em harmonia com a ambiência que se deseja salvaguardar.

Assim, a elaboração de projetos em áreas históricas deve expressar o estilo da época em harmonia com a arquitetura existente, não se deveria permitir a imitação de estilos do passado.

No contexto desses debates teóricos, realizou-se a Carta de Veneza, sendo resultado do II Congresso Internacional de Arquitetos e Técnicos de Monumentos Históricos: Carta Internacional sobre a Conservação e Restauração de Monumentos e Sítios, evento realizado em Veneza, em maio de 1964. A Carta de Veneza (Conselho Internacional de Monumentos e Sítios, 1995, p.109) define que monumento histórico:

> compreende a criação arquitetônica isolada bem como o sítio urbano ou rural que dá testemunho de uma civilização particular, de uma evolução significativa ou de um acontecimento histórico. Estende-se, não só às grandes criações mas também às obras modestas, que tenham adquirido, com o tempo, uma significação cultural.

Assim, a restauração começa pelo reconhecimento das edificações significativas para a humanidade, pelo seu valor histórico e artístico. Isso não significa que só as edificações de grande porte tenham um valor, mas também as construções modestas de residências simples. Em relação à restauração, a Carta de Veneza (idem, p.110) expressa:

> A restauração é uma operação que deve ter caráter excepcional. Tem por objetivo conservar e revelar os valores estéticos e históricos do monumento e fundamenta-se no respeito ao material original e aos documentos autênticos. Termina onde começa a hipótese; no plano das reconstituições conjeturais, todo trabalho complementar reconhecido como indispensável por razões estéticas ou técnicas destacar-se-á da composição arquitetônica e deverá ostentar a marca do nosso tempo. A restauração será sempre precedida e acompanhada de um estudo arqueológico e histórico do monumento.

Além disso, a Carta de Veneza (idem, p.111) recomenda que a consolidação do monumento pode ser assegurada com o emprego de todas as técnicas modernas:

a unidade de estilo não é a finalidade a alcançar no curso de uma restauração. Quando um edifício comporta várias etapas de construção superpostas, a exibição de uma etapa subjacente só se justifica em circunstâncias excepcionais e quando o que se elimina é de pouco interesse, e o material que é revelado é de grande valor histórico, arqueológico ou estético, e seu estado de conservação é considerado satisfatório.

Essa nova abordagem elimina o conceito de unidade estilística de Viollet-le-Duc e, ao contrário, considera que se devem respeitar os diferentes estilos do edifício. Em relação aos acréscimos, expressa: "os elementos destinados a substituir as partes faltantes devem integrar-se harmoniosamente ao conjunto, distinguindo-se, todavia, das partes originais, a fim de que a restauração não falsifique o documento de arte e de história". Podemos dizer que a Carta de Veneza sofre a influência da teoria de restauro de Brandi, no que se refere à conservação dos estilos que se apresentam no edifício e em relação aos acréscimos.

A Carta de Veneza (p.110) recomenda também que "a conservação dos monumentos históricos é sempre favorecida por sua destinação a uma função útil à sociedade". É importante ressaltar que a Carta de Veneza de 1964 traz contribuições importantes para a preservação, valorizando a função social do patrimônio e ressaltando que o patrimônio não só é constituído por obras de grande escala, mas também das criações modestas, da arquitetura residencial.

Já a Organização dos Estados Americanos (OEA) (1995, p.133), pelas Normas de Quito, evento realizado em 1967, estende o conceito generalizado de monumentos às manifestações próprias da cultura dos séculos XIX e XX. Propõe que os monumentos estejam em função do turismo: "os valores propriamente culturais não se comprometem ao vincular-se com os interesses turísticos e, longe disso, a maior atração exercida pelos monumentos e a afluência crescente de visitantes contribuem para afirmar a consciência de sua importância e significação nacional".

Além disso, as Normas de Quito (Organização dos Estados Americanos, 1995, p.141) propõem a legislação para o espaço urbano ocupado pelos núcleos ou conjuntos monumentais de interesse ambiental; delimita as seguintes zonas:

a) zona de proteção rigorosa, que corresponderá à de maior densidade monumental ou de ambiente;

b) zona de proteção ou respeito, com maior tolerância;

c) zona de proteção da paisagem urbana, a fim de procurar integrá-la com a natureza circundante.

As medidas de intervenção nos centros históricos vão desde a eliminação das habitações insalubres e dos bairros degradados (Carta de Atenas de 1933), nas quais predominava uma preocupação de caráter social, até paulatinamente desencadear em técnicas que desenvolvessem um novo tipo de intervenção que reestruturasse os centros das cidades. Assim, a renovação urbana surge para revalorizar um espaço de localização privilegiada no marco da cidade.

Nas décadas de 1960 e 1970, diante da experiência de que as técnicas de renovação urbana levavam a um alto custo social e econômico, e principalmente à destruição de complexos urbanos nas áreas históricas, surge a reabilitação como medida de preservação, revitalização e modernização, mantendo as funções, o tecido urbano e social, e fixando nas residências o grupo social que mora (Colegio Oficial de Arquitectos..., 1985, p.105).

Vários são os países da Europa que, preocupados com a preservação, revitalização do patrimônio, principalmente das residências nos centros históricos, promulgam a legislação para *reabilitação do patrimônio*.

Entenda-se a reabilitação como:

uma ação que preserva, o mais possível, o ambiente construído existente (pequenas propriedades, fragmentação no parcelamento do solo, edificações antigas) e dessa forma também os usos e a população moradora. A reforma necessária na infra-estrutura existente para adaptá-la a novas necessidades procura não descaracterizar o ambiente construído herdado. Nos edifícios busca-se fazer "intervenções mínimas" indispensáveis para garantir conforto ambiental, acessibilidade e segurança estrutural. (Maricato, 2001, p.126)

Na Dinamarca, em 1969, a Lei de Erradicação das Habitações Degradadas inclui medidas especiais para programas de reabilitação em áreas urbanas: ajudas e empréstimos. Na Grã-Bretanha, em 1969, a Lei de Habitação designa concessão de ajudas até 50% (estruturas e saneamento básico) para reabilitar casas deterioradas. Na Áustria, em 1971, a Lei Federal para a promoção da reabilitação urbana e rural limita os interesses especulativos privados por meio do desenvolvimento de projetos de reabilitação nos centros das cidades. Também em 1971, na Itália, a Lei n° 1.552 viabiliza os programas de reabilitação com financiamentos a baixo custo para residências nos centros históricos (Colegio Oficial de Arquitectos..., 1985, p.105-16).

Assim, a legislação sobre a reabilitação em alguns países da Europa irá incentivar essa ação em alguns centros históricos, tais como Bolonha (Itália), e influenciará nas reuniões internacionais sobre o patrimônio, ainda que, na Carta de Restauro, trate-se apenas da questão formal do edifício e dos conjuntos urbanos.

Outra importante contribuição na restauração dos monumentos está expressa na Carta do Restauro (Governo da Itália, 1995, p.195), realizada em abril de 1972, na qual se define que salvaguarda é:

> qualquer medida de conservação que não implique na intervenção direta sobre a obra; entende-se por restauração qualquer intervenção destinada a manter em funcionamento, a facilitar a leitura e a transmitir integralmente ao futuro as obras e os objetos definidos nos artigos precedentes.

A Carta do Restauro acrescenta às anteriores cartas patrimoniais e às teorias de Boito e Brandi a documentação necessária para o projeto de restauro e estende o conceito de restauro para os centros históricos. Além disso, a Carta do Restauro (idem, p.198) expressa:

> qualquer intervenção deve ser previamente estudada e justificada por escrito e deverá ser organizado um diário de seu desenvolvimento, a que se anexará a documentação fotográfica de antes, durante e depois da intervenção. Serão documentadas, ainda, todas as eventuais investigações e análises realizadas com o auxílio da física, da química, da microbiologia e de outras ciências.

Vê-se a necessidade de documentar qualquer intervenção no edifício, com o objetivo de facilitar futuros estudos e intervenções neste. Também, a Carta do Restauro (p.204) recomenda:

a realização do projeto para a restauração de uma obra arquitetônica deverá ser precedida de um exaustivo estudo sobre o monumento, elaborado de diversos pontos de vista (que estabelecem a análise de sua posição no contexto territorial ou no tecido urbano, dos aspectos tipológicos, das elevações e qualidades formais, dos sistemas e caracteres construtivos, etc), relativos a obra original, assim como aos eventuais acréscimos ou modificações. Parte integrante desse estudo serão pesquisas bibliográficas, iconográficas e arquivísticas, etc., para obter todos os dados históricos possíveis. O projeto se baseará em uma completa observação gráfica e fotográfica, interpretada também sob o aspecto metrológico, dos traçados reguladores e dos sistemas proporcionais e compreenderá um cuidadoso estudo específico para a verificação das condições de estabilidade.

A Carta do Restauro (p.204-5) destaca algumas especificações técnicas para a restauração:

no caso de paredes em desaprumo, por exemplo, mesmo quando surgiram a necessidade peremptória de demolição e reconstrução, há que se examinar primeiro a possibilidade de corrigi-los sem substituir a construção original [...] a eventual substituição de paramentos murais [...] deverá ser sempre distinguível dos elementos originais, diferenciando os materiais ou as superfícies de construção recente; mas, em geral, resulta preferível realizar em toda a extensão do contorno da reintegração uma sinalização clara e persistente, que mostre os limites da intervenção. Isso poderá ser conseguido com uma lâmina de metal adequado, com uma série contínua de pequenos fragmentos de ladrilho, ou com frestas visíveis, mais ou menos largas e profundas, segundo o caso.

Admite-se, como Brandi (1996), preservar a pátina da pedra que deve ser conservada por evidentes razões históricas, estéticas e também técnicas, já que ela desempenha uma função protetora, como ficou demonstrado pelas corrosões que se iniciam a partir das lacunas da pátina. Podem-se eliminar as matérias acumuladas sobre as pedras, como detritos, pó, fuligem, fezes de pombo etc, usando apenas escovas vegetais ou jatos de ar com pressão moderada. Em relação aos centros históricos, a Carta do Restauro (Governo da Itália, 1995, p.212) expressa:

> as intervenções de restauração nos centros históricos têm a finalidade de garantir através de meios e procedimentos ordinários e extraordinários a permanência no tempo dos valores que caracterizam esses conjuntos. A restauração não se limita, portanto, a operações destinadas a conservar unicamente os caracteres formais de arquiteturas ou de ambientes isolados, mas se estende também à conservação substancial das características conjunturais do organismo urbanístico completo e de todos os elementos que concorrem para definir tais características.

Assim, com base nessa recomendação, dá-se importância à restauração do conjunto urbano e não só aos edifícios isolados. Além disso, a Carta do Restauro (idem, p.213) considera que:

> os centros históricos sejam reorganizados em seu mais amplo contexto urbano e territorial e em suas relações e conexões com futuros desenvolvimentos; tudo isso, além do mais, com o fim de coordenar as ações urbanísticas de maneira a obter a salvaguarda e a recuperação do centro histórico a partir do exterior da cidade, através de um planejamento físico territorial adequado.

Em relação ao contexto urbano dos centros históricos, a Carta de Restauro (p.215) recomenda as seguintes intervenções: restruturação urbanística, reordenamento viário e revisão dos equipamentos urbanos; e a restauração em nível edilício pode ter dois tipos de intervenção:

> 1 – Saneamento estático e higiênico dos edifícios, que tende à manutenção de suas estruturas e a uma utilização equilibrada [...]. Nesse tipo de intervenção é de particular importância o respeito às particularidades tipológicas, construtivas e funcionais do edifício, evitando qualquer transformação que altere suas características.

2 – Renovação funcional dos elementos internos, que se há de permitir somente nos casos em que resultar indispensável para efeitos de manutenção em uso do edifício. Nesse tipo de intervenções é de fundamental importância o respeito às peculiaridades tipológicas e construtivas dos edifícios, proibidas quaisquer intervenções que alterem suas características como o vazado da estrutura ou a introdução de funções que deformarem excessivamente o equilíbrio tipológico-estrutural do edifício.

Atualmente, muitos monumentos arquitetônicos conservam suas funções originais: prefeituras, escolas, bibliotecas, teatros etc. Mas há também outros monumentos, principalmente de função residencial, que sofreram intervenções no seu espaço interno para serem adaptados a outras funções, como hotéis, bancos, centros culturais, entre outros, ocasionando em muitos deles a destruição de parte da estrutura física desses monumentos.

Internacionalmente, a Declaração de Amsterdã: Carta Européia, realizada em Amsterdã, em 1975, acrescenta importantes contribuições para conservação e, principalmente, para reabilitação do patrimônio arquitetônico nos centros históricos. Assim, a Declaração de Amsterdã (Conselho da Europa, 1995, p.231) expressa que "a conservação do patrimônio arquitetônico deve ser considerado não apenas como um problema marginal, mas como objetivo maior do planejamento das áreas urbanas e do planejamento físico territorial". A gestão pública, a quem compete a maioria das decisões importantes em matéria de planejamento, é responsável pela proteção do patrimônio arquitetônico. Gestão que deve atuar na regulamentação do uso do solo e nos gabaritos de edificações, financiamento, fiscalizações, reabilitação, controle da especulação imobiliária e garantir a participação da população organizada. Além disso, a Declaração de Amsterdã (idem, p.232) destaca:

a reabilitação dos bairros antigos deve ser concebida e realizada, tanto quanto possível, sem modificações importantes da composição social dos habitantes e de uma maneira tal que todas as camadas da sociedade se beneficiem de uma operação financiada por fundos públicos.

É importante mencionar que a Declaração de Amsterdã (p.233) acrescenta que "a reabilitação do *habitat* existente contribui para a redução de invasões de terras agrícolas e permite evitar ou atenuar sensivelmente os deslocamentos da população, o que constitui um benefício social muito importante na política de conservação". Adiante, a Declaração de Amsterdã (p.237) expressa:

> A reabilitação de um conjunto que faça parte do patrimônio arquitetônico não é uma operação necessariamente mais onerosa que a de uma construção nova, realizada sobre uma infra-estrutura existente, ou a construção de um conjunto sobre um sítio não urbanizado. É conveniente, portanto, quando se comparam os custos equivalentes desses três procedimentos, cujas conseqüências sociais são diferentes, não omitir o custo social. Isto interessa não somente aos proprietários e aos locatários, mas também aos artesãos, aos comerciantes e aos empresários estabelecidos no local, que asseguram a vida e a conservação do bairro em bom estado.

Ante o custo das obras de reabilitação, deve se atribuir maior valor ao caráter social, considerando que a reabilitação beneficiará diferentes grupos sociais. Em relação à especulação imobiliária nas áreas reabilitadas, a Declaração de Amsterdã (idem, ibidem) ressalta:

> Para evitar que as leis do mercado sejam aplicadas com todo o rigor nos bairros restaurados, o que teria por conseqüência a evasão dos habitantes, incapazes de pagar aluguéis majorados, é necessária uma intervenção dos poderes públicos no sentido de moderar os mecanismos econômicos, como sempre é feito quando se trata de estabelecimentos sociais. As intervenções financeiras podem se equilibrar entre os incentivos à restauração concedidos aos proprietários através da fixação de tetos para os aluguéis e da alocação de indenizações de moradia aos locatários, para diminuir ou mesmo completar a diferença existente entre os antigos e os novos aluguéis.

Considera-se que é importante a participação do poder público no controle dos preços do aluguel e mesmo do financiamento das taxas de reabilitação para manter principalmente os moradores com escassos recursos econômicos. Além disso, do financiamento para a reabilitação, a Declaração de Amsterdã (p.238) recomenda que o legislador deveria tomar as medidas necessárias a fim de:

– Redistribuir de uma maneira equilibrada os créditos orçamentários reservados para o planejamento urbano e destinados à reabilitação e à construção respectivamente.

– Conceder aos cidadãos que decidam reabilitar uma construção antiga vantagens financeiras, no mínimo, equivalentes às que aufeririam por uma construção nova.

– Rever, em função da nova política de conservação integrada, o regime de incentivos financeiros do Estado e de outros poderes públicos.

Essas recomendações evitam que os grupos sociais de menor renda (proprietários e inquilinos) sejam erradicados do centro histórico. A Recomendação Relativa à Salvaguarda dos Conjuntos Históricos e sua Função na Vida Contemporânea, realizada em Nairobi, em 1976, define os conceitos de "conjunto histórico ou tradicional", "ambiência" e "salvaguarda". Assim:

> Considera-se conjunto histórico ou tradicional todo agrupamento de construção e de espaços, inclusive os sítios arqueológicos e paleontológicos, que constituam um assentamento humano, tanto no meio urbano quanto no rural e cuja coesão e valor são reconhecidos do ponto-de-vista arqueológico, arquitetônico, pré-histórico, histórico, estético ou sócio-cultural.
>
> Entre esses "conjuntos", que são muito variados, podem-se distinguir especialmente os sítios pré-históricos, as cidades históricas, os bairros urbanos antigos, as aldeias e lugarejos, assim como os conjuntos monumentais homogêneos, ficando entendido que estes últimos deverão, em regra, ser conservados em sua integridade.
>
> Entende-se por "ambiência" dos conjuntos históricos ou tradicionais o quadro natural ou construído que influi na percepção estática ou dinâmica desses conjuntos, ou a eles se vincula de maneira imediata no espaço, ou por laços sociais, econômicos e culturais. (Organização das Nações Unidas..., 1995, p.255)

Acrescenta ao conjunto histórico o valor sociocultural e define as escalas de intervenção nos conjuntos históricos: sítios pré-históricos, cidades históricas, bairros urbanos antigos, aldeias e lugarejos e conjuntos monumentais homogêneos. Ressalta-se que a definição de salvaguarda abrange todos os métodos de intervenção nos centros históricos.

Também a Recomendação Relativa à Salvaguarda dos Conjuntos Históricos e sua Função na Vida Contemporânea (Organização das Nações Unidas..., 1995, p.257) define que as medidas de salvaguarda dos conjuntos históricos e de sua ambiência deveriam estar acordes com as competências legislativas e constitucionais e com a organização social e econômica de cada Estado. Além disso, recomenda as disposições relativas à residência e sua reabilitação (idem, p.259):

> As disposições relativas aos imóveis e quarteirões insalubres, assim como à construção de habitações sociais deveriam ser concebidas ou reformuladas de modo que não apenas se ajustem à política de salvaguarda, mas que para ela contribuam. O regime de eventuais subvenções deveria ser, conseqüentemente, estabelecido e modulado sobretudo para facilitar o desenvolvimento de habitação subsidiadas e de edifícios públicos através da reabilitação de construções antigas. Só deveriam ser permitidas as demolições de edificações sem valor histórico ou arquitetônico, e as subvenções ocasionalmente resultantes deveriam ser estritamente controladas. Além disso, uma parte suficiente dos créditos previstos para a construção de habitações sociais deveria ser destinada à reabilitação de edificações antigas.

A Recomendação Relativa à Salvaguarda dos Conjuntos Históricos e sua Função na Vida Contemporânea (p.263) recomenda a revitalização nas intervenções de restauração:

> a proteção e a restauração deveriam ser acompanhadas de atividades de revitalização. Seria, portanto, essencial manter as funções apropriadas existentes, em particular, o comércio e o artesanato, e criar outras novas que, para serem viáveis a longo prazo deveriam ser compatíveis com o contexto econômico e social, urbano, regional ou nacional em que se

inserem. O custo das operações de salvaguarda não deveria ser avaliado apenas em função do valor cultural das construções, mas também do valor derivado da utilização que delas se possa fazer. Os problemas sociais decorrentes da salvaguarda só podem ser colocados corretamente se houver referência a essas duas escalas de valores. Essas funções teriam que se adaptar às necessidades sociais, culturais e econômicas dos habitantes, sem contrariar o caráter específico do conjunto em questão. Uma política de revitalização cultural deveria converter os conjuntos históricos em pólos de atividades culturais e atribuir-lhes um papel essencial no desenvolvimento cultural das comunidades circundantes.

Pode-se apreciar que, a partir desse encontro, a preocupação não é só com a restauração da estrutura física do edifício e do conjunto urbano, mas também com a restauração funcional, segundo as necessidades socioeconômicas e culturais da população, pois só assim os centros históricos poderiam ser revitalizados.

A *revitalização* é uma ação integral para a recuperação dos centros, das cidades e das pequenas aglomerações históricas. Segundo Del Rio (1991), "é conceito abrangente na medida em que incorpora práticas anteriores e é mais que a sua simples edição, pois as excede e supera na busca de uma nova vitalidade (econômica, social, cultural e físico-espacial) para as áreas da cidade central". Além disso, para Hardoy & Santos (1983a), a recuperação dos níveis da qualidade de vida na cidade, o sentido de identidade e as manifestações de uma escala comunitária de vida são valores que obtemos com o resgate de nossos centros históricos, sempre que a participação social da população seja o elemento decisivo da revitalização dos mesmos.

O Encontro Internacional de Arquitetos (1995, p.275) descreve, na Carta de Machu Picchu de 1977, que:

a identidade e o caráter de uma cidade são dados não só por sua estrutura física, mas também por suas características sociológicas. Por isso, é necessário que não só se preserve e conserve o patrimônio histórico monumental, como também que se assuma a defesa do patrimônio cultural, conservando os valores que são de fundamental importância para afirmar a personalidade comunal ou nacional e/ou aqueles que têm um autêntico significado para a cultura em geral.

É importante frisar que a Carta de Machu Picchu recomenda a defesa do patrimônio cultural da sociedade e, sobretudo, ressalta que a identidade e o caráter da cidade estão além da estrutura física na composição social de seus moradores, portanto é importante a permanência da função residencial e de seus moradores.

Ante os problemas que atingem os centros históricos, nos países andinos, resultado das estruturas políticas, sociais e econômicas, ocasionadas pela expansão crescente das atividades econômicas, a Unesco, o Projeto das Nações Unidas para o Desenvolvimento (Pnud) e o Proyecto Regional de Patrimonio Cultural Andino organizaram o "Coloquio sobre la preservación de los Centros Históricos ante el crecimiento de las ciudades contemporáneas", realizado em Quito, em 1977. Nessa reunião, destacou-se que a conservação dos centros históricos deve ser uma intervenção destinada a revitalizar não somente os imóveis, mas sobretudo a qualidade de vida da sociedade que os habita. Porém, deve-se promover a reabilitação principalmente da habitação dos centros históricos, respeitando e potencializando a milenar cultura andina e integrando-a nos planos de desenvolvimento urbano. Para tal, são necessárias as seguintes medidas:

1. *La tarea de rescate del patrimonio histórico, cultural y social de la América Latina tendrá, como protagonistas prioritários, a los habitantes de los países interesados, con la cooperación inmediata de los organismos internacionales de cultura y financiamiento; siendo necesaria la organización comunitaria de los habitantes de los Centros Históricos para alcanzar los principios de acción señalados.*
2. *Incorporación a las políticas oficiales de vivienda de programas específicos para rehabilitación de los centros históricos como forma de mantener el patrimonio habitacional del país.*
3. *Para el financiamiento de los programas de revitalización de los Centros Históricos, debe poderse disponer de las líneas de créditos nacionales e internacionales destinadas a proyectos de rehabilitación de vivienda, infraestructura y equipamiento humano, desarrollo comunal y turismo.*
4. *La reformulación de la legislación vigente para la preservación de los Centros Históricos debe tomar en cuenta las medidas tendientes a incrementar el poder de decisión de los organismos calificados, capaces*

*de permitir no sólo la preservación del Centro Histórico, sino también el control de las modificaciones del entorno urbano y natural.*

5. *Toda acción de revitalización debe estar fundamentada en estudios multidisciplinarios del área.*

6. *Es necesario, por lo tanto, incrementar la formación de arquitectos urbanistas y otros especialistas afines, paralelamente a la adecuación de los cuadros profesionales cualificados en las técnicas de restauración existentes, a los lineamientos de acción enumerados.*

7. *Se advierte la necesidad de una amplia campaña de conscientización acerca no sólo del valor cultural sino del carácter social y viviente de los Centros Históricos, a través de los medios masivos de comunicación y los sistemas educacionales en todos sus niveles.*

É interessante que, depois desse Colóquio, a reabilitação das residências é recomendada como medida de preservação dos centros históricos da América Latina. Ressalta-se ainda a importância da cooperação dos organismos internacionais de cultura e financiamento, da legislação específica, da conscientização dos valores culturais e sociais, além da necessidade de formar profissionais qualificados na restauração.

A Carta de Burra, elaborada pelo Conselho Internacional de Monumentos e Sítios (Icomos) na Austrália, em 1980, contém as definições e recomendações para conservação, restauração, manutenção, preservação, reconstrução, adaptação e uso compatível:

— o termo conservação designará os cuidados a serem dispensados a um bem para preservar-lhe as características que apresentem uma significação cultural. De acordo com as circunstâncias, a conservação implicará ou não a preservação ou a restauração, além da manutenção; ela poderá, igualmente, compreender obras mínimas de reconstrução ou adaptação que atendam às necessidades e exigências práticas.

— o termo manutenção designará a proteção contínua da substância, do conteúdo e do entorno de um bem e não deve ser confundido com o termo reparação. A reparação implica a restauração e a reconstrução, e assim será considerada.

— a preservação será a manutenção no estado da substância de um bem e a desaceleração do processo pelo qual ele se degrada.

– a restauração será o restabelecimento da substância de um bem em um estado anterior conhecido.

– a reconstrução será o restabelecimento, com o máximo de exatidão, de um estado anterior conhecido; ela se distingue pela introdução na substância existente de materiais diferentes, sejam novos ou antigos. A reconstrução não deve ser confundida, nem com a recriação, nem com a reconstituição hipotética, ambas excluídas do domínio regulamentado pelas presentes orientações.

– adaptação será o agenciamento de um bem a uma nova destinação sem a destruição de sua significação cultural.

– o uso compatível designará uma utilização que não implique mudança na significação cultural da substância, modificações que sejam substancialmente reversíveis ou que requeiram um impacto mínimo. (Conselho Internacional de Monumentos..., 1995, p.283)

A melhoria da qualidade de vida é outra medida de revitalização dos centros históricos. Assim, o Icomos, na Declaração de Tlaxcala, realizada no México, em 1982, recomenda "que qualquer ação que tenda a preservar o ambiente urbano e os valores arquitetônicos de um lugar deve participar, necessariamente, da melhoria das condições sócio-econômicas dos habitantes e da qualidade de vida dos centros urbanos" (Conselho Internacional de Monumentos..., 1995, p.306). Porém, deve a habitação constituir-se na função primordial do espaço edificado nos centros históricos.

Em relação às pequenas aglomerações históricas, a Declaração de Tlaxcala (idem, p.307) expressa "que qualquer ação que vise à conservação e à revitalização das pequenas localidades seja inserida em um programa que leve em conta os aspectos históricos antropológicos, sociais e econômicos da região e as possibilidades de revitalizá-la, sem o que a referida ação seja condenada à superficialidade e à ineficácia".

O Icomos na Declaração de Tlaxcala (p.308) recomenda ainda "que os governantes dos países latino-americanos considerem a alocação de créditos sociais para dar conta da aquisição, manutenção e restauração de moradias nas pequenas aglomerações e pequenas cidades, como meio prático de conservar o patrimônio monumental e os recursos para habitação".

É importante destacar que o Colegio Oficial de Arquitectos de Madrid, no *Curso de rehabilitación: la teoria* (1985), enfoca o tema nos diferentes aspectos: normativos, legal, socioeconômico, urbano e de políticas de atuação. Também expõe as diferentes metodologias utilizadas nos "Planos Pilotos de Rehabilitación Integrada", os resultados após a implantação. Nesse *Curso de rehabilitación*, a reabilitação integrada é definida como o:

> *conjunto de actuaciones coherentes y programadas destinadas a potenciar los valores socioeconómicos, ambientales, edificatorios y funcionales de derivadas áreas urbanas y rurales, con la finalidad de elevar la calidad de vida de la población residente en las mismas, mediante medidas para la mejora de las condiciones de habitabilidad y uso, y la dotación de los equipamientos comunitarios, servicios y espacios libres de uso público necesarios.* (Colegio Oficial de Arquitectos..., 1985, p.12).

Além disso, em matéria de intervenção na infra-estrutura física do edifício, a reabilitação compreende:

> *a reorganización si fuere necesario del espacio interior y com mantenimiento de la trama básica estructural y el aspecto exterior original.*
>
> *De esta reorganización se puede llegar a la división de unidades, por ejemplo viviendas, de gran superficie en otras menores o a la inversa, a la agrupación de varias unidades menores para formar una mayor dimensión. Estas agrupaciones o divisiones pueden afectar a espacios continuos o superpuestos, tanto horizontal como verticalmente.* (idem, p.13)

Para tal, podemos solucionar as condições da residência nos cortiços dos centros históricos por meio da reorganização espacial do edifício; agrupando vários ambientes, podemos criar unidades residenciais segundo as necessidades dos moradores.

Posteriormente, a Carta de Washington (Conselho Internacional de Monumentos..., 1995, p.325) realizada pelo Icomos, em 1986, propõe os instrumentos internacionais para a salvaguarda das cidades históricas. Assim, ressalta que a "melhoria do *habitat* deve ser um dos objetivos fundamentais da salvaguarda".

Na Carta de Petrópolis, o 1º Seminário Brasileiro para Preservação e Revitalização de Centros Históricos, realizada em Petrópolis, em 1987, também se propõe a preservação e revitalização de centros históricos. Expressa que a "proteção legal do SHU (sítio histórico urbano) far-se-á por meio de diferentes tipos de instrumentos, tais como: tombamento, inventário, normas urbanísticas, isenções e incentivos, declaração de interesse cultural e desapropriação" (Seminário brasileiro, 1995, p.330). Essa Carta acrescenta às outras medidas de preservação a desapropriação.

Considera-se que a desapropriação do patrimônio é necessária em casos de deterioração, descaso e abandono por parte dos proprietários. A desapropriação deve ter caráter social. Ante o abandono e a deterioração nas áreas centrais, manifestados durante longas décadas que representam deseconomias incompatíveis com a procura da sustentabilidade do desenvolvimento urbano das cidades da América Latina e Caribe, o resgate do Patrimônio Cultural da Humanidade declarado pela Unesco é prioridade cada vez mais presente nas agendas dos prefeitos e das autoridades locais. Nesse contexto, surgiu a inquietude de criar um espaço de intercâmbios, reflexão e ação solidária entre as cidades, capazes de organizar e racionalizar os recursos disponíveis ao interior da região, como também os provenientes de cooperação multi e bilateral. Assim, na cidade de Lima, em novembro de 1997, realizou-se o "1º Encuentro de Alcades y autoridades latinoamericanas de ciudades con centros históricos en procesos dinámicos de recuperación", que resultou na Declaração de Lima.

A Declaração de Lima definiu sete áreas de atuação: a) modelos de intervenção, b) marcos de gestão e administração, c) mecanismos de financiamento, d) participação e solidariedade, e) qualidade do hábitat, f) unidade na diversidade e g) pesquisa, comunicação e capacitação. Cabe destacar que a qualidade da residência é uma das áreas de atuação dos governos locais nos centros históricos da América Latina e do Caribe.

A categoria ambiental nos centros históricos corresponde à relação do homem com o espaço construído.

É importante abordar que as Cartas Internacionais nortearam em grande parte a atuação e a legislação das instituições do patrimônio do Peru e do Brasil, mais especificamente nos centros históricos de Cusco e Ouro Preto, ainda que as recomendações internacionais sobre a importância da preservação e reabilitação das residências não tenham sido adotadas em sua totalidade.

Para conhecer sua relevância histórica, urbana e arquitetônica, é necessário conhecer a origem dos centros históricos da América espanhola e portuguesa, em especial a organização urbana e a arquitetura residencial, por meio dos períodos históricos.

# 2
# A ORIGEM DOS CENTROS HISTÓRICOS E A ARQUITETURA RESIDENCIAL NA AMÉRICA ESPANHOLA E PORTUGUESA

Os centros históricos da América espanhola e portuguesa, como testemunhos vivos das manifestações sociais, econômicas, políticas e culturais de cada período histórico, são relevantes para a História, as Artes, a Ciência e a memória coletiva. O espaço urbano do centro histórico apresenta a origem da cidade e o traçado urbano inicial. Sua arquitetura residencial representa a tecnologia, o modo de vida de um determinado grupo social de um período histórico e, por vezes, manifesta a influência externa, no período colonial e imperial (no Brasil) dos países colonizadores, e nos períodos republicano e contemporâneo, dos países da Europa e da América. Lemos (1996, p.9-10) ressalta que:

> devemos lembrar que a função básica de uma casa é a chamada função abrigo [...] a casa é o palco permanente das atividades condicionadas à cultura de seus usuários. Tais atuações domésticas, que costumamos dizer ligados aos hábitos e práticas de uma sociedade, devem se desenvolver em circunstâncias ideais e a qualidade do desempenho evidentemente está condicionada às condições oferecidas pela construção. Costumamos arrolar essas atuações numa lista denominada "programas", no jargão profissional dos arquitetos [...]. Essa simples relação de cômodos duma moradia, na prática pouco exprime, como podemos perceber, as intrincadas questões abrangidas pelas chamadas funções de residência. Tal lista de dependências sempre é compartimentada em três agrupamentos referentes às atividades ligadas ao lazer, ao repouso noturno e aos serviços em geral. Mas tal enumeração de "espaços especializados", assim concisa,

pode ser a mesma, em qualquer cidade ou qualquer país, para qualquer família de qualquer nível social e por aí se vê que necessariamente o arquiteto deve estar preparado para deslindar nas entrelinhas da lista sucinta todas aquelas expectativas de ordem cultural acima aludidas.

As funções da residência ao longo do tempo vão ter arranjos diferenciados, e seus programas irão responder às necessidades e condições econômicas dos diferentes segmentos da sociedade. Assim, os grupos sociais de menor renda irão morar em habitações com um cômodo multifuncional e compartilhar os serviços ou em residências com um número limitado de cômodos; já os grupos sociais de maior renda irão morar em residências maiores, com um programa mais complexo. A distribuição dos cômodos está também relacionada aos hábitos culturais, às condições físico-espaciais do lugar e da tecnologia.

Para melhor compreensão tanto do espaço urbano dos centros históricos como das tipologias residenciais, abordar-se-á a origem dos centros históricos da América espanhola e portuguesa. Os centros históricos da América espanhola tiveram sua origem no período pré-colombiano e na colônia, e os centros históricos da América portuguesa, no período colonial. Sua arquitetura residencial também passou por transformações ao longo do tempo e segundo os estilos arquitetônicos de cada período.

## Os centros históricos de origem pré-colombiana: a arquitetura residencial

Com a chegada dos espanhóis à América em 1492,[1] a formação das cidades correspondeu à fundação de cidades em: áreas pré-colombianas já existentes, fundação formal e crescimento desordenado ou desenvolvimento urbano espontâneo. No período pré-colombiano, três culturas alcançaram o maior desenvolvimento na América Latina: os astecas, os maias e os incas. No presente trabalho, por estudar o centro histórico de Cusco, iremos abordar a cultura inca.

---

1   Os espanhóis financiam a viagem de Colombo, que em 1492 desembarca no continente americano (Benevolo, 1999, p.475).

O território ocupado pelo império inca era denominado Tahuantinsuyo.[2] Foi governado pelos incas no período de 1200 a 1532 da nossa era. Estendia-se desde o Rio Ancasmayo na Colômbia, ao norte, até o Rio Maule no Chile, ao sul. Essa extensão longitudinal atingia mais de três mil quilômetros. Para o interior, o império chegava até as regiões montanhosas da Bolívia e o noroeste da Argentina.

Figura 1 – Mapa de localização e extensão geográfica do Tahuantinsuyo (Burland, 2001)

---

2 Tahuantinsuyo (tahua = quatro e suyo = região) compreendia as quatro regiões: Chinchaysuyo (região leste), Contisuyo (região oeste), Antisuyo (região de cima) e Hurinsuyo (região de baixo).

O Tahuantinsuyo possuía um governo caracterizado pelo poder absoluto do inca. O Inca, na qualidade de autoridade maior para administrar, organizar e controlar a produção agropastoril, a construção civil e fazer cumprir as leis do império, contava com vários cargos políticos e hierárquicos: *apocunas*,[3] juízes,[4] *tucuyricoc*,[5] governadores e curacas.[6] "Era um Estado[7] onde o governo garantia o indivíduo contra toda espécie de necessidades e, em correspondência, requeria um forte tributo." (Bellota; Correa, 1979, p.22)[8]

Como conseqüência da divisão do trabalho, da apropriação dos bens móveis e imóveis, e da servidão, no império do Tahuantinsuyo existiram principalmente dois grupos sociais: o inca e a nobreza, e os runas ou camponeses. Os grupos menores estavam constituídos por mercadores, artesãos, "yanaconas"[9] e pinas. Os incas tinham o poder político e religioso, eram proprietários dos bens móveis e dos bens imóveis. Os runas eram os homens que trabalhavam na mita[10]

---

3  O *apocuna* era o estatístico nomeado pelo inca dentre as pessoas da nobreza e que tinha por função o registro e controle total de uma região. Sob a responsabilidade do *apocuna*, ficava o *quipu*, um sistema de nós que permitia a contagem da população (por sexo, idade e localização), dos animais e da produção agrícola.

4  Em cada povoado havia um juiz, cuja função era executar a lei, ouvindo ambas as partes num prazo de cinco dias. Se o caso fosse grave, era levado para julgamento do governador.

5  Os *tucuyricoc* eram nomeados entre os parentes do Inca, sendo seus investigadores secretos, e controlavam as funções dos governadores e dos juízes.

6  Cada povoado, por sua vez, era governado por um curaca, que organizava o trabalho dos *runas*, distribuía os lotes de terra às famílias e arbitrava os conflitos que surgissem no *ayllu*; cabia a ele garantir o sustento dos órfãos, das viúvas e dos desvalidos.

7  O Estado estava constituído pelo Inca, seus parentes, os sacerdotes e os funcionários.

8  O tributo era obrigatório para os *runas* entre 25 e 50 anos. De cada sete *runas*, um homem devia trabalhar para o Estado. O segundo tributo pago pelos *runas* era tecer a vestimenta, confeccionar os calçados e as armas para o Exército e trabalhar por aqueles que não podiam fazê-lo por causa de velhice ou doença.

9  Os *yanaconas* e os *pinas* isentos de tributo trabalhavam para o Estado e para a nobreza. Os primeiros trabalhavam como serviçais da nobreza, e os segundos, na produção agrícola nas terras do Estado.

10  A *mita* era o trabalho designado aos *runas* pelo Inca e seus governadores em suas terras, no templo, nas minas, na construção de fortalezas e palácios, nos afazeres da guerra.

e no *ayni*,[11] agrupados em *ayllus*,[12] e moravam na área rural em pequenas aldeias. Detinham a propriedade coletiva das terras, das casas e das águas.

A base da economia no Tahuantinsuyo era principalmente a atividade agrícola e a pastoril, mas não menos importantes eram: a construção civil, o artesanato e o trabalho nas minas.

A arquitetura residencial da nobreza inca estava caracterizada pelo *"agrupamiento de varias construcciones alrededor de un espacio abierto, estando todo el conjunto encerrado dentro de un recinto con un solo ingreso. Las construcciones eran de planta rectangular, unicelulares, y su número para integrar un conjunto, podia variar entre dos y ocho"* (Calvo, 1980, p.144). Essas edificações eram construídas em pedra e a cobertura era de madeira e palha. A residência ou *"cancha"* inca abrigava as seguintes funções: dormitório, serviços, recepção e depósitos.

Os *runas* ou camponeses moravam nos arredores da cidade inca, na zona rural. Calvo (1980, p.127) ressalta que:

> *En ellas las familias monogámicas, de cinco miembros en promedio, se alojaban en casas constituídas por tres bloques, dedicadas cada uno de ellos a fines distintos de tipo recepcional, habitacional e de servicio. Las familias extensas, de diez miembros en promedio, se alojaban en conjuntos de cuatro bloques, en los que dos de ellos estaban destinados al alojamiento de la familia original y a la del hijo mayor, y los otros dos dedicados a los fines generales ya señalados.*

As residências eram construídas de pedra ou adobe e a cobertura era de madeira e palha. A tipologia arquitetônica e o sistema construtivo entre uma residência nobre e uma residência de camponeses eram os mesmos, apenas se diferenciavam no tamanho dos cômodos e na riqueza dos acabamentos.

---

11  O trabalho realizado nas terras dos *runas* denominava-se *ayni*, que correspondia ao trabalho coletivo, ora nas terras de uma família, ora nas terras de outra. Na realidade, esse trabalho tinha caráter prestativo e de reciprocidade, pois todos os homens eram iguais no *ayllu*, sendo, portanto, os serviços de intercâmbio de rigorosa justiça.

12  *Ayllu* são famílias extensas unidas por vínculos de parentesco.

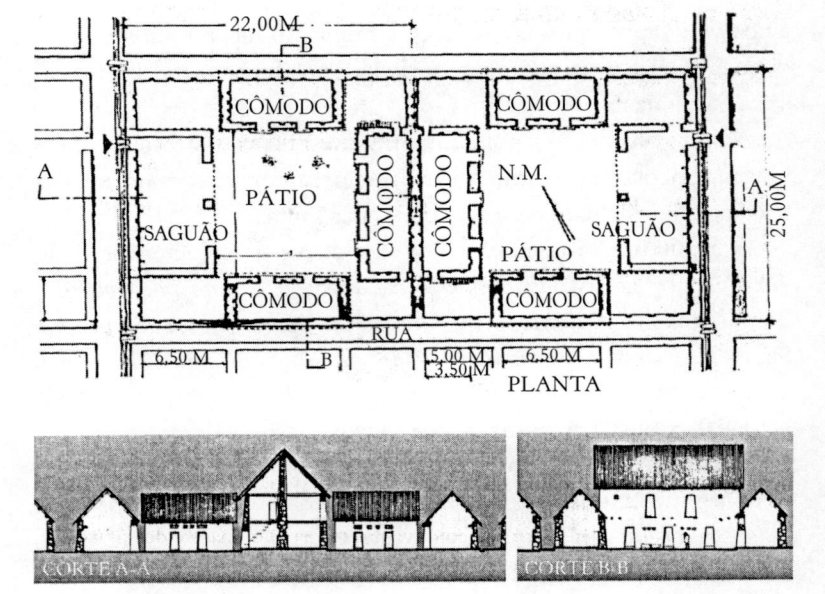

Figura 2 – Planta e cortes da residência inca na cidade de Ollantaytambo (Peru) (adaptado de Venero, 1983).

Com a chegada dos espanhóis à América em 1492, a fundação das primeiras cidades espanholas realizou-se em áreas pré-colombianas com uma densa população. O traçado urbano de xadrez empregado pelos espanhóis foi adaptado ao traçado urbano existente, influenciando nas características físicas e proporções dos quarteirões. Os conquistadores espanhóis,

> Cortez no México e Pizarro no Peru, ocuparam grandes cidades indígenas – Tenochtitlan (que se torna a cidade do México) e Cuzco – e as transformaram segundo as necessidades dos colonos espanhóis; mas no continente todos destruíram os conjuntos habitacionais originais esparsos no território, e obrigaram a população a se estabelecer em novas cidades mais compactas. (Benevolo, 1999, p.475)

Além dessas, foram fundadas as cidades de Cajamarca no Peru, Querétaro, Campehe, Oaxaca, Zacatecas e Cholula no México, Tunja e Monpox na Colômbia, Cuenca no Equador e Sucre na Bolívia.

Assim, os espanhóis criaram cidades em regiões ocupadas por culturas pré-colombianas desenvolvidas e em regiões desabitadas.

## Os centros históricos de origem colonial: a arquitetura residencial

Desde a sua chegada à América, em fins do século XV, os espanhóis tomaram conhecimento da existência de dois grandes impérios: o dos astecas, ao Norte, e dos incas, ao Sul. Por volta de 1800, na América de colonização espanhola existiam quatro vice-reinados: vice-reinado da Nova Espanha, vice-reinado da Nova Granada, vice-reinado do Prata e vice-reinado do Peru. Por sua vez, a chegada dos portugueses à América Latina foi em 1500; ocuparam parte do território que corresponde à costa do Atlântico, ocupado por aldeias indígenas.

Para a fundação formal das cidades coloniais em regiões desabitadas ou ocupadas por culturas primitivas, os espanhóis e portugueses deram prioridade a fatores naturais de localização, como: bom clima, água potável, terras de cultivo, madeira, materiais de construção, acessos naturais a outras regiões já conquistadas e portos seguros, quando se tratava de estabelecer uma cidade marítima.

Com esses critérios foram localizadas as primeiras fundações na América espanhola: na Argentina: Buenos Aires, Santa Fé, Asunción, Córdoba e Mendoza; no Chile: Santiago do Chile; no Peru: Arequipa e Lima; Cali, Popayán, Cartagena na Colômbia; Santo Domingo na República Dominicana; León na Nicarágua e muitas outras. Além dessas cidades, muitas outras foram fundadas até 1580:

> *Hacia 1580 había sido fundada la mayoría de las ciudades de América Latina que en la actualidad son las principales por su fundación y funciones político-administrativas, culturales y económicas. Con excepción de Guatemala (3ra. fundación), Medellin, Belo Horizonte, Brasilia, Porto Alegre, Curitiba, Fortaleza y Montevideo, las otras diecinueve ciudades que en 1980 tenían un millón y 500.000 habitantes la lista se amplia*

*incluyendo a Port-au-Prince, Kingston, San José, Ciudad Juárez, Campinas, Goiania, Manaus, Belén, Barranquilla i La Plata. De las 48 ciudades de América Latina con 500.000 habitantes o más en 1980, sólo cinco fueron fundadas después de 1800: Brasilia, La Plata, Belo Horizonte, Manaus y Goiania.*(Hardoy & Santos, 1983, p.48)

Já na América portuguesa: Olinda, Igaraçu, Santa Cruz, Cabrália, Ilhéus e São Vicente, todas fundadas antes de 1540 e, posteriormente, Salvador, Rio de Janeiro e Paraíba, junto com outros estabelecimentos menores.

É importante ressaltar que a conquista e a colonização da América espanhola e portuguesa foram uma empresa eminentemente prática para os europeus. As cidades foram fundadas com fins administrativos e comerciais de influências diferentes. A localização, o traçado e a construção das cidades como centros de domínio e controle responderam a critérios funcionais.

## Os centros históricos de colonização espanhola: a arquitetura residencial

Os espanhóis chegaram à América em fins do século XV. Com a conquista dos espanhóis, grande parte do território do Tahuantinsuyo passou a constituir o vice-reinado do Peru, colônia da Espanha. Para traçar as normas da política do governo central e administrar as colônias, a Espanha instituiu em 1524 o Conselho Supremo das Índias. Segundo Dozer (1966, p.156), "essa jurisdição era completa, abrangendo todos os assuntos financeiros, civis, militares, judiciais, eclesiásticos e comerciais".

Para o cumprimento de suas leis, estabeleceram-se nas colônias cargos políticos e hierarquizados: o vice-rei, representante pessoal do rei da Espanha, na colônia, com a função de fazer respeitar os direitos da Coroa acima dos interesses individuais; tinha de encaminhar todas as suas decisões políticas ao rei e ao Conselho das Índias. Superintendia os assuntos financeiros do seu vice-reino. Abaixo do vice-rei, o cargo mais importante era o do auditor, responsável pela audiência (Salcedo, 1994, p.20). A audiência foi investida de poderes administrativos, consultivos e eclesiásticos. Também na administração das colônias estavam os corregedores e os governadores. Dozer (1966) ressalta que a estes "cabia a responsabilidade de manter a ordem entre os índios e de cobrar-lhes o tributo". Esses cargos político-administrativos eram ocupados por espanhóis.

O sistema de encomendas visava evidentemente no início atingir dois objetivos: a utilização dos *runas* no trabalho das minas e fazendas, e sua proteção. Mas isso na prática não foi bem assim. Os equipamentos coletivos da aldeia foram instalados nas cidades longe da maioria dos *runas* que foram submetidos a trabalhos inumanos. Foram essas as razões que levaram o rei da Espanha a promulgar as Novas Leis das Índias em 1542, para o bom tratamento e preservação dos *runas*, ficando estes sob a proteção do rei, e passando a pagar tributo fixo e anual em moeda ou espécies ao seu encomendero e, por meio deste, ao rei.

A formação das cidades coloniais na América espanhola correspondeu a um traçado formal ou a um desenvolvimento urbano espontâneo. O traçado formal seguiu um modelo uniforme imposto pelas autoridades já nos primeiros anos da conquista e foi codificado por Felipe II na Lei Urbanística de 1573:

> Chegando na localidade onde o novo estabelecimento deve ser fundado (segunda nossa vontade deve ser uma localidade livre, e ocupável sem causar aborrecimentos aos índios, ou com seu consentimento), o plano com suas praças, ruas e lotes deve ser traçado no terreno por meio de cordas e piquetes, começando da praça principal de onde as ruas devem correr para as portas e as principais ruas forâneas, e deixando suficiente espaço aberto, de maneira que a cidade, devendo crescer, possa estender-se sempre do mesmo modo [...]. A praça central deve estar no centro da cidade, de forma oblonga, com o comprimento igual ao menos a uma vez e meia sua largura, pois esta proporção é a melhor para as festas onde se usam cavalos, e para outras celebrações [...]. O tamanho da praça será proporcional ao número dos habitantes, tendo presente que as cidades das Índias, sendo novas, estão sujeitas a crescer; e entende-se justamente que irão crescer. Por isso a praça deve ser projetada com relação ao possível crescimento da cidade. Não deve ter menos de 200 pés de largura, e 300 de comprimento, nem mais de 500 pés de largura e mais

de 800 de comprimento. Uma praça bem proporcionada de tamanho médio terá de 600 pés de comprimento e 400 de largura.

As quatro ruas principais levam para fora da praça, cada uma a partir do ponto médio de cada lado, e duas de cada um dos ângulos. Os quatro ângulos devem estar voltados para os quatro pontos cardeais, porque assim as ruas que saem da praça não estarão expostas diretamente aos quatro ventos principais. Toda a praça e as quatro ruas principais que divergem desta serão providas de pórticos, porque estes são muito convenientes para as pessoas que aí se reúnem para comerciar.

As oito ruas que convergem para a praça nos quatro ângulos devem desembocar sem ser obstruídas pelos pórticos das praças. Estes pórticos devem terminar nos ângulos, de modo que as calçadas das ruas possam estar alinhadas com as da praça. As ruas serão largas nas regiões frias, estreitas nas quentes; mas, para fins de defesa, onde se usam cavalos, convirá que sejam largas.

Nas cidades do interior a igreja não deve ficar no perímetro da praça, mas a uma distância tal que se apresente livre, separada dos outros edifícios de modo a ser vista de toda parte; desta forma resultará mais bela e imponente. Deverá estar um tanto soerguida do solo, de maneira que as pessoas tenham que subir uma série de degraus para alcançar sua entrada [...]. O hospital dos pobres onde estão os doentes não contagiosos será construído no lado norte, de modo a resultar exposto ao sul [...]. Os lotes edificáveis ao redor da praça principal não devem ser concedidos a particulares, mas reservados para a igreja, os edifícios reais e municipais, as lojas e as moradias dos mercadores, que devem ser construídos em primeiro lugar.

Os restantes lotes edificáveis serão distribuídos ao acaso para aqueles colonos que estejam capacitados a construir ao redor da praça principal. Os lotes não-atribuídos devem ser conservados para os colonos que poderão chegar futuramente, ou então para dispormos deles ao nosso bel-prazer. (Benevolo, 1999, p.487)

Segundo essas normas, os espanhóis traçaram as cidades coloniais, e suas características correspondem a um modelo uniforme: um tabuleiro de ruas retilíneas, que definem os quarteirões iguais, quase sempre quadrados. No centro da cidade, localizava-se a praça principal ou "Plaza de Armas", em volta dela estavam os edifícios mais importantes: a igreja, o paço municipal ou *ayuntamiento*, as casas dos mercadores e dos colonos mais ricos; e nos pavimentos térreos dos edifícios voltados à praça eram construídas as galerias.

Esse tipo de traçado urbano foi muito comum na fundação das cidades coloniais espanholas: Lima (Peru), Buenos Aires e Mendoza (Argentina), Caracas (Venezuela), Santiago do Chile (Chile), entre outras.

Por sua vez, o desenvolvimento urbano espontâneo originava-se ao longo de caminhos, áreas de mineração, portos etc. A população se assentava desordenadamente em áreas de mineração, ante a notícia de um descobrimento mineral, e fixava nas proximidades das minas sua residência, construída inicialmente de forma precária. Quase todas as cidades com plantas irregulares foram centros mineiros, como: Taxco (México), Guanajato (México) e Huancavelica (Peru). Em geral, nos portos utilizados como desembarcadouros, inicialmente foram construídos armazéns ou depósitos e posteriormente foram construídas as residências; portos como Valparaiso (Chile), La Guayra (Venezuela) e Acapulco (México).

Durante a segunda metade do século XVI, nas cidades que apresentaram esse crescimento desordenado ou desenvolvimento urbano espontâneo, os espanhóis tentaram introduzir em algumas delas um traçado de xadrez com o fim de organizar o traçado urbano existente e melhorar a circulação; como já existiam os direitos privados ou institucionais sobre o solo urbano, não foi possível realizar esse traçado, e seu resultado é uma trama tendendo à regularidade, pelo geral, com praças de forma trapezóide. Como exemplo: Cartagena (Colômbia), Havana (Cuba) e Callao (Peru).

Vale ressaltar que o traçado urbano da cidade espanhola estava construído com fachadas, não como edifícios isolados. As fachadas das residências eram uniformes, apresentavam vãos verticais, os gabaritos de altura das construções eram semelhantes, assim como as cores e as texturas. Assim, a paisagem urbana de colonização espanhola apresentava uma composição uniforme em sua arquitetura sem interrupções bruscas, quanto à altura ou proporção de vãos.

No período colonial, a arquitetura residencial de colonização espanhola, dos ricos e da classe média, estava caracterizada pela influência dos estilos renascentista (plateresco) do século XVI, do barroco (churrigerismo e jesuítico) dos séculos XVII e XVIII e do neoclássico do final do século XVIII. A residência colonial influenciada pelo estilo renascentista está caracterizada pela construção sólida, na construção dos cômodos em volta de um pátio central, no uso de colunas ou pilares e de arcos de volta inteira ou arco pleno em dois lados do pátio, à semelhança dos palácios do Renascimento italiano:

> o pilar gótico tardio sem base e capitel é substituído pela ordem clássica; a abóbada de nervuras torna-se novamente de berço, sustentada por imponentes arcos de abóbada; o arco ogival cede o lugar ao de volta inteira, enquanto os pórticos e o frontão plano ressuscitam a fachada antiga. Nos palácios do Renascimento italiano se utilizam as colunas dispostas em vários andares, as cornijas e os pátios internos. [...] A Espanha apresenta duas correntes: o estilo plateresco, gênero de decoração tipicamente espanhol, que apresenta grande quantidade de esculturas e o ascético e desordenado estilo "Desornamentado", clássico-arcaizante, utilizado por Herrera durante o reino de Felipe II. (Wilfried, 1996, p.42, 47)

Assim, a arquitetura residencial no começo do período colonial utiliza as colunas nas galerias em volta do pátio central e os arcos de volta inteira, influência do Renascimento italiano.

O barroco é também o estilo que influencia a arquitetura na América hispânica, principalmente nos séculos XVII e XVIII. O advento do barroco coincide com a descoberta e conquista, por parte das potências européias, de novos países e continentes inteiros, todos situados nas zonas dos trópicos e Equador. A palavra barroco designa o período da cultura européia e americana, compreendido entre 1600 e 1750.

Enquanto na Europa o barroco estava culminando, na América ele estava florescendo no século XVIII. O estilo barroco[13] criado na

---

13  É importante lembrar que o barroco é um estilo artístico que se caracterizava pelo arrebatamento da forma. A estrutura, sejam as paredes duras de um edifício seja a anatomia de uma figura, dinamiza-se, curvando o que pode ser linear, torcendo o que pode ser um gesto ou uma pose simples. As volutas dos portais, as colunas espiraladas de um altar, os dedos da mão de uma imagem ou o

Foto 1 – Colunas e arcos de volta inteira nas galerias do pátio da residência da Rua San Agustin (Cusco) (Salcedo, 2000).

Itália abrange a Europa como um todo e depois a América, e aqui começa a transformar-se, até que se americaniza. Em sua transformação intervêm dois fatores capitais: a paisagem americana, com sua flora e sua fauna, e o índio, que introduz vocábulos de sua própria

---

drapeado dos trajes introduzem novos ritmos que nos fazem demorar o ver: é isto mesmo o olhar barroco. Mas é uma arte muito direta, pouco intelectualizada e certamente dirigida aos sentidos: sensual mesmo. Com a arte barroca, vencem os valores táteis, a refulgência, o espelho e a deformação. Nos tempos barrocos que compreendiam os séculos XVII e XVIII, era o homem ensimesmado, que viveu uma crise cultural e social profunda: a crise da cultura renascentista. Não era já o homem o centro do universo, porque esse lugar central voltou a ser ocupado por Deus, embora relativizado, pois a figura cósmica fundadora, em vez do círculo, passou a ser a elipse (Pereira, 1997, p.160-1.).

linguagem até fazer outro idioma artístico (Manrique, 1997). Para compreender melhor o barroco na América hispânica, devemos abordar o barroco na Espanha. O barroco espanhol:

> é essencialmente decorativo e alcança seu clímax na proliferação das delirantes fantasias ornamentais aplicadas nos interiores das construções arquitetônicas ortogonais. É freqüente o divórcio entre estrutura e decoração, e usual a falta de movimento das plantas e dos tetos. É um fenômeno essencialmente plástico-popular que alega sua unicidade mediante o respaldo de teorias de "invariantes" e de "ilhamento". (Gasparini, 1997, p.50)

O barroco espanhol, no entanto, é apenas elemento de decoração das fachadas – portas, balaústres e janelas talhadas em madeira – e dos interiores das construções ortogonais.

Foto 2 – Balcões talhados em madeira, influência barroca na residência da Rua San Agustin (Cusco) (Salcedo, 2000).

Por sua vez, a influência do estilo neoclássico na arquitetura realiza-se no último quartel do século XVIII. Em 1785, para uniformizar as formas arquitetônicas, perante a crescente autonomia de produção de artesanato na América hispânica, a Espanha cria no México a Academia de San Carlos.

A Espanha então passa a exercer o controle cultural por intermédio das Academias centralizadoras tanto de Madri como de San Carlos, impondo as normas do neoclassicismo como expressão "oficial" para as suas colônias ultramarinas. A dependência na arquitetura era controlada a distância pela Real Academia de Madri que supervisionava os desenhos ou projetava lá mesmo, na metrópole, as obras públicas americanas.

Assim sendo, a arquitetura do século XVIII na América é fruto do processo de transculturização, diferenciada por traços próprios da produção arquitetônica das metrópoles. Essas terão de se valer dos mecanismos de controle das Academias para regulamentar as manifestações que transitavam mais pelo caminho da própria experiência prática do que pela formulação teórica. Essa influência neoclássica nas residências manifesta-se na composição simétrica dos vãos, segundo eixos verticais nas fachadas.

## Os centros históricos de colonização portuguesa: a arquitetura residencial

A chegada dos portugueses à América Latina ocorreu em 1500. A base econômica da colônia era o escoamento de produtos e a exportação, e da Metrópole chegavam produtos manufaturados. Assim, os núcleos urbanos dependiam estreitamente da Metrópole. Para tal, a maioria dos primeiros núcleos urbanos era estabelecida próximo das vias fluviais e marítimas.

A acirrada concorrência de países rivais, que vinham estabelecendo suas feitorias nas costas brasileiras, levou Portugal a tentar uma ocupação estável. Até 1720, segundo Reis (2000, p.61), havia duas formas de organização espacial das vilas e cidades: "uma simples, para as vilas nas capitanias, e outra com padrões técnicos mais elaborados, para as cidades da Coroa". Só depois de 1720, nas vilas e cidades novas, tornou-se efetiva a regularidade do traçado.

Portugal, em 1532, iniciou a ocupação regular do território no Brasil, com o sistema das capitanias hereditárias, que foi extinta em 1650. Era uma tentativa de promover a colonização por meio de capitais privados, sem envolvimento direto da Coroa. Para Reis (2000, p.18):

> O sistema era ao mesmo tempo feudal e mercantil, pois delegava poderes da Coroa aos donatários, mas os objetivos eram de caráter comercial. Aos donatários cabia a criação de vilas, que lhes pagavam tributos e a concessão de terras para atividades rurais. Todas as atividades administrativas e de defesa deviam ser exercidas pelos representantes dos donatários, pelas câmaras das vilas e pelos senhores das terras.

Aos donatários era permitida a criação de vilas ao longo da costa e dos rios em que se navegava. Os núcleos urbanos criados durante os dois primeiros séculos de colonização, por razões econômicas, administrativas e militares, situavam-se quase todos no litoral ou junto a cursos de água que facilitassem o acesso ao exterior. Exceção foi atribuída apenas às vilas do planalto paulista, que estavam estabelecidas ao longo dos rios maiores e junto às trilhas que os mantinham ligados ao litoral.

Mesmo nas áreas interiores, onde as comunicações se tornavam mais difíceis, como no planalto paulista, pôde-se perceber facilmente que as vilas mais antigas, como São Paulo, Mogi das Cruzes, Paranaíba e Itu, alinhavam-se ao longo do Tietê, que seria, nos séculos coloniais, a grande via de penetração para o interior. Assim, a escolha do sítio[14] dos núcleos menores mais antigos, até 1580, tinha em vista principalmente a ocupação de colinas que facilitassem sua defesa pela altura e o controle das vias de acesso marítimas ou fluviais, a natureza do solo, relevo, fontes de água para o consumo, cursos ou massas de água etc.

---

14  Entende-se por sítio de uma aglomeração urbana o local sobre o qual está assentada (Reis, 2000, p.126).

A organização espacial desses núcleos era a critério dos donatários e seus representantes, orientado apenas pelas Ordenações. O traçado apresentava características de acentuada irregularidade, e as ruas adaptavam-se às condições topográficas do sítio. Para Reis (2000, p.131):

> Uma constante na forma de organização desses centros era a valorização, por meio de praças, dos pontos de maior interesse para as comunidades. Casas de Câmara, igrejas ou conventos provocavam a preservação de um espaço livre destinado a aglomeração da população, decorrentes da finalidade desses edifícios. Tal solução exigia uma atitude especial para a ocupação do solo, junto a esses locais, à qual necessariamente deveria corresponder um esforço de controle, inexistente em se tratando de outros aspectos do traçado.

O governo local nas colônias portuguesas era exercido por um conselho ou câmara, com atribuições legislativas, executivas e judiciárias. O controle exercido pelas câmaras manifestava-se por meio das posturas e apoiava-se, quando possível, nos engenheiros e mestres existentes. Para Reis (2000, p.120):

> o contrato de homens que partissem terras da vila e de arruadores, representava um esforço das municipalidades para controlar as mudanças que ocorressem em sua organização espacial. Mesmo os centros menores como São Paulo, procuraram estabelecer suas posturas e ter seus arruadores.

A ação reguladora das câmaras transparecia nas posturas. As posturas determinavam mesmo, além dos arruamentos, obrigações de alinhamento e desapropriações, entre outros. A partir de 1549, com a criação do governo-geral e a fundação de Salvador,[15] na capitania da Bahia, a Metrópole passa a criar cidades em capitanias. O

---

15  Salvador, como "cidade-real", foi criada em 1549, com características diferentes. Para traçá-la, veio de Portugal o mestre de fortificações Luiz Dias, que trouxe diretrizes da Corte sobre o modo de proceder. A cidade teve, desde o início, ruas retas, e seu desenho aproximava-se, nos terrenos planos, do clássico tabuleiro de xadrez.

governo-geral tinha poderes sobre as vilas, as capitanias e seus donatários. Como parte do programa de expulsão dos competidores franceses e para o controle do litoral sul, foi fundada a cidade de Rio de Janeiro, em 1565. As cidades criadas eram centros de controle regional, suas relações com os núcleos menores, com os quais formavam sistemas regionais, desenvolviam-se principalmente em nível administrativo, militar, religioso e judiciário.

Para tal, a formação de núcleos urbanos maiores estava sob a responsabilidade da administração portuguesa. Reis (2000, p.128) ressalta: os esquemas das "cidades-ideais" do Renascimento só foram utilizados, nessa época, de forma limitada. Nas cidades que fundava, a administração portuguesa contava com a assistência técnica de mestres construtores e arquitetos ou engenheiros-militares. Os resultados foram semelhantes aos que alcançava na Índia, onde se aplicavam modelos de urbanismo renascentista.[16]

Assim, os centros principais foram criados como fortalezas, centros de controle de cada região e do acesso às maiores baías, como a de Salvador da Bahia de Todos os Santos (1549), a Guanabara e, mais tarde, São Luiz do Maranhão (1612) e Belém (1616). Os demais núcleos foram fundados junto às baías menores, como São Vicente (1532), Santos (1545) e Vitória (1551), e na foz de rios importantes como Porto Seguro (1535), Ilhéus (1536), Olinda (1537), João Pessoa (1585) e Recife (1709) (Reis, 2000, p.85-8).

Na segunda metade do século XVII, a Metrópole iniciou uma política de absorção das capitanias, os governadores-gerais recebiam ordens para concentrar em novas vilas a população dispersa pelos campos, como uma forma de controlá-la. Ao longo do tempo, com o crescimento da população, mesmo os núcleos mais antigos instalados nas colinas foram ganhando espaço em terrenos planos nos quais os traçados apresentavam maior regularidade.

---

16 Os esquemas renascentistas eram em princípio radioconcêntricos, mas suas aplicações prendiam-se muitas vezes às vantagens do plano em xadrez. Além desses critérios de racionalidade, havia aqueles que se traduziam formalmente pela geometrização e que seriam mais tarde interpretados como correspondentes à concepção cartesiana de ordenação urbanística.

Também as vilas novas fundadas ao longo do século XVII se estabeleceram em terrenos planos, como decorrência da redução dos perigos de ataques internos. Durante esse século, o traçado dos centros menores tem uma tendência relativamente regular, com forma aproximada de xadrez, decorrentes da escolha de sítios planos. Mas esse não foi o caso de Minas, cuja instalação se fez em sítios acidentados, em razão das próprias atividades econômicas da região. Organizados em grupos, denominados bandeiras, os paulistas penetraram no interior. Assim, dar-se-iam as primeiras descobertas de ouro e pedras preciosas da década de 1690, em regiões que hoje fazem parte do Estado de Minas Gerais; junto com a exploração mineira formaram-se os núcleos dos primeiros povoados da região, como Ouro Preto (1711) e Mariana (1711), entre outros. O traçado das vilas e cidades estava condicionado à topografia do sítio.

Os procedimentos adotados pelo governo português para a fundação de vilas e cidades no Brasil foram consolidados no período pombalino. Assim, ao terminar a segunda década do século XVIII, consolidaram-se as novas formas político-administrativas. Segundo Reis (2000, p.72):

[...] de tal modo que estariam maduras as condições para a aplicação de uma política urbanizadora altamente centralizada, como a que se instaurou no Brasil no reinado de D. João V e durante o período pombalino, cujos resultados podem ser exemplificados de modo satisfatório pelo exame de conteúdo da Carta Régia que determinou a criação da Capitania de São José do Rio Negro e pelo plano da cidade de Vila Bela, antiga capital da Capitania de Mato Grosso.

Para tal, a administração pombalina promoveu a criação de uma extensa rede de vilas, por meio da qual procurou implantar um sistema de estreito controle sobre a vida colonial. A implantação dessa rede de vilas obedeceu a determinados padrões de regularidade, que permitiam atender a objetivos simultaneamente civis e militares. Segundo Reis Filho (1995, p.22-4), existia um planejamento incipiente nos primeiros séculos da colonização portuguesa:

Aproveitando antigas tradições urbanísticas de Portugal, nossas vilas e cidades apresentavam ruas de aspecto uniforme, com residências construídas sobre o alinhamento das vias públicas e paredes laterais sobre os limites dos terrenos [...] as casas eram construídas de modo uniforme e, em certos casos, tal padronização era fixada nas Cartas Régias ou em posturas municipais. Dimensões e número de aberturas, altura dos pavimentos e alinhamentos com as edificações vizinhas foram exigências correntes no século XVIII.

As normas urbanísticas fixavam padrões para o traçado de ruas e as formas das quadras. Estabeleciam diretrizes para os padrões dos lotes e dos edifícios, visando à uniformização das fachadas dos prédios e sua integração em conjuntos maiores, em cada quadra. As normas de controle estabelecidas pela administração pombalina limitavam-se às regularidades de traçado da arquitetura e do sistema viário.

A arquitetura residencial no Brasil, no período colonial (de 1500 a 1822), estava caracterizada pela influência da arquitetura e do urbanismo medieval renascentista de Portugal e o barroco. Quando os colonizadores portugueses chegaram a esta parte da América, não encontraram uma tradição de construção representativa, nem auxiliares que interpretassem seus métodos, o aborígene morava na oca de trançado, coberta simplesmente de folhas de pondoba ou sapé. Não encontraram aqui, como o espanhol no Pacífico e na América Central, um povo com uma cultura e arquitetura representativa. Assim, o indígena apenas conseguiu produzir, quando muito, e toscamente, os modelos vindos de fora.

As construções particulares nas áreas urbanas destinavam-se às residências dos membros das camadas com vínculos permanentes com o meio urbano: grandes proprietários rurais, funcionários, oficiais mecânicos e comerciantes. No caso desses últimos, os programas incluíam também os locais de trabalho.

Dois traços eram característicos da maior parte das habitações urbanas do Brasil: a presença de escravos e a ausência da maior parte dos proprietários. As casas permaneciam fechadas a maior parte do ano. Reis (2000, p.156) ressalta: "todos os serviços nas residências dependiam do trabalho escravo: o transporte de água, a retirada do lixo e do esgoto, o preparo dos alimentos e o cuidado das roupas. Nas ruas, os escravos carregavam seus senhores e suas senhoras em redes ou cadeirinhas".

Para Reis (1995, p.16), as raízes da arquitetura residencial urbana no Brasil colonial remontam às cidades medievo-renascentistas da Europa. Assim, as cidades apresentavam ruas de aspecto uniforme, com residências construídas sobre o alinhamento das vias públicas e paredes laterais sobre os limites dos terrenos, o que correspondia a um tipo de arquitetura bastante padronizada, tanto nas suas plantas como nas suas técnicas construtivas. A uniformidade dos terrenos correspondia à uniformidade dos partidos arquitetônicos, e tal padronização era fixada nas Cartas Régias ou em posturas municipais. Reis Filho (1995, p.24) cita que:

> Dimensões e número de aberturas, altura dos pavimentos e alinhamento com as edificações vizinhas foram exigências correntes no século XVIII. Revelam uma preocupação de caráter formal, cuja finalidade era, em grande parte, garantir para as vilas e cidades brasileiras uma aparência portuguesa [...]. As salas da frente e as lojas aproveitavam as aberturas sobre a rua, ficando as aberturas dos fundos para a iluminação dos cômodos de permanência das mulheres e dos locais de trabalho. Entre estas partes com iluminação natural, situavam-se as alcovas, destinadas à permanência noturna e onde dificilmente penetrava a luz do dia. A circulação realizava-se sobretudo em um corredor longitudinal que, em geral, conduzia da porta da rua aos fundos. Esse corredor apoiava-se a uma das paredes laterais, ou fixava-se no centro da planta, nos exemplos maiores.

As plantas das residências apresentavam uma monotonia na implantação no lote, na tipologia e na composição das fachadas.

Segundo Vauthier (1975, p.43), "as residências no Brasil colonial tinham vários dormitórios que, além de abrigar a família, acolhiam os hóspedes e os parentes que chegavam do interior – coisa necessária em um país onde não há hotéis para viajantes –, ou são destinados a rapazes ou aos filhos que passaram de quatorze ou quinze

**A produção e o uso da casa baseavam-se no trabalho escravo**

Figura 3 – Planta e corte longitudinal de uma residência colonial (Brasil), 1. loja; 2. corredor de entrada para residência, independente da loja; 3. salão; 4. alcovas; 5. sala de viver ou varanda; 6. cozinha e serviços (Reis Filho, 1995).

anos". Pode-se explicar então por que as residências coloniais eram espaçosas. É importante ressaltar que, nesse período, os principais tipos de residência eram o sobrado e a casa térrea, estas fundamentalmente se diferenciavam pelo tipo de piso. O sobrado era assoalhado e na casa térrea, o "chão batido" Além disso, o pavimento térreo do sobrado estava destinado a abrigar as lojas ou os depósitos, eventualmente com um saguão mais valorizado em frente. Assim, essas características representavam os grupos sociais; habitar um sobrado significava riqueza, enquanto habitar a casa térrea significava pobreza.

Não havia pátios internos nas casas, como tradição hispano-americana, mas quintais simples de serviço, aos fundos. As latrinas ficavam quase sempre nos quintais, conforme as possibilidades de destino dos dejetos, através de sumidouros ou de cursos de água, e os banhos nas residências urbanas eram resolvidos nos interiores dos dormitórios em bacias de cobre ou latão, ou nas casas de banho localizadas nos quintais, separadas das latrinas. Quando necessário, eram abertas vielas ou becos para passagens de águas pluviais, que serviam também para o lançamento de imundícies. As casas encostavam-se umas às outras e seus telhados lançavam as águas da chuva sobre as ruas e em direção dos quintais.

O arejamento dos cômodos era facilitado pelo emprego corrente de rótulas em janelas e balcões. As janelas eram fechadas com folhas "cegas", sem vidros. Assim, os cômodos das residências ficavam escuros, e as velas e os candeeiros quase nada iluminavam. Lemos (1996, p.44) ressalta:

> Daí, os horários da vida cotidiana totalmente diferentes dos atuais. Literalmente, os horários da família coincidiam com os das galinhas, fato hoje motivo de graça; mas essa foi a realidade – acordava-se com o sol e dormia-se quando ele se punha. Nada mais se fazia depois das seis horas da tarde, depois das "vésperas", isto é, depois que Vésper, ou Vênus, aparecia no céu crepuscular, a não ser rezar. Rezar à luz mortiça das lamparinas. Às vezes, a família toda em volta do oratório. Depois das orações, uma refeição ligeira, onde o mate ou o leite quente eram acompanhados de biscoitos caseiros, as chamadas "quitandas". Depois do chá, a cama.

Até meados do século XVII, as casas eram simples, com fachadas simples: paredes lisas, vãos bem distribuídos e telhados simples; às vezes, uma varanda. Ainda segundo Vauthier (1975), "as características dos primórdios da Colônia são os cachorros de pedra, engatados na alvenaria para servir de suporte às sacadas, os bancos baixos de pedra praticados na espessura das paredes ao lado das janelas, e os armários embutidos a intervalos regulares no interior das paredes". As técnicas construtivas eram geralmente: paredes de pau-a-pique, adobe ou taipa de pilão, e nas residências mais importantes empregava-se pedra e barro, mais raramente tijolo ou ainda pedra e cal. O sistema de cobertura, em telhado de duas águas. Por sua vez, o urbanismo barroco no Brasil é a primeira manifestação da ascensão social e de poder da burguesia. Segundo Reis Filho (1997, p.221), o urbanismo barroco no Brasil:

> Trata-se de conjunto de edifícios, destinados a comércio e residência, obedecendo a um projeto comum, de tal sorte que, se tomados isoladamente apresentam-se como edifícios de importância relativa. Mas, no conjunto, adquirem uma monumentalidade, que até então havia sido privilégio dos palácios, tanto em termos arquitetônicos como urbanísticos.

O barroco influenciou principalmente a arquitetura religiosa e oficial. No entanto, individualmente as residências barrocas eram simples e apresentavam vergas de arco abatido ou canga de boi nos vãos, mas em conjunto representavam uma monumentalidade. Assim, os projetos arquitetônicos eram enquadrados por um projeto de urbanização que lhes confere uma nova dimensão plástica e social. É importante ressaltar que o barroco manifestou-se de forma mais representativa principalmente em Minas Gerais e em particular em Ouro Preto (Machado, 1999).

O barroco em Minas e mais especificamente nas residências do centro histórico de Ouro Preto será abordado no próximo capítulo. De forma geral, os centros históricos de origem colonial estão caracterizados principalmente pela arquitetura colonial e em menor número pela arquitetura de influência barroca, neoclássica, eclética, neocolonial e moderna. Para compreender o traçado urbano, a arquitetura residencial e a atuação da instituição do patrimônio, abordaremos no próximo capítulo o processo de formação do espaço urbano, a residência e a atuação da Instituição do Patrimônio na salvaguarda dos centros históricos de Cusco e Ouro Preto.

Foto 3 – Residências com vergas em canga de boi ou arco abatido no centro histórico de Parati (Brasil) (Salcedo, 2000).

# 3
## OS PROCESSOS DE FORMAÇÃO DOS ESPAÇOS URBANOS DOS CENTROS HISTÓRICOS DE CUSCO E OURO PRETO: A ARQUITETURA RESIDENCIAL E AS INSTITUIÇÕES DO PATRIMÔNIO

A conquista e a colonização da América espanhola e portuguesa foram uma empresa eminentemente prática para os europeus. As cidades foram fundadas com fins administrativos e comerciais de influências diferentes. A localização, o traçado e a construção das cidades como centros de domínio e controle responderam a critérios funcionais. Por sua vez, a arquitetura na América sofreu a influência externa, que a princípio foi dos países colonizadores e mais tarde dos países da Europa.

A arquitetura residencial é o testemunho histórico dos modos de vida do homem, não só dos que a conceberam, mas também dos que ali viveram através do tempo. O estilo arquitetônico é próprio do período que representa as necessidades, a idéia de beleza e a tecnologia. Os estilos arquitetônicos ocorrem paralelamente às mudanças de caráter político, refletindo as características sociais, econômicas e culturais de determinado período.

A arquitetura residencial também passou por transformações ao longo do tempo e segundo os estilos arquitetônicos de cada período. O arranjo espacial e formal da arquitetura ficou condicionado à tecnologia, a determinadas solicitações de ordem social, econômica, cultural e de legislação urbana, tornando-se um registro histórico, valioso patrimônio para a humanidade.

Quando abordamos os processos de formação dos espaços urbanos dos centros históricos de Cusco e Ouro Preto, as residências e as instituições do patrimônio, remetemo-nos à origem urbana e sua transformação, à evolução da arquitetura e à sua salvaguarda.

No século XX, ante a ameaça da destruição não somente pelas causas naturais de degradação, mas também pelas mudanças da vida social e econômica, que atingem a descaracterização e mesmo perda do patrimônio cultural e natural, foram criadas as Instituições do Patrimônio nas escalas internacional, nacional, regional e local. A idéia de criar um movimento internacional para proteger o patrimônio em outros países surgiu depois da Primeira Guerra Mundial. Considera-se que a proteção desse patrimônio em escala nacional é freqüentemente incompleta, em razão da magnitude dos meios de que necessita e da insuficiência dos recursos econômicos, científicos e técnicos do país em cujo território se acha o bem a ser protegido.

Para tal, a Unesco, no tratado internacional "Convenção sobre a salvaguarda do patrimônio mundial, cultural e natural", realizado em Paris, em 1972, cria o comitê intergovernamental de proteção do patrimônio cultural e natural de valor universal excepcional, denominado "Comitê do Patrimônio Mundial", que tem por objetivo promover a identificação, a proteção e a preservação do patrimônio cultural do mundo.

Nas escalas nacional, regional e local, é importante abordar a Instituição do Patrimônio no Peru e no Brasil, pois isso permite conhecer o pensamento de salvaguarda do patrimônio e analisar de forma específica sua repercussão no patrimônio nos centros históricos de Cusco (Peru) e Ouro Preto (Brasil).

No presente capítulo, serão abordados os processos de formação dos espaços urbanos dos centros históricos de Cusco e Ouro Preto, as residências e as instituições do patrimônio que atuam na salvaguarda desse importante patrimônio nacional e mundial.

## Centro histórico de Cusco

A formação do centro histórico de Cusco data de 1200. A cidade de Cusco e conseqüentemente sua arquitetura residencial são testemunhas das manifestações econômicas, sociais, políticas e culturais dos períodos pelas quais evoluíram: inca (de 1200 a 1532), colonial (de 1532 a 1821) e republicano (de 1821 até os dias atuais).

No período inca (de 1200 a 1532), Cusco foi a capital do império do Tahuantinsuyo, cidade de importância administrativa. A residência da nobreza inca estava caracterizada pela "*cancha* inca": dois ou mais cômodos construídos em pedra, implantados em torno de um pátio central.

No período colonial (de 1532 a 1821), com a chegada dos espanhóis, Cusco foi uma cidade com base econômica comercial e indústria têxtil. A residência dos espanhóis foi implantada principalmente sobre as fundações da arquitetura inca ou da "*cancha* inca". Estava caracterizada pelo uso de adobe na construção e pela distribuição dos cômodos em torno de um pátio central, à semelhança da "*cancha* inca". Nesse período, a residência também sofre a influência do barroco.

No período republicano (de 1821 até os dias atuais), Cusco é a capital da Região Cusco. Seu centro histórico é reconhecido como "Patrimônio Nacional e Patrimônio Cultural da Humanidade". A residência ao longo desse período sofre a influência principalmente dos estilos arquitetônicos neoclássico, eclético e neocolonial, que se manifestaram principalmente na composição e no uso de elementos decorativos nas fachadas; a tipologia ou a planta da casa é a mesma da residência colonial. Só o modernismo romperá com a tipologia da residência colonial, com a implantação de uma nova tipologia residencial: cômodos relacionados através de um *hall* ou corredor interno, planta livre.

### Sítio urbano

A cidade de Cusco está localizada a 3.555 metros de altitude, na parte mais alta do vale do Rio Huatanay, vertente oriental da Cordilheira Andina, sudeste do Peru, região inca. A bacia hidrográfica compreende os rios Tullumayo, Saphy e Chunchulmayo, e da afluência destes nasce o Rio Huatanay. Segundo Ibérico (1992, p.33), o relevo do centro histórico ocupa uma planície aluvial cercada por diversas montanhas, as encostas são fortemente escarpadas com inclinação que supera 30%, e a parte plana tem suaves declives, não superando 12%.

O clima seco-frígido da área é característico dos vales interandinos altos. A estiagem vai de maio a meados de setembro, e as chuvas, de meados de setembro até abril. Segundo dados registrados e elaborados pela Estação Meteorológica da Universidade Nacional San Antonio Abad de Cusco (Servicio Nacional Meteorológico, 2002), em 2002 a temperatura mínima registrada foi de 2,4°C no mês de julho, e a máxima de 20,6°C no mês de novembro. A precipitação média anual foi de 81,0 mm e pluviosidade total de 973 mm. Nos meses de junho, julho e agosto, é freqüente o fenômeno de geada, que regionalmente recebe a denominação de *helada*. Esporadicamente, no inverno, registra-se precipitação de neve nas partes altas. A direção dos ventos predominantes é de norte a noroeste. A cidade de Cusco passa por três períodos de formação social: inca, colonial, republicano.

## Período inca: a arquitetura residencial

O território ocupado pelo império inca era denominado Tahuantinsuyo. Foi governado pelos incas no período de 1200 a 1532 da nossa era. A capital desse império era a cidade de Cusco.

Segundo Azevedo (1982, p.34), a organização do espaço urbano de Cusco incaico partia de um centro que era a praça principal de Huacaypata, que articulava quatro vias principais que ligavam os quatro *suyos* ou regiões. O espaço urbano estava constituído basicamente por três zonas hierarquizadas: 1. o centro nobre, que abrigava o governo central, os serviços urbanos e regionais, a moradia para a nobreza, e a área de expansão, compreendendo uma extensão de 88 ha; 2. os arrabaldes contíguos ao centro nobre, que eram áreas de cultivo e tinham uma extensão de 105 ha; e 3. os bairros que abrigavam as casas dos curacas, localizados em torno dos arrabaldes e que ocupavam uma área de 283 ha. O centro nobre estava dividido em duas zonas: o *Hanan* (alto) e o *Hurin* (baixo), e cada uma em cinco áreas grandes. Cada área, por sua vez, estava constituída por *"canchas"* (quarteirões) que tinham tamanhos diferentes, seus comprimentos podiam ter entre 45 e 70 m e suas larguras, entre 30 e 45 m. Os usos do solo de Cusco incaico estão representados no mapa da Figura 4.

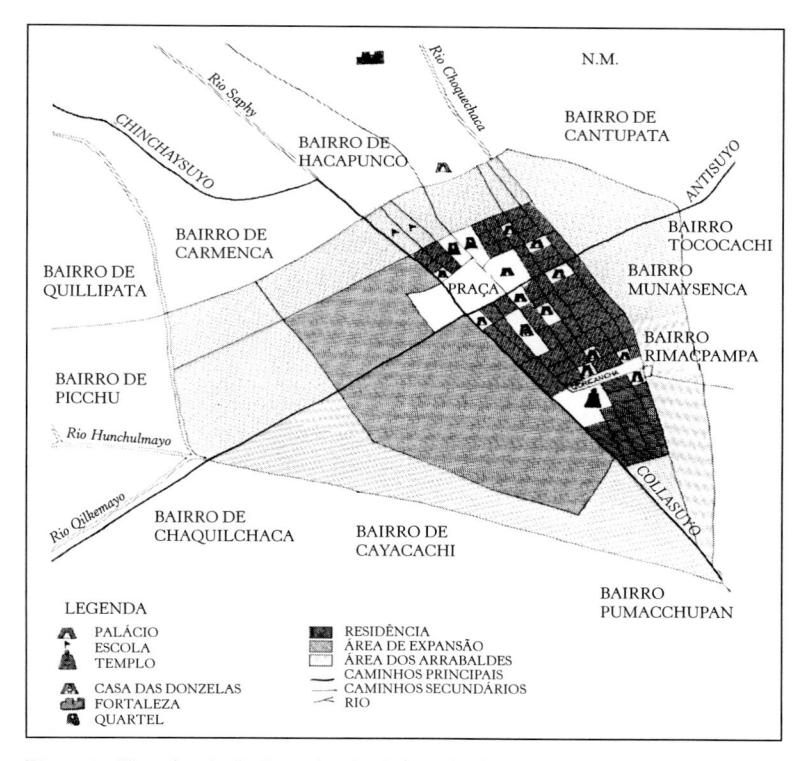

Figura 4 – Usos de solo de Cusco incaico (adaptado de Calvo, 1980).

No período inca, segundo Calvo (1980, p.140-50), a *cancha* inca localizada no centro nobre da cidade (atual centro histórico) era a tipologia residencial da nobreza. A *cancha* inca era o quarteirão retangular, suas larguras variavam entre 45 e 70m e seus comprimentos entre 45 e 70 m. Na *cancha* inca, morava um clã patriarcal ou extensa família, unidos por vínculos de sangue e divididos em grupos menores correspondentes à família dos cônjuges. Existiam os espaços independentes ou aposentos para cada grupo menor e os espaços coletivos: pátios e áreas de serviço (Venero, 1983, p.101).

A tipologia da *cancha* inca era amuralhada, tendo um único acesso, e consistia no agrupamento de várias construções ao redor de um ou mais espaços abertos. As construções eram de planta retangular, espacialmente separadas umas das outras, e cada *cancha* tinha entre duas e oito construções.

Essas construções, independentes do número de blocos que o conformavam, constituíam o padrão de agrupamento arquitetônico inca. Sua repetição e/ou combinação assumiam formas muito complexas e variadas. Segundo Calvo (1980, p.150), na *cancha* inca *"habia aposentos para la nobleza, cuarteles para los soldados, habitaciones para los sirvientes, Cámara del tesoro, armerias reales, depósitos de vituallas, baños imperiales, lagunas, jardín y flores"*. O bloco próximo ao acesso abrigava a recepção, e para as outras funções específicas correspondia um bloco para cada: dormitórios para os nobres, dormitórios para os criados, entre outros. Em relação à construção das *canchas* incas, Calvo (1980, p.150) ressalta:

> *los muros tenian los mas finos aparejos que podian labrarse en la andesita o la diorita y, asi, las heladas de grises sillares isodomos o de piedras verdosas, que armoniosamente decrecían en tamaño conforme cobraban altura, se erguían majestuosas y solemnes para recibir los recios y pintados rollizos que sostenían las multiples capas de cuidadosamente seleccionado y entretejido «ichu».*

O sistema de construção consistia em erguer os lados que formavam a parede, sem travá-las entre elas, e recheava-se o espaço interno com diversos materiais. A amarração dos lados da parede lograva-se por meio de esforços transversais das vergas (portas, janelas, *ornacinas* ou armários embutidos) ou de reforços nas esquinas (Calvo, 1980, p.95).

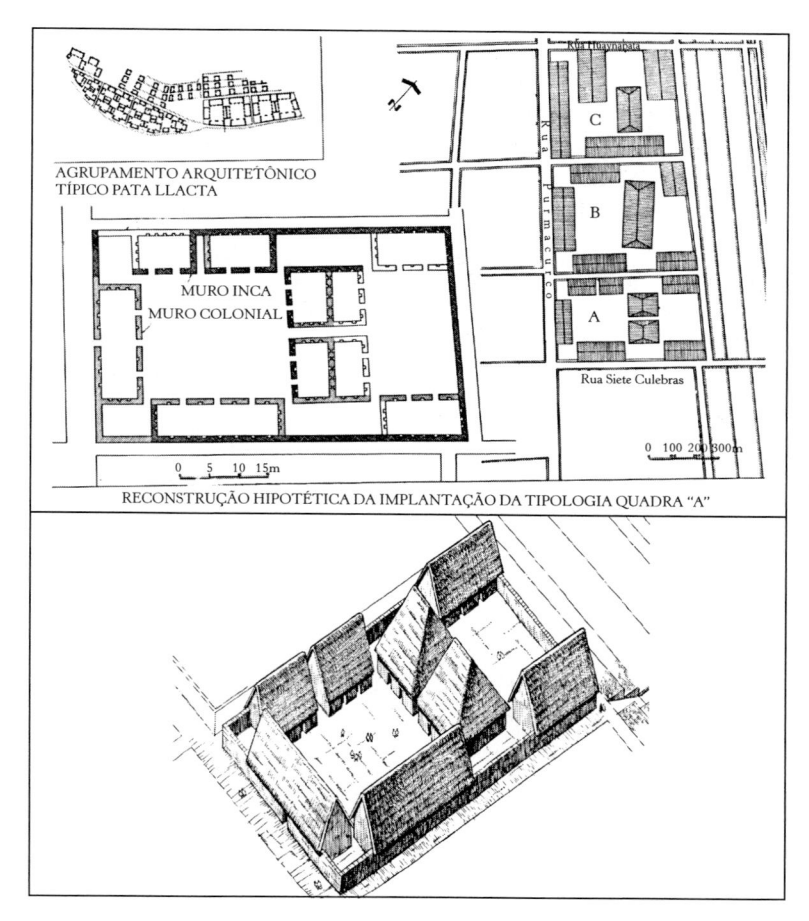

Figura 5 – Reconstrução da implantação, da tipologia e da perspectiva da *cancha* inca na Rua Siete Culebras, na cidade de Cusco (adaptação de Calvo, 1980).

Os *runas* ou camponeses moravam nos arredores da cidade inca, na zona rural. Calvo (1980, p.127) ressalta que:

> *En ellas las familias monogámicas, de cinco miembros en promedio, se alojaban en casas constituídas por tres bloques, dedicadas cada uno de ellos a fines distintos de tipo recepcional, habitacional e de servicio. Las familias extensas, de diez miembros en promedio, se alojaban en conjuntos de cuatro bloques, en los que dos de ellos estaban destinados al alojamiento de la familia original y a la del hijo mayor, y los otros dos dedicados a los fines generales ya señalados.*

As residências eram construídas de pedra ou adobe, e a cobertura era de madeira e palha. O sistema construtivo de uma residência nobre e uma residência de camponeses era o mesmo, e as diferenças estavam no tamanho dos cômodos e na riqueza dos acabamentos. A água era distribuída através de canais protegidos, para evitar sua contaminação. O esgoto e as águas pluviais eram canalizados ao rio mais próximo.

## Período colonial: a arquitetura residencial

Os espanhóis chegaram à América em fins do século XV. Com a conquista dos espanhóis, grande parte do território do Tahuantinsuyo passou a constituir o vice-reinado do Peru, colônia da Espanha.

A economia no vice-reino do Peru era mercantilista, pois caracterizava-se principalmente pela exploração dos recursos naturais, sobretudo de metais preciosos, como o ouro e a prata, produtos que eram enviados à Espanha, e pelo comércio entre a metrópole e suas colônias. Para esse propósito, foi fundada na costa peruana a cidade de Lima, em 1535. Cusco era um importante centro de comércio com o vice-reino da Prata, pois tinha como principal indústria a têxtil, que atingiu seu apogeu nos séculos XVII e XVIII, tendo sido superada apenas pela mineração. Assim, o período compreendido, a partir da segunda metade do século XVII e todo o século XVIII, é conhecido como século de ouro, e é durante a segunda metade do século XVIII que a economia regional e o comércio de Cusco atingem seu maior crescimento econômico. Em Cusco, comercializavam-se o açúcar, os tecidos, a coca, pinturas, entre outros. A esse período corresponde o florescimento da arquitetura e das artes em geral.

Nesse período, havia os seguintes grupos sociais: os espanhóis, os crioulos (descendentes de espanhóis nascidos na América), os mestiços e os índios ou *runas*. Os nobres, os mais altos funcionários e o grupo eclesiástico eram constituídos por espanhóis, isentos de tributos; tratava-se de proprietários particulares dos meios de produção e sob sua encomenda estavam os *runas*. Os crioulos, espanhóis nascidos na colônia, viviam dos rendimentos de suas encomendas e de suas fazendas ou minas, e também eram isentos de tributo. Os *runas* pagavam tributo, trabalhavam para os encomenderos, eram proprietários coletivos das terras e moravam principalmente na área rural.

Belloto & Correa (1979, p.48) ressaltam que os antigos nobres incas e os curacas "não estavam sujeitos ao regime de trabalho, nem aos regulamentos que eram aplicados aos outros membros da sociedade indígena. A coroa garantia-lhes o direito de manter patrimônios pessoais e receber o serviço de seus súditos indígenas". Em recompensa desses privilégios na sociedade, os curacas e os nobres incas exigiam a arrecadação do tributo aos *runas*. Finalmente os escravos, constituídos por negros, trabalhavam na produção de forma servil para os espanhóis.

De modo geral, os espanhóis transplantaram a estrutura urbana de suas cidades para as suas colônias. O traçado formal das cidades coloniais seguia a Lei Urbanística de 1573. O poder local e o poder eclesiástico predominavam na estrutura urbana. A cidade era governada por um conselho local ou câmara de vereadores, chamado cabildo ou ajuntamento. Dozer (1966, p.156), sobre as funções do ajuntamento, ressalta que "competia prover ao policiamento da cidade, cobrar taxas municipais, construir estradas, hospitais e pontes, dar licenças para construir, regulamentar as procissões e controlar os mercados da cidade".

A Cusco colonial organizou-se sobre a estrutura urbana inca, conservando o sistema viário básico da cidade antiga. Para Azevedo (1982, p.43), foi Francisco Pizarro quem decidiu que se conservasse a praça principal da cidade inca. Os solares ou as casas dos espanhóis deviam ser construídos ao redor dessa praça, e os quarteirões deviam ter duzentos pés de lado, medida que devia ser atendida no mesmo quarteirão inca ou abranger o quarteirão próximo.

A divisão do trabalho manifesta-se na organização do espaço urbano de Cusco colonial. É assim que a área ocupada pelos espanhóis estava localizada nas áreas privilegiadas da cidade, ao redor das praças de Huacaypata e Cusipata, ocupando parte do antigo centro nobre e parte das terras de cultivo a sudoeste do Rio Huatanay. Essa área abrigava os edifícios para a administração pública, o comércio, a saúde, a educação, a religião e a segurança, ao passo que a área ocupada pelos *runas* estava localizada nos bairros dos "curacas" da antiga estrutura inca e abrigava suas casas e os edifícios para saúde e religião (Salcedo, 1994, p.24).

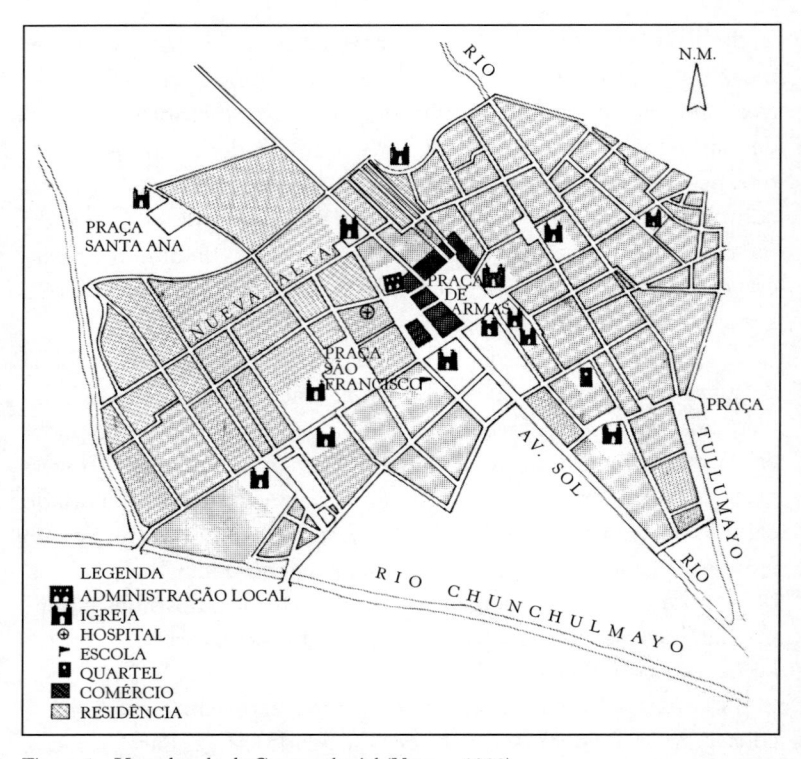

Figura 6 – Usos de solo da Cusco colonial (Venero, 1983).

Para a construção dos edifícios públicos da colônia, foi destruída parte das antigas construções incaicas. Só ficaram algumas paredes das casas ou dos palácios incas e do Templo do Sol. Os principais edifícios construídos sobre antigas construções incas foram: a Catedral, a Igreja de Jesus e a Igreja de Jesus Maria no Quiswarcancha ou casa do inca Viracocha; a Igreja da Compañia, a capela de Lourdes, a universidade e a cadeia no Amarucancha ou casa do inca Huayna Capac; a casa de Francisco Pizarro na casana ou casa do inca Pachacutec; a igreja e convento de Santa Catalina no Acllahuasi (casa das escolhidas); a casa do Almirante na casa do inca Huascar; a igreja e o convento de Las Nazarenas no Huaracahuasi ou casa do inca Capac Yupanqui; a casa de Diego de Almagro no Hatuncancha ou casa do inca Yupanqui; a casa dos marqueses de Concha no Pucamarcra ou casa do inca Tupac Yupanqui; e a igreja e convento de Santo Domingo no Inticancha ou Qoricancha.

Além desses edifícios, foram construídos, nas áreas de expansão e nos arrabaldes da antiga cidade inca, o Cabildo na praça de Cusipata, a igreja e convento de Santa Teresa, a igreja e convento de La Merced, o colégio de San Bernardo, a igreja de San Pedro, a igreja e o convento de San Francisco, a igreja e o convento de Santa Clara, o Hospital San Juan de Dios, o teatro e as tecelagens no vale do Rio Saphi. Em geral, as casas dos espanhóis localizadas no centro nobre (atual centro histórico) foram construídas aproveitando as paredes e os alicerces das antigas construções incas. Quando os espanhóis chegaram, segundo Herrera (1981, p.32), estima-se que a população da cidade de Cusco era de aproximadamente quarenta mil habitantes.

Nos primeiros séculos do período colonial, na cidade de Cusco, a arquitetura residencial estava caracterizada pela construção dos cômodos em torno de um pátio central, influência principalmente do estilo renascentista, mais conhecida como estilo "colonial", e no século XVIII a arquitetura sofre a influência do barroco.

Oblitas (1998, p.19) destaca que a arquitetura cusquenha repete as formas espanholas do século XV, que, por sua vez, sofrem a influência da tradição árabe (caráter introvertido da vida familiar); como exemplo, temos as residências do centro histórico da cidade de León, na Espanha. O traçado original urbano coincide com o de um acampamento militar romano e a existência de dois eixos viários principais em cujos extremos situavam-se as portas correspondentes.

Em relação às edificações residenciais que integram o centro histórico, definiram-se cinco tipologias em razão das dimensões da fachada que na maioria coincide com a frente do terreno e a profundidade da construção e a distribuição dos cômodos (A, B, C, D e S).

Segundo a classificação de tipologias, a tipologia 4 está assim caracterizada: *"la edificación a lo largo de la calle, libera el terreno al interior, en el que suelen ubicarse tambien otras edificaciones articuladas con la principal a través de corredores abiertos o cerrados que dan lugar a la aparición de patios [...] casas-patio de las que existen muy escasos ejemplos en el centro histórico"* (Fernández, 1985, p.189). As "casas-pátio" são semelhantes às "casas coloniais" do centro histórico de Cusco.

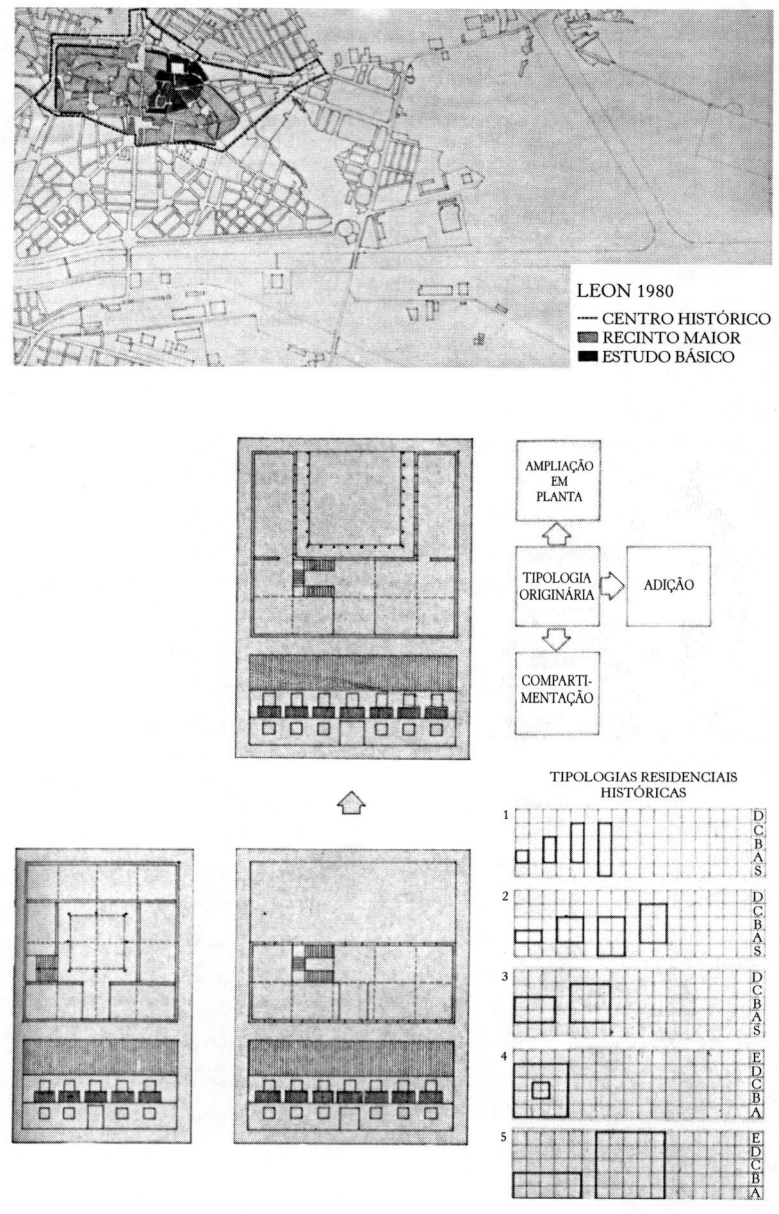

Figura 7 – Centro histórico de León (Espanha) e tipologia das residências (Colegio Oficial de Arquitectos...,1985).

A "casa colonial" no centro histórico de Cusco é compacta e constrói-se ao redor de um pátio central, que seria o centro de ligação das funções da residência. Da rua, chega-se à residência através de um único acesso, denominado *saguão*, e deste aos corredores, à escada e ao pátio. Os cômodos no pavimento térreo abrem-se para o pátio e relacionam-se por um corredor de distribuição com pórticos (arco pleno) de pedra ou madeira.

No pavimento superior, os cômodos abrem-se num corredor ou galeria de pedra ou madeira, somente em dois lados da construção. Nos lados anterior e posterior do pátio, os cômodos que não tinham um corredor comunicavam-se internamente. No pavimento térreo, estão os cômodos destinados para o comércio e as funções de serviço; no pavimento superior era o nível mais importante e abrigava a sala de estar, a recepção, o oratório e os dormitórios.

A área central da casa colonial era o salão principal, localizado no pavimento superior de frente à rua. Venero (1983, p.135) ressalta: *"estos salones permanecian casi permanentemente cerrados, abriéndose únicamente para recibir en fechas memorables. También hay que señalar que era el ambiente que recibia mayor cuidado: buenos muebles, alfombras, tapices etc."*. Esses salões tinham pequenos balcões que protegiam as portas-janelas.

A residência também tinha um número considerável de dormitórios no pavimento superior, necessários para abrigar a família e os hóspedes. Geralmente as famílias dos espanhóis eram numerosas, dez, quinze pessoas. Para tal, requeriam serviçais em número maior. Assim, *"el servicio de la familia estaba asegurado con la presencia de los pongos y de personal permanente (cocineras, amas y portero), estos con excepción del portero, pernoctaban acompañando a sus amos, ubicando sus camas en algún rincón de sus recámaras"* (idem, p.132). Os espaços de permanência da família no cotidiano eram a sala de jantar, o pátio e os dormitórios.

Além disso, a casa colonial dispunha de cozinha, depósitos para armazenar os produtos provenientes das propriedades tributárias e de curral destinado aos animais: vacas, cavalos, cachorros, porcos, galinhas, entre outros. Algumas casas tinham uma horta ou pomar para o cultivo de frutas, legumes e flores. Essa complexidade do programa residencial explica por que a casa colonial tinha uma grande área construída. A fachada principal era plana e tinha uma composição simples. No pavimento térreo, estava a porta de acesso ao saguão, e, em muitos casos, simetricamente existiam duas portas de acesso ao comércio.

No pavimento superior, encontram-se as janelas ou as portas-janelas. A princípio, os balcões eram fechados com característica mourisca, evitando a comunicação com o exterior, elementos que permitem olhar sem ser visto. Mais tarde, os balcões eram feitos com balaústres de madeira.

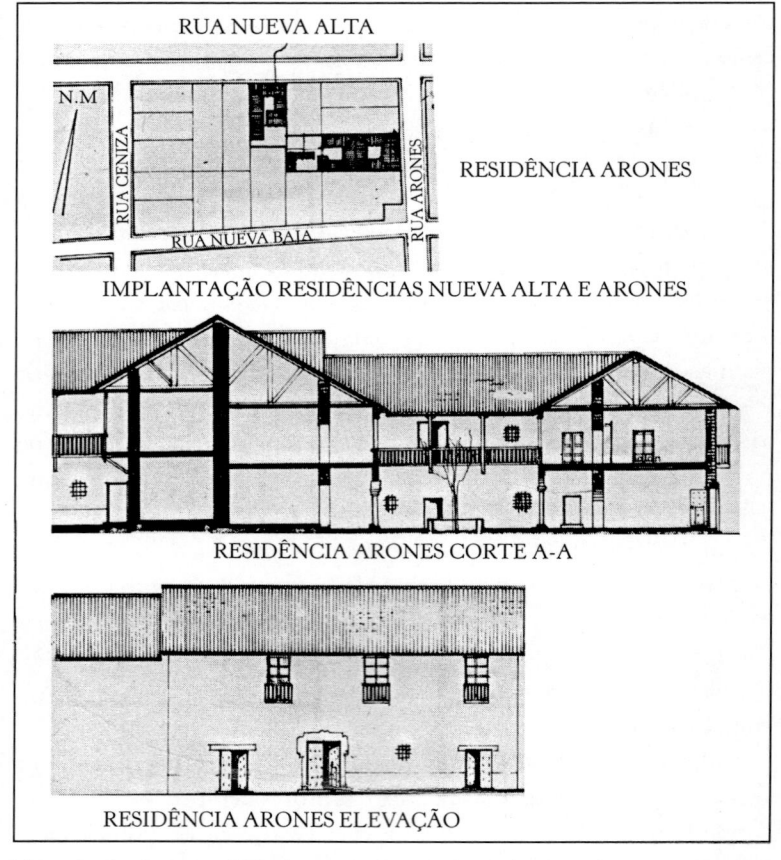

Figura 8 – Implantação, tipologia, corte e elevação da residência na Rua Arones, no centro histórico de Cusco (Venero, 1983).

Oblitas (1998, p.19) descreve que a residência colonial era construída com paredes de adobe, cobertura de madeira e telhas de cerâmica, segundo a tradição árabe de *par y nudillo*, trazido pelos espanhóis. Essa técnica permaneceu até o início do século XX. Os acabamentos eram: pisos de tijolos cerâmicos e madeira.

A influência do barroco na residência manifesta-se no século XVIII. Não existe muita diferença entre a arquitetura colonial e a barroca. A residência barroca continua com a tipologia da planta das residências coloniais (cômodos voltados para o pátio interno ou para as galerias do pavimento superior), só que as intervenções se realizam nas fachadas, principalmente nos acabamentos dos vãos e dos balcões.

Os balcões apresentam balaústres de madeira totalmente trabalhados ao estilo barroco, mostrando o alto relevo e o trabalho da madeira entornaçada. As portas e janelas mostram a influência do rococó (portas de madeira trabalhadas em alto relevo). As casas continuam sendo construídas com paredes de adobe e a cobertura com estruturas de madeira e telha colonial.

Foto 4 – Porta de madeira trabalhada em alto relevo (barroco) na residência localizada na esquina da Rua Cuesta Alabado com a Rua Chihuampata (Cusco) (Salcedo, 2000).

## Período republicano: a arquitetura residencial

As lutas promovidas pelos crioulos na colônia puseram fim ao vice-reinado com a proclamação da independência do Peru, no dia 28 de julho de 1821, estabelecendo-se a República, e Lima, como sua capital. Após a proclamação da independência, a inserção dos países da América espanhola e portuguesa na economia mundial, na segunda metade do século XIX, definiu-os como fornecedores de matérias-primas para a Europa industrializada. A base da economia peruana após a independência foi a produção de matérias-primas que, a princípio, eram enviadas para a Europa e depois para os Estados Unidos.

Em conseqüência, vieram os investimentos de capital e tecnologia que vertebraram os territórios por meio das ferrovias e desenvolveram os portos para permitir o escoamento. As elites que levaram adiante esse modelo agroexportador dependente contaram não só com o poder político, como também com os recursos econômicos necessários para consolidar-se. Assim manifestaram sua faceta liberal no plano econômico e despótica no plano político.

As primeiras gerações do século XIX viram-se de repente com a responsabilidade de formar uma nação. A tradição existente era repudiada, pois ela significava o atraso das colônias em relação aos países mais adiantados do mundo, como os Estados Unidos, a Inglaterra e a França: "para eles é que os olhares se dirigiam; há que imitá-los, há que se vincular culturalmente a eles e se desprender de tudo que ostente o timbre espanhol, que marca o detestado e o atrasado" (Gutierrez, 1989, p.64).

Esses câmbios da dependência cultural da Espanha para os países considerados mais adiantados (Estados Unidos, França e Inglaterra) irão produzir a ruptura: "A ruptura se produz em dois sentidos. Em primeiro lugar, pela negação da realidade e a adoção do modelo externo; em segundo, pela fratura entre a cultura popular e a oficial, fato que principiou com o academismo neoclássico do final do século XVIII e que irá se consolidar de forma definitiva" (idem, ibidem). Entretanto, essa negação da história, da tradição, dos valores da arquitetura e do urbanismo colonial, no século XIX, ocasionou um rápido processo de renovação urbana que destruiu a arquitetura do período colonial. Assim, os valores da arquitetura da América espanhola do período colonial, a harmonia do conjunto urbano, a proporção dos vãos e das alturas, entre outros, foram sistematicamente negados, tornando-se presente a dependência das manifestações estilísticas da Europa.

A independência do Peru trouxe o livre-comércio entre 1825 e 1840. A concorrência estrangeira ocasionou a decadência da indústria de tecidos e do comércio em Cusco. Da Inglaterra chegavam tecidos de melhor qualidade a preços mais baixos.

Cusco torna-se capital do Estado sul-peruano entre 1836 e 1839. Com a Confederação Peru-Bolívia, intensificou-se o intercâmbio comercial com a Bolívia. Nesse período, a indústria têxtil cusquenha foi protegida, proibindo-se a importação de tecidos estrangeiros. Ao término da Confederação, Cusco limitou-se a ter um mercado regional e conseqüentemente diminuiu a produção de tecidos. O bloqueio dos portos peruanos pelo Chile diminuiu o comércio com o exterior. Porém, após 1880, a economia teve uma lenta recuperação. A indústria de tecidos recuperou-se novamente.

Em trabalho anterior (Salcedo, 1994, p.42), ressaltamos que a urbanização de Cusco está ligada à atividade econômica, às migrações e aos financiamentos outorgados para a residência. Assim, o lugar que ocupa a população nas relações de produção determina a apropriação e a localização das residências no espaço urbano. Os financiamentos permitem que a população tenha acesso à moradia, e as migrações contribuem também no processo de urbanização, por meio da demanda de residências e das exigências para a sua construção.

Em relação à população de Cusco, Herrera (1981, p.33) ressalta que, em 1825, Cusco tinha quarenta mil habitantes e, em 1903, caiu para quinze mil; isso ocasionou o despovoamento dos bairros de Belén, Santiago, a zona de Cascaparo e os bairros ocidentais de Cusco. Azevedo (1982, p.26) confirma que a densidade urbana em 1834 foi de 198 hab/ha e em 1876 diminuiu para 90,9 hab/ha. A redução da população nesse período pode ser explicada principalmente por duas causas. Para Herrera (1981, p.35), entre 1850 e 1856, com as epidemias de febre tifóide e hepatite, morreram cerca de doze mil pessoas. Além disso, em 1885, duas mil crianças morreram de varíola. Durante o século XIX, na cidade de Cusco não existia saneamento básico, o que contribuiu para a proliferação das doenças gastrointestinais.

No início do século XX, os seguintes fatos começaram a mudar a vida econômica de Cusco: a construção da linha férrea do Sul e Santa Ana (1908), a instalação da infra-estrutura de saneamento básico (1914-1921), a instalação de telefone (1921), a construção da pista para o Aeroporto Velasco Astete (1930). Isso tudo contribuiu para o crescimento da população e para as migrações para Cusco (Azevedo, 1982, p.62-3).

Herrera (1981, p.128-9) expressa que, de 19.825 habitantes em 1912, passou-se para 40.657 em 1940, e a expansão urbana se deu em direção sudoeste, onde se construíram casas nas avenidas Sol e Pardo. Até então Cusco mantinha-se restrita à área urbana de Cusco colonial. Nesse período, os grupos sociais de maiores níveis econômicos saíam do centro da cidade para habitar as áreas de expansão urbana, buscando melhores condições de habitação. O centro histórico degradado começa a ser habitado geralmente pela população de baixa renda, por causa dos preços baixos dos aluguéis dos cômodos.

É importante ressaltar que o terremoto de 21 de maio de 1950 marcou uma década de grandes transformações urbanas em Cusco. Herrera (1981, p.163) destaca que foram destruídas em parte as igrejas coloniais da Compañia de Jesus, a Catedral, Santo Domingo, Belén, Santa Teresa, San Cristobal e San Sebastián, três mil casas, e destas, 1.200 casas ficaram sem condições de ser habitadas. Esses foram fatores que sensibilizaram os órgãos nacionais e internacionais para a reconstrução da cidade. Iniciaram-se importantes investimentos públicos e privados. Concederam-se créditos para a construção de edifícios e restauração das casas no centro histórico. Conseqüentemente, entre 1951 e 1973, reconstruíram-se com esses empréstimos 341 edifícios. A expansão da cidade se dá em direção a Sudeste (avenidas da Cultura e Manco Capac), onde foram construídas as unidades de residência para a classe média. Entretanto, a classe social de baixa renda que morava no centro foi ocupar os terrenos de Belempampa, constituindo o primeiro *Pueblo Joven* ou favela. Depois dos anos 50, Cusco consolida-se como centro político administrativo, comercial e de prestação de serviços em nível regional.

Por sua vez, as migrações provenientes da área rural para trabalhar na reconstrução da cidade e o crescimento vegetativo da população ocasionaram aumento da população de 96,4% na cidade de Cusco, no período de 1940 a 1961. Também a construção do novo aeroporto, em meados da década de 1960, e o processo de Reforma Agrária de 1969, que originou o êxodo rural, principalmente dos fazendeiros, a concentração dos serviços e das atividades econômicas atraíram a população rural e de cidades pequenas, contribuindo para o acelerado crescimento da população. Como conseqüência, no período de 1961 a 1972, o crescimento da população foi de 52,1%. Em 1981 (Instituto Nacional de Estadística, 1981), a população da cidade de Cusco era de 184.550 habitantes. A cidade de Cusco foi reconhecida como "Patrimônio Mundial da Humanidade" pela Unesco em 1983, e em 1989, Cusco tornou-se capital da região inca. Atualmente a cidade compreende o centro histórico, as áreas de expansão e favelas.

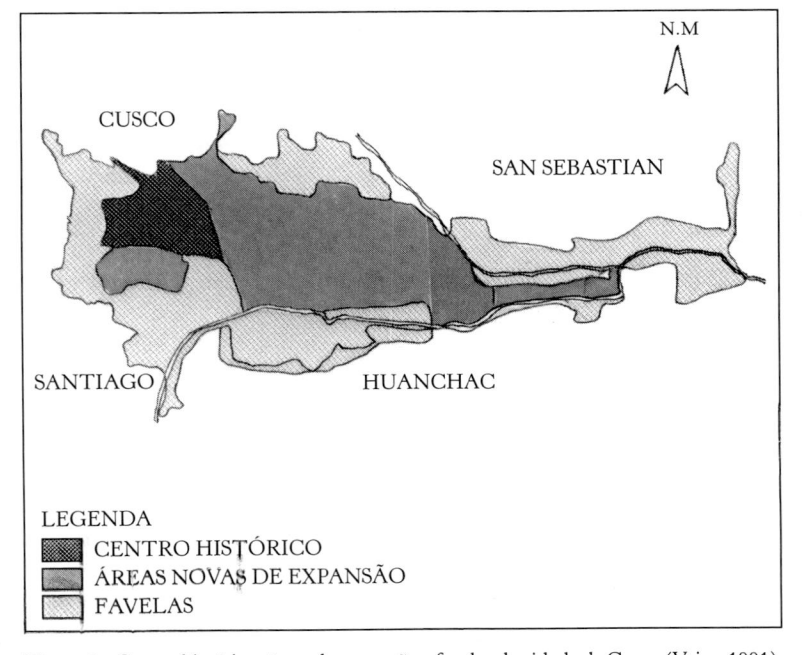

Figura 9 – Centro histórico, áreas de expansão e favelas da cidade de Cusco (Vries, 1991).

Em trabalho anterior (Salcedo, 1994, p.76), destacou-se que a construção de equipamentos para os serviços e o turismo, as restaurações dos edifícios, a construção da pista para o aeroporto novo, entre outros, atraíram o turismo e a população migrante. Como conseqüência, de 1972 a 1981, a taxa de crescimento anual da população do centro histórico foi de menos 6,5%. Em 1972 representava 38% da população da cidade, em 1981 era somente de 13,6% (25.098 habitantes), e em 1993 o centro histórico abrigava uma população de apenas 24.846 habitantes (Iberico & Degregori, 1998, p.10).

Acredita-se que o crescente número de equipamentos para o setor terciário da economia tenha diminuído ainda mais o número de moradores. A construção desses equipamentos em áreas de uso residencial está ocasionando a pouca oferta e o encarecimento da moradia. Para Hardoy & Santos (1983b, p.57), o turismo no centro histórico de Cusco ocasionou:

> El encarecimiento generalizado de la vivienda en el centro histórico y en el mayor hacinamiento observable. Evidentemente esta transformación de usos es una de las causas de la expulsión de población de la zona monumental y simultaneamente de la densificación de la ocupación en las construcciones aún destinadas a habitación popular.

Além disso, as residências encontram-se em mau estado de conservação. Nos cortiços, as famílias ocupam um ou dois cômodos e compartilham um banheiro coletivo. Segundo Hardoy & Santos (1983b, p.78), o aumento de áreas de cortiço "estaria por un lado reflejado en el aumento de la población y, por consiguiente, en la densidad promedio de las manzanas".

Atualmente, esse aumento está caracterizado pela crescente concentração das atividades para o comércio, o turismo, os serviços e as finanças e a crescente expulsão dos residentes, uma vez que as residências estão sendo reformadas para usos de comércio e serviços.

Por sua vez, a falta de investimentos para a recuperação da residência e a alta densidade demográfica por residência estão ocasionando a deterioração das edificações e a perda do patrimônio arquitetônico. O centro histórico de Cusco, reconhecido como Patrimônio Nacional e Mundial, abriga principalmente as construções coloniais e os vestígios da arquitetura inca.

## LEGENDA
### MONUMENTOS TOMBADOS
- ■ IGREJA OU CONVENTO
- ▨ RESIDÊNCIA
- ▦ OUTROS EDIFÍCIOS
- ☐ MONUMENTOS NÃO-TOMBADOS

## VESTÍGIOS DA ARQUITETURA INCA

A – Palácio de Pachacutec (*Casana*)
B – Palácio de Sinchi Roca (*Coracora*)
C – Escola (*Yachayhuasi*)
D – Palácio de Manco Capac (*Colcampata*)
E – Fortaleza de Huajicar
F – Palácio de Huascar
G – *Hauracahuasi*
H – Palácio de Capac Yuoanqui

I – Palácio de Viracocha (*Quishuarcancha*)
J – Palácio de Inca Roca (*Hatunruniyoc*)
K – Palácio de Inca Yupanqui (*Hatuncancha*)
L – Palácio de Huascar
ll – Casa das escolhidas (*Acllahuasi*)
M – Palácio de de Huayna Capac (*Amarucancha*)
N – Palácio de Tupac Yupanqui (*Pucamarca*)

O – *Rimacpampa*
P – *Cusicancha*
Q – *Mutfuchacapampa*
R – *Intipampa*
S – Templo do Sol (*Inticancha*)
T – Tecedoras (*Ahuajpinta*)
U – *Sancacancha*

## VESTÍGIOS DA ARQUITETURA COLONIAL

1. Residência de Francisco Pizarro
2. Igreja São Cristobal
3. Residência do Almirante
4. Igreja Jesus Maria
5. Catedral
6. Igreja Triunfo
7. Residência das Harpias
8. Residência do Conde de Cabrera
9. Residência dos Cartagena
10. Residência de Mancio Serra
11. Igreja e Convento das Nazarenas
12. Igreja e Convento Santo Antônio Abad
13. Igreja São Blas
14. Igreja e Convento Recoleta

15. Residência dos Gamarra
16. Residência Garcia de Loyola
17. Igreja e Convento Santo Domingo
18. Residência Quatro Bustos
19. Residência Diogo de Almagro
20. Residência Marqueses de Concha
21. Igreja e Convento Santa Catalina
22. Capela de Lourdes
23. Igreja da Companhia
24. Universidade
25. Igreja e Convento La Merced
26. Colégio São Bernardo
27. Residência Marqueses de Valleumbroso

28. Igreja São Pedro
29. Residência Vispo Valverde
30. São João de Dios
31. Residência Almirantes Castillo e Lugo
32. Residência Inca Garcilaso
33. Cabildo
34. Residência Agustín Chacon
35. Residência Marqueses Jará
36. Residência Condes de Peralta
37. Igreja e Convento de Santa Teresa
38. Igreja Santa Ana
39. Igreja e Convento Santa Clara
40. Igreja e Convento São Francisco

Figura 10 – Arquitetura colonial e vestígios da arquitetura inca no centro histórico de Cusco (Calvo, 1980).

Em relação à arquitetura, após a proclamação da República, copiam-se e valorizam-se a história e os estilos arquitetônicos dos outros países. Nesse período, a arquitetura residencial sofre a influência do neoclássico tardio (século XIX), eclético e neocolonial (primeiras décadas do século XX) e moderno (a partir da segunda metade do século XX).

No século XIX, manifesta-se o neoclássico tardio na arquitetura residencial em Cusco. Flores (1995a, p.102-6) ressalta que a tipologia das plantas das residências continua sendo a mesma do período colonial (cômodos voltados para o pátio interno ou para as galerias do pavimento superior). A diferença está no acabamento das fachadas, na introdução do jardim central no lugar do pátio colonial e nas escadas que invadem os espaços livres internos.

Nos quatro lados do pavimento superior do edifício voltados ao jardim central, introduzem-se as varandas ou galerias e substituem-se os pórticos de pedra por pórticos de madeira. Os vãos são mais freqüentes, buscando a comunicação entre a residência e o exterior. As residências recebem a luz do dia, pela utilização do vidro no final do século XIX. Utilizam-se as cornijas e o arco de volta inteira nos vãos.

Foto 5 – Residência neoclássica na Rua Nueva Alta n° 471 (Cusco) (Salcedo, 2007).

O guarda-corpo de madeira da fachada principal é substituído pela grade de ferro ou pelos balaústres de ferro. A composição da fachada é simétrica, correspondendo à estética neoclássica.

Nas primeiras décadas do século XX, as residências apresentam a tipologia de transição entre a tipologia colonial e a importada: a planta em "U". Essa planta, "U", semifechada, mantém o pátio voltado para a rua ou para o interior, e em alguns casos apresenta o recuo frontal. A comunicação entre os dois níveis é externa, as galerias do segundo nível continuam sendo abertas, são introduzidos espaços inovadores, como: serviços higiênicos, garagem e um *hall* distribuidor que é semi-aberto. Começa a ser utilizado o concreto armado como sistema construtivo, o que não significa que se abandonaram os materiais e as técnicas construtivas tradicionais, como o adobe; o tratamento das fachadas é totalmente livre, com influência eclética (ver Foto 6). O sistema construtivo é o adobe ou o concreto armado.

Foto 6 – Residência eclética na Rua Tupac Amaru n° 191 (Cusco) (Salcedo, 2007).

Foto 7 – Fachada neocolonial na residência da Rua Carmen Alto n° 294 (Cusco) (Salcedo, 2000).

Depois das primeiras décadas do século XX, ocorreu uma reformulação das concepções urbanísticas impostas com certo dogmatismo pelo chamado "movimento moderno", a fim de definir as características da cidade do futuro e, em função delas, transformar as atuais. As teorias e os postulados dos "mestres" desse movimento e dos Congressos Internacionais de Arquitetura Moderna (Ciam) concretizaram-se.

Em Cusco, a partir de meados do século XX, após o terremoto de 1950, por meio dos financiamentos para a reconstrução da cidade, construíram-se as casas unifamiliares e os apartamentos para as classes média e alta, segundo os moldes da arquitetura moderna.

Vale ressaltar a tipologia da arquitetura residencial colonial da América espanhola: cômodos distribuídos em volta de um pátio central; disposição dos cômodos: depósitos e zona de serviço no térreo, salas e dormitórios no pavimento superior; nas fachadas: composição dos vãos segundo eixos verticais, predominância de vãos verticais, ornamentação dos vãos e balcões. Essas características vigoraram até começo do século XX, mudadas com a arquitetura moderna.

A residência moderna é construída alinhada à via pública, podendo ou não estar afastada do limite lateral do terreno. O recuo lateral é utilizado para a insolação dos cômodos e para o acesso à zona de serviços. Em ambos os casos, o acesso principal da residência se dá através de um vestíbulo que articula com a escada e com os cômodos do pavimento térreo: sala, copa, cozinha e banheiro social. Pela escada se ascende ao *hall* do pavimento superior, e deste aos dormitórios e ao banheiro.

Na arquitetura moderna, a residência está caracterizada pela construção compacta e fechada: cômodos distribuídos em volta de um *hall* ou corredor interno, planta livre, fachadas planas e simples sem ornamentação, vãos com predominância horizontal e o pátio central da casa colonial é substituído pelo quintal. O sistema construtivo é o concreto armado com paredes de tijolo. Um exemplo dessa construção pode ser visto na Foto 8.

Foto 8 – Residência moderna na Rua Ahuacpinta n° 683 (Cusco) (Salcedo, 2007).

# A instituição do patrimônio

No Peru, a instituição do Patrimônio Nacional teve três fases. A primeira, de 1929 a 1939, com a criação do "Patronato Nacional de Arqueologia". A segunda, de 1939 a 1971, com a criação do "Consejo Nacional de Conservación de Monumentos Históricos". A terceira fase começou em 1971, com a criação do "Instituto Nacional de Cultura". A Instituição Nacional por meio de sua sede local teve repercussão na sua atuação sob o patrimônio em Cusco. Além disso, atuaram as instituições internacionais (Unesco), estaduais, a Comissão Especial para fiscalizar o Plano Turístico e Cultural Peru-Unesco (Copesco) e municipais (Prefeitura do Município de Cusco).

A terceira fase (de 1971 até os dias atuais) começa em 9 de março de 1971, durante o governo do general Juan Velasco Alvarado, com a criação do Instituto Nacional de Cultura (INC), como Instituto Público Descentralizado do Setor de Educação, por meio do artigo 49 do Decreto-Lei 18.799.[1] Com esse Decreto, desativa-se a Casa de la Cultura e o INC assume a salvaguarda do patrimônio.

Atualmente, na cidade de Cusco, o INC é responsável pela salvaguarda do patrimônio com base na Constituição do Peru, a Lei General de Amparo al Patrimonio Cultural de la Nación, n° 24.047, no Reglamento Nacional de Construcciones del Peru e nos planos urbanos e no código do Município de Cusco (Código Municipal de 1999).

A Lei n° 24.047, no artigo 1°, expressa que o Patrimônio Cultural da Nação está:

> *bajo el amparo del Estado y de la comunidad nacional, cuyos miembros están en la obligación de cooperar en su conservación.*
>
> *El Patrimonio cultural de la Nación está constituida por los bienes culturales que son testimonios de la creación humana, material e inmaterial, expresamente declarados como tales por su importancia artística, científica, histórica o técnica. Las creaciones de la naturaleza pueden ser objeto de igual declaración.*
>
> *ARTÍCULO 2° – Se presumen que tienen la condición de bienes culturales, los bienes muebles e inmuebles de propiedad del Estado y de*

---

1 Disponível em: <http:/www.inc.perucultura.org.pe/inst2.htm>, p.2.

*propiedad privada, de las épocas prehispánica y virreynal, así como aquellos de la republicana que tengan la importancia indicada en el artículo anterior ARTÍCULO 3º – Las disposiciones de la presente Ley establecen el regimen de derecho correpondiente a los bienes integrantes del Patrimonio Cultural de la Nación, sin excepción, regulando lo relativo a su identificación, protección, investigación, restauración, mantenimiento, restitución y difusión de su conocimiento.*

O artigo 4º dessa mesma lei define como bens culturais imóveis:

*Los edificios, obras de infraestructura, ambientes y conjuntos monumentales y demás construcciones, así como las acumulaciones de residuos provenientes de la vida y actividad humana, sean urbanos ou rurales, aunque estén constituidos por bienes de diversa antiguedad y destino, que tengan valor arqueológico, artístico, científico, histórico o técnico.*

A proteção do patrimônio está atribuída ao Instituto Nacional de Cultura e às prefeituras. O artigo 6º da Lei nº 24.047 expressa: *"o Instituto Nacional de Cultura está encarregado de proteger y declarar el Patrimonio Cultural Arqueológico, Histórico y Artístico, asi como también las manifestaciones culturales, orales y tradicionales del país"*; segundo o artigo 10º dessa lei, o Conselho do Patrimônio Cultural do INC tem como atribuições: a aprovação dos projetos de regulamentação a que estarão sujeitas as ações de identificação, conservação, restauração, valorização e difusão do patrimônio cultural da nação, e também a aprovação do inventário de bens culturais e a fiscalização da aplicação da presente lei.

Em relação ao governo local e regional, o artigo 11 ressalta que as prefeituras, para fins de conservação dos monumentos arqueológicos e históricos de sua jurisdição, atenderão às normas que decretam o INC e os órgãos regionais (Administração Regional) e prestarão assistência econômica para o cumprimento das obras de salvaguarda do patrimônio dentro de sua jurisdição.

A Lei nº 24.047 estende o conceito de patrimônio cultural às obras das épocas: pré-colombiana, vice-reinado e República. Assim, ficam sem proteção as obras correspondentes à época contemporânea, que também são testemunhos vivos da cultura presente. Essa lei define-ne também os incentivos tributários, as sanções administrativas às pessoas jurídicas ou naturais que sejam proprietárias dos bens culturais móveis e imóveis, e os financiamentos bancários para os proprietários, para a restauração do patrimônio,[2] além da expropriação dos bens culturais que estejam deteriorados, abandonados ou destruídos para utilidade e necessidade pública (artigo 5° da Lei n° 24.193). Legalmente é possível expropriar para reabilitar as residências e manter os moradores. Até a presente data, não foram implementados os financiamentos bancários para esses fins. Atualmente, para a elaboração e fiscalização dos projetos arquitetônicos (restauração, ampliação, entre outros), os documentos normativos são: o Reglamento Nacional de Construcciones, o Plano Diretor de Cusco de 2000– documento técnico administrativo para a província de Cusco – e o Código Municipal para la Protección de la Ciudad Histórica del Qosqo, de 1992.

O *"Reglamento Nacional de Construcciones contiene las normas técnicas que como pautas generales se aplicarán a las obras de construcciones que se ejecuten en el territorio nacional, y servirá de base a la formulación de los Reglamentos Provinciales de acuerdo a las características propias de cada circunscripción territorial"* (Camara Peruana de la Construcción, 1997, p.11). Para a reabilitação, ampliação e reforma das edificações, os projetos devem considerar as normas mínimas estabelecidas nesse regulamento: área construída, iluminação, ventilação, pé-direito.[3]

Em relação ao zoneamento dos usos do solo do Plano Diretor de Cusco de 2000 (Municipalidad del Cusco, 2000), o centro histórico de Cusco está inserido na *Área I – Área de zonas monumentales (ZM)*: *"compreende áreas con heterogeneidad de función y especializadas, constituida básicamente por las áreas de valor histórico monumental"*. Segundo o artigo 36, a essa zona correspondem os seguintes usos: zona

---

2   *"a) Exoneración de todo tributo que grave los referidos bienes, incluso de aquellos que requieran de exoneración expresa. b) Deducción como gasto para el cálculo del impuesto a la renta del 100% de los costos de restauración, organización y mantenimiento de tales bienes, cuyo gasto deberá ser acreditado ante el Instituto Nacional de Cultura o el Archivo de la Nación según fuera el caso. c) Exoneración del 50% de cualquer tributo que grave la transferencia a título gratuito u oneroso de los bienes culturales incluso la alcabala de enagenación o cualquier outro creado o por crearse."*

3   As normas sobre as áreas mínimas dos cômodos das residências podem ser consultadas em Camara Peruana de la Construcción (1997, p.149).

comercial C-3 (comércio distrital), zona comercial C-3ª (corredor interdistritos especial para o centro histórico), E-3 (educação primária e secundária), E-4 (educação superior), OU (outros usos) e zona residencial R-3 (densidade média), residência unifamiliar e multifamiliar.

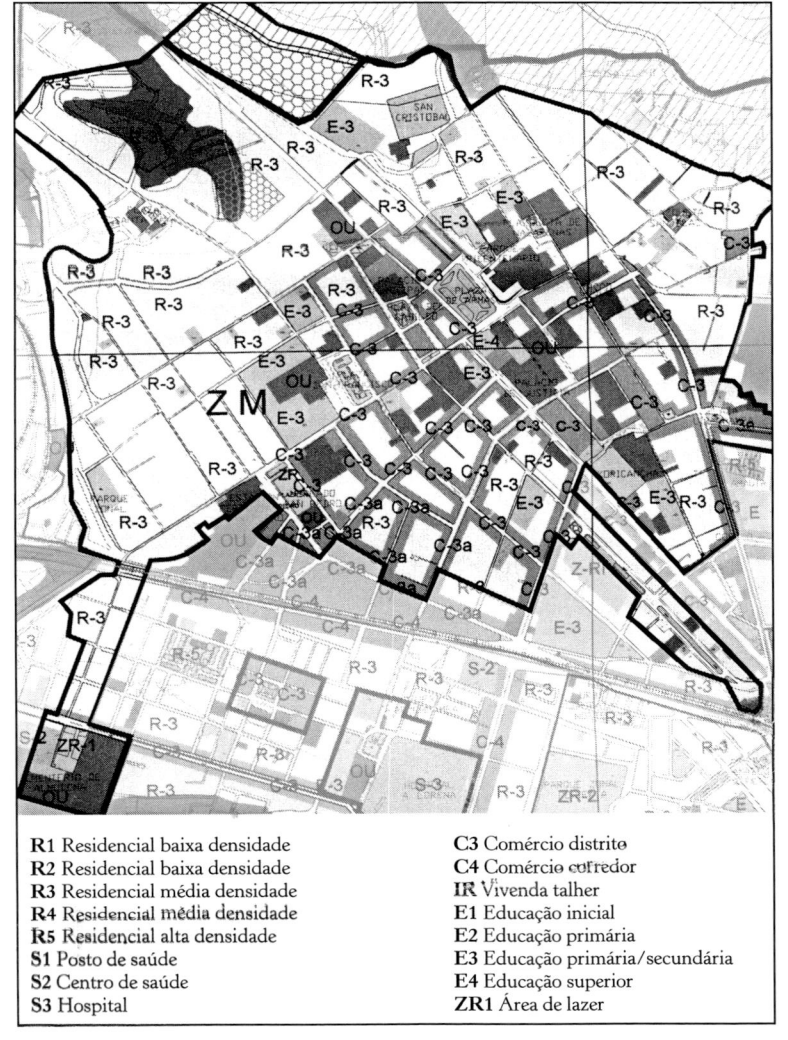

R1 Residencial baixa densidade
R2 Residencial baixa densidade
R3 Residencial média densidade
R4 Residencial média densidade
R5 Residencial alta densidade
S1 Posto de saúde
S2 Centro de saúde
S3 Hospital

C3 Comércio distrito
C4 Comércio corredor
IR Vivenda talher
E1 Educação inicial
E2 Educação primária
E3 Educação primária/secundária
E4 Educação superior
ZR1 Área de lazer

Figura 11 – Mapa de zoneamento e usos do solo do centro histórico de Cusco (Municipalidad del Cusco, 2000).

Em relação às dimensões do lote da edificação, o Plano Diretor expressa:

*en los inmuebles monumentales sólo se permitirá la sub-división de la propiedad edificada, a nivel de ambientes internos producto de la adaptación funcional de los mismos al uso contemporáneo, preservando la indivisibilidad espacial y legal de áreas de circulación y patios de la concepción arquitectónica primigenia.*

Como área livre do lote, são permitidos, no mínimo, 30%, o coeficiente de edificação, a altura de edificação e os recuos que se aplicarão segundo o Código Municipal. Por sua vez, o Código Municipal de 1992 (Municipalidad del Qosqo, 1992) *"constitui el conjunto de disposiciones técnico-legales reunidas en un cuerpo normativo y destinado a regir sobre la protección de esta ciudad"*. Esse Código define as seguintes zonas de legislação e proteção: zona monumental, zona circundante à zona monumental, zona arqueológica, zona ecológica e zona de transição. O centro histórico de Cusco está na zona monumental.[4]

O Código Municipal de 1992 contém as primeiras normas específicas para a intervenção urbana e arquitetônica no centro histórico de Cusco. Essas recomendações possibilitariam a reabilitação das residências, a reorganização dos espaços externos para os equipamentos coletivos e a organização interna dos espaços para a criação de apartamentos ou unidades residenciais de acordo com as características socioeconômicas e culturais dos moradores, preservando o patrimônio e melhorando a qualidade do hábitat, principalmente nas edificações deterioradas e de cortiço.

---

4  O artigo 18 define como zona monumental: *"El lugar donde tuvo origen la ciudad. En esta zona se han superpuesto distintas épocas de la historia, dejando como testimonio inmuebles de valor histórico-artístico de la época prehispánica, etapa de transición, épocas virreinal, republicana y contemporánea, que integrados conforman espacios o ambientes urbanos (plazas, plazuelas, calles), que aún conservan su trazo, volumetria y expresión formal primigenios. La zona se caracteriza por concentrarse en ella la mayoría de inmuebles y ambientes urbanos de carácter monumental".*

Atualmente, o INC é o encarregado de administrar e fiscalizar os projetos de intervenção no centro histórico e de executar o restauro do patrimônio público. Os escassos recursos econômicos permitem apenas restaurar alguns imóveis considerados como patrimônio público, não sendo restaurados ou reabilitados os conjuntos de arquitetura simples de uso residencial. Como conseqüência, os numerosos imóveis residenciais encontram-se abandonados, carecendo de crédito para sua restauração ou reabilitação.

Por sua vez, a centralização política, administrativa e econômica que a cidade de Lima exerce sobre as demais cidades ocasiona a desarticulação entre as ações locais e os diversos aparelhos administrativos do governo central. De fato, o INC, com sede na cidade de Cusco, não tem autonomia para decidir sobre a restauração e reabilitação dos imóveis locais. Sua função é principalmente de controle e expedição das licenças para construção dos imóveis de propriedade privada a serem ampliados, restaurados ou reformados segundo o Código Municipal para la Protección de la Ciudad Histórica del Qosqo, de 1992.

## Centro histórico de Ouro Preto

Para compreender a residência em Ouro Preto, serão abordados o processo de formação do espaço urbano, a residência e a instituição do patrimônio. A ocupação que deu origem a Ouro Preto teve início no final do século XVII. Ouro Preto era conhecida juridicamente como Vila Rica, em 1711. Com a criação da Capitania de Minas Gerais, em 1720, a capital passou a ser Vila Rica, tornando-se importante centro administrativo, de comércio e de serviços em nível regional. Vila Rica foi elevada por Dom Pedro I a "Imperial cidade de Ouro Preto", em 1825, título que mantém até 1897 (Vasconcelos, p.32). A mudança da capital, de Ouro Preto para Belo Horizonte, em 1897, provocou um período de declínio e esvaziamento.

Com a instalação da indústria, das faculdades federais e principalmente com o reconhecimento como Patrimônio Nacional pelo

Instituto do Patrimônio Histórico e Artístico Nacional (Iphan), em 1933, e como Patrimônio Mundial pela Unesco, em 1980, Ouro Preto se torna importante centro cultural e de turismo nos níveis regional, nacional e internacional. Nesse período, a arquitetura residencial sofre a influência dos estilos neocolonial e eclético.

## Sítio urbano

O município de Ouro Preto, com área de 1.194 km², está situado no Estado de Minas Gerais, Brasil, aproximadamente a 100 km da capital do Estado, Belo Horizonte, em torno da cota de 1.100 m de altitude. Essa localização corresponde a uma região bastante montanhosa, de topografia acidentada, com declividades predominantes superiores a 25%, sendo 80% da área não aproveitada para atividades urbanas.

Segundo a classificação de Koppen, o clima de Ouro Preto corresponde ao tipo Cwb tropical de altitude, com verões suaves. A temperatura média oscila em torno de 18° a 20°C, com chuvas no verão e inverno seco. As maiores precipitações pluviais ocorrem nos meses de janeiro a fevereiro, a média anual está em torno de 1.400 a 1.600 mm. A predominância dos ventos ocorre na direção leste-oeste. Por sua vez, os ventos frios compensam-se por um sol ardente, próprio da altitude, com variações de temperatura, aliadas à umidade de verão.

A formação geológica de Ouro Preto corresponde à área précambriana, constituída essencialmente, de rochas metassedimentares e cristalinas, havendo ocorrências localizadas de rochas ígneas e graníticas. São rochas economicamente importantes pela presença de ouro, manganês e itabirito, excelentes minérios para a fabricação do ferro.

O rio principal é o Ribeirão do Funil, que se localiza entre a Serra de Ouro Preto e as montanhas do Pico Itacolomi, sua nascente está na proximidade do local Venda Nova, no seu percurso toma os nomes de Ribeirão do Carmo e Rio do Carmo, deságua no Rio Piranga.

## Processo de formação do espaço urbano: a arquitetura residencial

A ocupação que deu origem a Ouro Preto teve início no final do século XVII. Deve-se a formação de Ouro Preto aos bandeirantes que partiam de Piratininga à procura do ouro. Assim, Thomás Lopes de Camargo, Francisco Bueno da Silva e Antônio Dias, acompanhados do padre Faria, deslocaram-se para o interior, estabelecendo-se às margens de diversos ribeirões da Serra de Ouro Preto (assim chamada pela cor escura das rochas auríferas que ali são encontradas). Por volta de 1698, fundam o arraial que lhe toma o nome, origem de Vila Rica.

A economia nos séculos XVIII e XIX estava representada principalmente pela mineração e agricultura, tendo a participação marcante da população cativa e não se restringindo aos homens livres.

As primeiras povoações na serra se realizaram de forma espontânea e em núcleos diversos: Arraial dos Paulistas, Antônio Dias, Pilar, Padre Faria, Cruz das Almas, Cabeças, São Sebastião, São João, Santa Ana, Piedade (Queimada), Barra e Caquende (Rosário), localizados junto aos morros de maior ocorrência aurífera. Segundo Vasconcellos (1977, p.44), "a princípio, nos arraiais, não há classes e o povo se reúne em torno de suas capelas provisórias, eretas por irmandade única". As primeiras construções de madeira e sapé foram realizadas em torno das capelas, de forma provisória, delineando caminhos que deram origem aos logradouros públicos da vila por surgir. Vasconcellos (1997, p.354) afirma que o rancho, peça única, foi construído unicamente com vegetais: quatro esteios de pau-roliço, quatro frechais e uma cumeeira ao alto, roliços também, os caibros que receberam as fibras vegetais da cobertura (sapé, folhas de palmeiras etc.). O rancho pode ser definido como a primeira tipologia de habitação.

Mais tarde, com o crescimento dos povoados e com a formação da vila, segundo Fernandes (1997), a sociedade estratifica-se por grupos sociais perfeitamente definidos e consolidados: portugueses funcionários da Coroa, comerciantes, religiosos, negros libertos, escravos etc. É importante destacar que as sociedades religiosas leigas, com auxílio da Coroa, se responsabilizaram pelas igrejas, polarizando também as classes sociais que se diferenciam por suas condições econômicas e sociais. Assim, Vasconcellos (1977, p.45) expressa que os religiosos eram reunidos em ordens terceiras, irmandades e confrarias.

> Algumas afastam-se do convívio comum, reunindo-se, as mais ínfimas, em suas irmandades e confrarias e, as mais elevadas, em ordens terceiras que, com seus templos próprios, contribuem para o descaminho dos recursos econômicos que sustentavam as matrizes [...]. As ordens terceiras de S. Francisco e de N. Sra. do Carmo são de brancos; as confrarias das Mercês, de crioulos; as de S. José e N. Sra. da Boa Morte, de pardos, e a irmandade de N. Sra. do Rosário, dos pretos, salvo a do Padre Faria.

O governador Antônio de Albuquerque, em 8 de julho de 1711, criou juridicamente a Vila Rica. Na vila, a administração era exercida pelo Senado da Câmara, com atribuições legislativas, executivas e judiciárias. Vasconcellos (1977, p.23) ressalta que "anualmente eleito por votação indireta entre os 'homens bons do povo' era composto de dois juízes ordinários, três vereadores e um procurador, competindo aos almotacés fiscalizar suas resoluções e as leis gerais aplicadas aos municípios". Quando da criação de Vila Rica, de acordo com Fernandes (1997, p.4), já estavam definidos os núcleos principais, com pouca diferença do zoneamento ainda hoje vigente: Arraial dos Paulistas, Antônio Dias, Pilar, Padre Faria, Cruz das Almas (Santa Efigênia), Cabeças, São Sebastião, São João, Santa Ana, Piedade (Queimada), Barra e Caquende (Rosário). Também a vila se achava dividida, segundo a jurisdição religiosa, em duas freguesias: Ouro Preto (Matriz do Pilar) e Antônio Dias (Matriz de Nossa Senhora da Conceição).

No final da primeira década do século XVIII, como bem lembra a Fundação João Pinheiro (1974, p.10), delineia-se o caminho-tronco que vem unir os diversos núcleos, sugerindo a ocupação urbana ainda hoje mantida. O caminho-tronco penetra na área pelo Passa-Dez, subindo para as Cabeças, de onde desce para o fundo do vale do povoado de Ouro Preto, até a Matriz do Pilar. A partir daí, endireita para o povoado de Antônio Dias, galgando o morro de Santa Quitéria (atual Praça Tiradentes), e descendo-o em seguida, em direção à Matriz da Conceição de Antônio Dias, de onde sobe novamente em direção ao Alto da Cruz das Almas (hoje, Santa Ifigênia). Desce, então, para o Arraial do Padre Faria, de onde sai para a Vila do Carmo (Mariana). Atualmente a área que abrange o caminho-tronco configura o centro histórico de Ouro Preto.

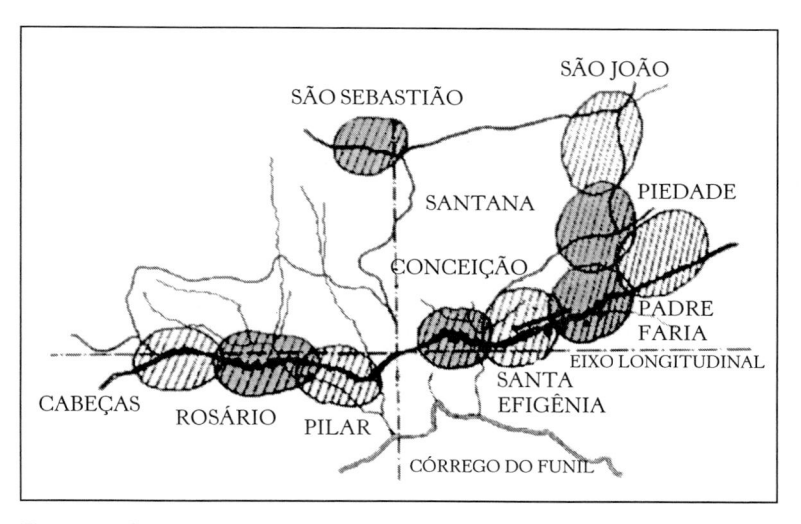

Figura 12 – Ouro Preto: caminho-tronco (adaptado de Fundação João Pinheiro, 1974).

Em relação aos usos do solo, a vila abrigava as seguintes funções: residencial, culto e de comércio e serviços de importância regional. Segundo a Fundação João Pinheiro (1974, p.20), "esta importância como núcleo comercial e de serviços pode ser evidenciada pelo rol organizado em 1715 para arrecadação de impostos: a coleta dos 'quintos' abrangeu 471 contribuintes, e entre as atividades cadastradas foram registradas 73 vendas, 63 lojas e duas boticas, além de açougues, sapateiros, alfaiates, barbeiros e ofícios manuais diversos".

Só depois que a Coroa assumia o encargo da organização efetiva das povoações, transformando-as em vilas, cuidava imediatamente de traçar as normas reguladoras referentes à arquitetura e ao urbanismo. Assim, após a criação da Vila Rica em 1711, as edificações estariam sujeitas às normas estabelecidas pelo Código de Obras. As normas de composição e mesmo os gabaritos de altura das construções até o tamanho dos vãos eram determinados pelo Código de Obras. A Coroa traçava as normas reguladoras da arquitetura e do urbanismo. As ordenações do reino legislavam sobre o que se pode fazer ou não das construções particulares, compondo, assim, o Código de Obras da época. Reis Filho (1995, p.24) destaca que "dimensões e número de aberturas, altura dos pavimentos e alinhamentos com as edificações vizinhas foram exigências correntes no século XVIII". Ainda, Vasconcellos (1977, p.89-91) destaca que as normas expressam o seguinte:

> – podem ser feitos eirados com peitoril, janelas, frestas e portais desde que não descubram casa ou quintal alheio [...] podem ser feitos balcões ou abóbadas ligando casas situadas em dois lados das ruas, mas o ar debaixo e acima destas construções pertence ao Conselho, podendo, assim, este, derrubá-las quando necessário [...] delimitando-se terem as casas 20 palmos de altura, desde a soleira até a superfície do frechal, da superfície do primeiro soalho até a do segundo, 20 palmos de altura, da superfície do segundo soalho até o terceiro, 18 palmos e daí para cima, diminuirão um palmo por cada andar, as ombreiras devendo ter 12 e meio palmos de altura, as portas e janelas a mesma altura e seis palmos limpos de largura.

Do Código de Obras resultava que as residências fossem todas semelhantes, apresentando uma homogeneidade arquitetônica. A residência urbana da formação econômica, social e política no período colonial correspondeu a um tipo de lote e de arquitetura bastante padronizada, tanto nas suas plantas quanto nas suas técnicas construtivas. As construções eram alinhadas às ruas e aos limites laterais do lote.

A segunda tipologia é a residência de planta quadrada em cruz, vãos em madeira de vergas retas, janelas quadradas e beirais de cachorros. O homem começa a fixar-se na terra, começa então a construir sua casa com cômodos diferenciados e maior conforto. As construções são realizadas de barro, pau-a-pique ou taipa de pilão; a casa obedece a um programa mais completo, separam-se as funções de dormir, estar e cozinha. Predominam as plantas térreas com as seguintes distribuições: "na frente instala-se a sala, no meio os dormitórios, constituídos ou não em alcovas e, nos fundos a peça de serviço, as varandas ou cômodos delas originados" (Vasconcellos, 1977, p.137).

Quando as residências eram sobrados, destinava-se o pavimento térreo para o comércio, depósitos ou para abrigar os escravos. Também a casa recebe melhor acabamento, como bem lembra Vasconcellos (1997, p.354):

> traduzido principalmente pelo revestimento das paredes com argamassas de barro, ainda de cal e areia, que são também caiadas. Aparecem as esquadrias, poucas, com seu enquadramento pesado, folhas de tábuas emalhetadas nos tardozes e, vez por outra, forros de esteiras de taquara ou mesmo de tabuado grosso. O pé-direito é baixo, com cerca de 2,50 m, abrindo-se as janelas, em proporções quadradas, cômodos quadrados, a igual distância dos frechais e dos baldrames.

Além disso, as vergas dos vãos são retas, e, quando sobrados, utilizam-se os guarda-corpos de madeira. Em nosso caso, no centro histórico de Ouro Preto temos como exemplo a residência da Rua Aleijadinho nº 88.

Somente após a segunda década do século XVIII, começaram a ser edificadas as igrejas definitivas e os edifícios públicos: a Matriz de Nossa Senhora da Conceição de Antônio Dias (1727), a Matriz de Nossa Senhora do Pilar (1728), a Igreja de Santa Efigênia (1733), o Palácio dos Governadores (1740) e a Igreja de Nossa Senhora do Carmo (1756), entre outros.

Em relação à população, Vasconcellos (1977, p.35) destaca que em 1734, em Vila Rica, entre o Passa-Dez e o Padre Faria existiam 538 casas, ou seja, 4.304 habitantes livres, sem considerar os escravos. Em 1737, a vila contava com 21.400 escravos. Na fase de consolidação urbana (1730-1765) de Vila Rica, a população urbana foi de aproximadamente 25.000 habitantes.

Foto 9 – Vergas retas e janelas quadradas na residência da Rua Aleijadinho n° 88 (Ouro Preto) (Salcedo, 2000).

Durante o governo de Gomes Freire de Andrade, em razão do crescimento urbano, foi necessária a construção de pontes e chafarizes. Realizaram-se também os trabalhos de calçamentos e a execução de paredões ou cortinas de arrimo, para conter os desmoronamentos. Segundo Vasconcellos (1977, p.79), foram construídas entre 1740 e 1760: "a Ponte de S. José, em 1744, a do Padre Faria, em 1750, a do Caquende, em 1753, a de Antônio Dias, em 1755 e a do Pilar, em 1756".

O meio comum de abastecimento de água era pelos chafarizes públicos,[5] existentes em pontos-chaves da localidade. Segundo

---

5 De modo geral, os chafarizes foram construídos em pedra de cantaria e poucos em pedra-sabão. O chafariz geralmente estava constituído por um frontispício ou retábulo ornamentado, tendo nas bocas as bicas de água e taça, cacho ou bebedouro.

Vasconcellos (1977, p.79), "os chafarizes do Alto do Padre Faria e o do Enrique Lopes são de 1742, o de Santana de 1745, o da Praça (demolido) e do Fundo do Padre Faria, de 1744, o de S. José (dos Contos) de 1745, o dos Quartéis de 1746, o da Rua do Ouvidor, o da Ponte e a Fonte de Ouro Preto de 1752, a do Alto da Cruz de 1757".

Na segunda metade do século XVIII, com a maior estabilização da vida econômica e urbana e com a formação dos vários grupos sociais (portugueses, funcionários da Coroa, comerciantes, entre outros), os programas arquitetônicos tornaram-se mais complexos, exigindo construções residenciais maiores e com melhores acabamentos, predominam os sobrados com fachadas de influência barroca. Em Vila Rica, as plantas das residências apresentavam as seguintes tipologias: além da planta quadrada, as figuras por ele geradas como o retângulo, a planta em L e a planta em U. A residência de planta U ou L são os puxados para trás, para os lados, para a frente, aproveitando a mesma cobertura em prolongamento; os beirais de cachorro deram lugar aos beirais em cimalha. A residência abriga a família que começa a crescer, e o programa torna-se mais complexo. Vasconcellos (1997, p.354) destaca:

> Os pés-direitos passam a 3 ou mesmo 3,50 m e as janelas também se alternam aproximando-se mais dos beirais. A distância entre elas e os frechais é agora a metade do espaçamento inferior, entre o peitoril e os baldrames. A casa posta ao comprido, prefere a horizontal, acentuada pelas largas beiradas e pela sucessão de vãos que se equivalem aos cheios de paredes. Por sua vez, a planta se complica, atendendo à especialização crescente de funções. Aparece o corredor de entrada ou o saguão, o quarto de hóspedes, a grande sala de receber e a varanda de trás de serviço; cozinhas continuam a preferir puxados posteriores, insinuando pátios internos.

A tipologia de planta, antes paralela às ruas, volta-se para os fundos, o que ocorre em razão da grande demanda por terrenos e da pouca disponibilidade de terras. Isso faz que os lotes disponíveis se tornem cada vez com menores frentes. A peça mais importante da residência é o corredor lateral de entrada. Segundo Vasconcellos (1997, p.355):

O corredor que perfura por inteiro a moradia, servindo de entrada nobre, em seu terço anterior, de distribuidor íntimo, em seu terço médio, e de serviço, de saída, em seu terço final [...]. A casa coloca-se ao comprido, para os fundos, com o corredor de banda, o eixo da construção ladeado pelos cômodos postos em sucessão. Na frente a sala, no meio as alcovas, atrás o serviço.

O corredor é a peça vital que dá acesso à vivenda, atende à circulação interna, permite o trânsito da rua aos quintais e, por isso mesmo, recebe tratamento variado. Por ele entram as visitas, mas entra também o cavalo arreado ou o burro carregado; por ele atinge-se o porão. Ostentando a posição social de seu proprietário, os ricos não dispensaram o sobrado. Em Vila Rica, o pavimento térreo era reservado exclusivamente para lojas, depósitos ou senzalas. Segundo Vasconcellos (1977, p.147): os sobrados repetem "em altura os mesmos arranjos das plantas de pavimento único, muitos sobrados apresentam-se exatamente iguais às casas quadradas e de quatro cômodos dos morros". Algumas residências apresentam ainda um terceiro pavimento. Segundo Vasconcellos (1977, p.147-8):

consistem apenas no aproveitamento de desvãos das coberturas, com seus competentes lanternins, águas-furtadas ou clarabóias. Situam-se na parte central da casa, sob a cumeeira, entre as terças médias do telhado, nunca alcançando as fachadas, salvo as das empenas. Ampliando-se, porém, podem elevar-se sobre as coberturas, com águas próprias, dando nascimento aos mirantes ou torreões, que também, se designam por camarinhas.

Geralmente o terceiro pavimento é uma peça única, decorre da ampliação da moradia, de construção precária em taipa de sebe ou tabique. Em geral, as fachadas adotam vãos que seguem a composição de eixos verticais, o que resulta numa simetria na composição dos vãos. A harmonia do conjunto acentua-se ainda na correspondência dos vãos, abrindo-se os superiores exatamente sobre os inferiores, ou distribuindo todos eles segundo eixos verticais simétricos, cheios sobre vazios ou vice-versa, regra só excepcionalmente desprezada, em geral, por imposição de alterações procedidas nas fachadas.

Também, na segunda metade do século XVIII, os caixilhos de vidro passam a substituir as primitivas folhas cegas das janelas, e as sacadas ou os balcões de ferro batido, a princípio, de balaústres simples, protegem suas janelas rasgadas por inteiro e substituem os guarda-corpos de madeira (Vasconcellos, 1977, p.190).

Além disso, a tendência vertical, condicionada pelos sobrados, continua, porém, a evidenciar-se, rasgando-se então as janelas até o piso (portas-janelas), protegidas por parapeitos torneados, bojudos, freqüentemente com duplos paus de peito e suportados por bacias que se estruturam sobre os barrotes, prolongados, do soalho ou se constituem em soleiras sacadas de pedra. Outro elemento utilizado na fachada é a sacada ou balcão com balanço, coberto por prolongamento do telhado principal. Os guarda-corpos de madeira são substituídos pelas grades de ferro.

Foto 10 – Residência com balcões de ferro (Ouro Preto) (Salcedo, 2000).

Em geral, as cimalhas de variados perfis são de grandes balanços, adotando perfis cujas arestas, faixas e filetes, acentuando em luz e sombra, amenizam a verticalidade das fachadas. Cornijas também protegem as vergas, retas ou curvas, com largos lacrimais, cuja luminosidade contrasta com as sombras de seus valentes balanços, ou emolduradas em ligeiros perfis, sobrepostas, superpostas ou fazendo corpo com lintéis, em madeira ou cantaria. Em relação às cores das fachadas, Vasconcellos (1977, p.175) destaca que:

> por todo o século XVIII, de acordo com a tradição ibérica, as fachadas são sempre caiadas de branco [...]. As cores, como no interior da residência, aparecem de início, nos elementos de madeira, mais ainda são pobres, primárias, carregadas, só se enriquecendo pelo contraste com os brancos das paredes. "Vermelho carregado", sangue-de-boi, amarelo ou o verde.

As esquadrias, os cunhais, entre outros são pintados dessas cores, os caixilhos de vidro eram sempre brancos e os elementos de ferro pintados predominantemente de preto. Começa a ser utilizada como material de construção a pedra nas construções em alvenaria, nos portais, nos cunhais, nas escadas etc., predominando as construções com estrutura integral ou parcial de alvenaria de pedra, taipa de pilão, e só nas casas mais pobres, o pau-a-pique.

Também, nas fachadas, mais especificamente as vergas sofrem a influência do barroco, as vergas de arco abatido ou canga de boi nos vãos, as cornijas e as sacadas ou balcões. O estilo barroco criado na Itália abrange a Europa como um todo. No século XVIII, na América e no Brasil, esse estilo começa a transformar-se até que adquire uma feição própria. Segundo Machado (1999, p.169):

> já de início pelas limitações materiais e técnicas, nem por isso foi propriamente contrariado, na medida em que podemos emergir intato, como em certos casos de fato emergiu, quando cessassem as restrições impositivas. Não obstante, mais importa verificar que, aceitando o modelo mais pelo seu espírito fundamental do que pela sua formulação explícita, desde logo a cultura mineira desejou exprimir-se por intermédio de um barroco que, sendo fundamentalmente o mesmo barroco universal, deveria adquirir feição própria.

Os materiais e as técnicas construtivas do período colonial em Minas (paredes de pedra, taipa de pilão, cobertura de madeira e telha) propuseram novas concepções plásticas próprias do lugar. Em Minas Gerais e mais especificamente em Ouro Preto, principalmente a arquitetura religiosa sofre a influência do barroco e, com menor intensidade, a arquitetura residencial. Assim, devemos caracterizar o barroco religioso para que, por meio deste, compreendamos a sua influência nas residências.

A residência barroca isolada, por si só, não é significativa, mas em conjunto representa um barroco mais expressivo em razão do movimento dos volumes, das fachadas que, de forma escalonada, representam o urbanismo barroco, com características próprias do lugar, como conseqüência da topografia, do código de obras, das técnicas construtivas, da cultura, entre outros, expressão de um autêntico barroco mineiro, de singular beleza.

Em geral, podemos dizer que as residências em Ouro Preto são construções simples. De acordo com Vasconcellos (1997, p.172):

> em conjunto ajeitam-se modestamente aos vales, galgando em escalonamento contínuo as ladeiras, a cujos acidentes se amoldam em ritmo perfeito. De tal modo se colocam em sucessão cadenciada e justa que o seu conjunto adquira acentuado movimento tão próprio do barroco, e manifestado, não nos elementos em si, as casas, mas na continuidade delas, em orgânica simetria.

Quando observamos a arquitetura residencial de Ouro Preto, principalmente quando deparamos com as fachadas, encontramos elementos próprios do barroco religioso mineiro: as vergas de arco abatido ou canga de boi nos vãos, as cornijas e as sacadas ou balcões.

A topografia do sítio acidentado fez que as construções regidas pelo Código de Obras apresentassem um ritmo escalonado de singular beleza em Ouro Preto.

A queda da produção aurífera, que se manifestou no fim do século XVIII, iniciou a fase de estagnação econômica e de declínio. Apesar disso, a ação das irmandades religiosas e a riqueza acumulada nos períodos anteriores permitiram a construção de importantes

Foto 11 – Residências com vãos de vergas de arco abatido ou canga de boi (Ouro Preto) (Salcedo, 2000).

obras no campo da arquitetura religiosa e das artes plásticas, despontando as obras de grandes artistas, como Antônio Francisco Lisboa (o Aleijadinho), Manuel da Costa Ataíde, Manuel Francisco de Araújo, João Nepomuceno Costa e Castro e Antônio Fernandes Rodrigues. Entre as obras mais importantes, estão: Igreja de Nossa Senhora das Mercês e Misericórdia (projeto de Manuel Francisco de Araujo, a construção iniciou-se em 1772), Igreja de Nossa Senhora do Rosário (projeto de Antônio Pereira de Souza, construção de 1784), Igreja de Francisco de Assis (projeto de Antônio Francisco Lisboa, início da construção de 1766), Capela de Bom Jesus (1778),

Casa dos Contos (projeto de José Pereira Arouca, construída entre 1782 e 1784), Teatro Municipal (1769). Segundo a Fundação João Pinheiro (1974, p.21), em 1804 "se observa uma população feminina superior à masculina (4.504 mulheres e 4.486 homens)". Além disso, no mesmo ano, registram-se 2.893 escravos, ao passo que em 1737 havia 21.400. Isso respresenta uma grande queda da mão-de-obra e do poder aquisitivo da população, reduzido a níveis próximos da miséria.

Pela Carta de Lei de 20 de março de 1825, Vila Rica é elevada por Dom Pedro I a "Imperial Cidade de Ouro Preto" (Vasconcellos, 1977, p.32). A cidade como capital da província de Minas Gerais tornou-se importante centro administrativo, de comércio e de serviços em nível regional. Ainda continuam as condições de vida econômico-social e o trabalho escravo do período colonial. Vasconcellos (1977) destaca que a base econômica é a agricultura de exportação, com o desenvolvimento da cultura do café. O café é a base da riqueza no fim do século XIX e nas primeiras décadas da República. Essa fase está caracterizada pela estagnação econômica.

As transformações socioeconômicas e tecnológicas, pelas quais passaria a sociedade brasileira durante a segunda metade do século XIX, iriam provocar o desprestígio dos velhos hábitos de construir e habitar. Por meio das exportações crescentes do café, a integração do país no mercado mundial, conseguida com a abertura dos portos, possibilitaria a generalização do uso de equipamentos importados, que libertariam os construtores das técnicas tradicionais.

Além disso, ocorria a modernização do transporte e a implantação das linhas férreas, ligando o interior com o litoral, e de linhas de navegação nos grandes rios interiores, os quais possibilitaram o uso de máquinas a vapor, serrarias, materiais para a construção e o acabamento das edificações etc.

A estagnação econômica e o fato de Ouro Preto estar afastada dos centros de irradiação das novas doutrinas não permitiriam consideráveis desenvolvimentos ou alterações profundas na arquitetura. Porém, apesar de serem poucas as intervenções arquitetônicas no século XIX, em nosso caso (centro histórico de Ouro Preto), entre projetos analisados, dois apresentam características desse período (implantação alinhada à via pública e afastada de um dos limites laterais do lote e residência com nova organização da tipologia de planta). Reis Filho (1995, p.44) ressalta que "foi sob a inspiração do ecletismo e com o apoio dos hábitos diferenciados das massas emigradas, que aparecem as primeiras residências urbanas com nova implantação, rompendo com as tradições e exigindo modificações nos tipos de lotes e construções"; as construções libertam-se dos limites dos lotes. Na arquitetura, a primeira metade do século XIX apresenta a influência do neoclássico (lampiões de mecha, a mudança dos hábitos de higiene, ferro forjado, porão alto), e depois da segunda metade do século XIX, a influência do ecletismo (surgem as casas urbanas com novos esquemas de implantação, afastadas dos vizinhos e com jardins laterais).

Com a transferência da corte de Lisboa para o Rio, vieram não só novos hábitos, mas também novidades da Revolução Industrial, que logo se manifestaram na arquitetura por meio de novas técnicas e novos materiais de construção. Segundo Lemos (1996, p.45):

As casas passaram a ser iluminadas, com muita luz do sol. E, à noite, a luz ampla passou a ser garantida por modernos lampiões de mecha circular, a novidade que envolvia queimadores garantidores de uma maior oxigenação da chama, agora vivíssima, já que uma manga de vidro assegurava rápida circulação de gases da combustão, aspirando a fumaça e melhorando o aclaramento. Foram incríveis os aperfeiçoamentos dos aparelhos de iluminação artificial, que se sucederam com muita rapidez. Essa luz noturna mudou os hábitos caseiros, os horários. Propiciou a chamada tertúlia, quando os membros da família permaneciam à volta da mesa, a refeição terminada, conversando, jogando, lendo, costurando, ouvindo música. Assim, o próprio programa de necessidades alterou-se porque já se manifestava uma certa "civilidade" moderna que permitia o acesso de estranhos a essas reuniões já não mais íntimas. A verdade é que a luz abriu as salas de jantar, as "varandas" às visitas – os jantares "sociais" tornando-se moda a partir daí. Não só nas cidades, mas também nas fazendas.

Os cômodos das residências passaram a ser iluminados com a luz do sol e lampiões de mecha à noite, e as ruas foram iluminadas por modernos lampiões. Também os hábitos de higiene sofreram alterações, as residências dos ricos passaram a possuir "casa de banho" provida de tanques escavados num só bloco de mármore. Nos dormitórios, havia lavatórios providos de bacias e jarras. Nos cômodos, existiam paredes forradas de papel decorado, reposteiros, cortinas, grades de ferro forjado ou fundido nos balcões e fachadas iluminadas por lanternas penduradas.

É importante ressaltar que, apesar da introdução de novos materiais na construção, as residências mantinham a tipologia das plantas das residências do período colonial. Segundo Reis Filho (1995, p.34), "as edificações do começo do século XIX avançavam sobre os limites laterais e sobre o alinhamento das ruas, como as casas coloniais. A essas assemelhavam-se pela simplicidade dos esquemas, com suas paredes grossas, suas alcovas e corredores, telhados elementares e balcões de ferro batido".

Com a contratação da missão cultural francesa, chegada ao Rio de Janeiro em 1816, origina-se o neoclássico no Brasil, que se difunde até por volta de 1870. Como bem lembra Reis Filho (1995, p.116-7): "o objetivo de D. João VI era utilizar os mestres europeus para estabelecer no Brasil uma Escola Real de Ciências, Artes e Ofícios [...]. O projeto foi retardado, de sorte que somente em novembro de 1826 foram inaugurados os cursos da que foi denominada Imperial Academia de Belas-Artes". A influência do neoclássico na arquitetura se deu principalmente nas construções oficiais e nas residências das famílias mais ricas, alcançando elevados padrões de correção formal e construtiva, mas os recursos para a sua produção e uso eram ainda importados da Europa.

Nas províncias, a influência neoclássica constituiu cópias imperfeitas da arquitetura dos centros maiores do litoral. Principalmente, nas edificações residenciais, as técnicas, os materiais e a mão-de-obra, em sua maioria escrava, em raras oportunidades vinham possibilitar um atendimento fiel aos padrões da Academia. Reis Filho (1995, p.124) ressalta que:

As construções, aproveitando a mão-de-obra escrava, eram rudimentares. Os elementos estruturais, sempre grosseiros, construídos de taipa de pilão, adobe ou pau-a-pique – portanto de terra – não permitiam o uso de colunatas, escadarias, frontões ou quaisquer tipos de soluções mais complexas. Nessas condições, as características neoclássicas ficavam restritas apenas a elementos de acabamento das fachadas, com importância secundária, como as platibandas, com seus vasos e suas figuras de louça ou as portas e janelas arrematadas com vergas de arco pleno, que venham substituir os arcos de centro abatido, de estilo barroco. Em muitos casos as vergas eram retilíneas arrematadas por uma cimalha saliente ou por um pequeno frontão.

Ainda assim, as casas térreas residenciais continuavam com os padrões da tipologia colonial, ou seja, a organização do espaço interno ainda era mantida segundo a tipologia colonial. Se, por um lado, na arquitetura residencial neoclássica, no litoral, no sobrado, o pavimento térreo era utilizado para a residência; por outro, nas províncias o pavimento térreo nunca era utilizado pelas famílias. Porém, no pavimento superior, as plantas repetiam o esquema das casas térreas, como bem lembra Reis Filho (1995, p.126-7):

> Um corredor, ao longo da parede lateral, levando da rua aos fundos, dava acesso à sala da frente, passava pelas alcovas na parte central e chegava à sala de refeições ou varanda, nos fundos, da qual, por sua vez, partiam a cozinha e cômodos de serviço. Nos exemplos mais ricos, o corredor assumia a posição central, servindo de eixo a uma planta simétrica, onde se repetiam, quase exatamente, de cada lado, as peças mencionadas.

A influência do neoclássico difundida pela presença da Missão Francesa e pela Academia Imperial (1816 a 1870) manifesta-se em Ouro Preto principalmente na arquitetura oficial (Casa de Câmara e Cadeia) e, por causa da estagnação econômica, predominam as residências do período colonial. Raras são as residências de influência neoclássica como da Rua São José nº 171, em que apenas as bandeiras das portas-janelas apresentam esquadrias de arco pleno.

Foto 12 – Residência com vergas de arco pleno e platibanda (Ouro Preto) (Salcedo, 2000).

Na segunda metade do século XIX, surgem as casas urbanas com novos esquemas de implantação, afastadas dos vizinhos e com jardins laterais. Assim, sob a influência do ecletismo e dos hábitos diferenciados da população imigrante, aparecem as novas tipologias que rompem com as tradicionais em relação à sua implantação no lote e à sua planta. Para Reis Filho (1995, p.44), "o esquema consistia em recuar o edifício dos limites laterais, conservando-o freqüentemente sobre o alinhamento da via pública. Comumente o recuo era apenas de um dos lados; do outro, quando existia, reduzia-se ao mínimo".

O recuo possibilitava o arejamento e a iluminação dos cômodos (alcovas). As alcovas eram até então desconhecidas na tipologia residencial colonial brasileira. Ao mesmo tempo, transferia-se a entrada da residência para a fachada lateral. A altura da entrada principal para a residência, dificultada pelo porão, era resolvida pela presença de varandas apoiadas em colunas de ferro, às quais se chegava por escadas. Essa tipologia continuava com o esquema da casa de porão alto, porém transferia a entrada para a fachada lateral. A entrada da casa era protegida do desnível por varandas apoiadas em colunas de ferro, com grades, e se acessava por escadas com degraus de mármore.

Foto 13 – Residência na Rua Cláudio Manoel n° 129 (Ouro Preto), com recuo lateral (Salcedo, 2000).

Os porões eram utilizados para a moradia dos empregados e locais de serviço. A organização interna da casa tinha uma distribuição semelhante à tipologia colonial. A parte da frente era destinada para as salas de visita; na parte central, dispunham-se os quartos ao longo de um corredor ou sala de almoço e no fundo a cozinha e o banheiro. No último quartel do século XIX, os programas das residências brasileiras do ecletismo, segundo Lemos (1996, p.52-3), continuaram se definindo em dois grupos:

> aquele que mantinha vivos os velhos critérios de circulação da casa colonial e aquele outro que se distinguiu socialmente, adotando a circulação "francesa", baseada no isolamento de cada uma das zonas da residência. O primeiro grupo ficou mais atrelado à classe média baixa conservadora, ao proletariado. O segundo, à classe média ascendente e os ricos.

Nas residências menores, que não podiam contar com lotes laterais, os problemas de iluminação e arejamento eram resolvidos com poços de iluminação, a entrada principal era descoberta e se acessava através de uma escada de ferro. É importante ressaltar que, na tipologia que separa as zonas da residência, suprime-se o uso de alcovas, freqüentemente utilizadas na tipologia do período colonial, e instalam-se os primeiros banheiros com água corrente ao interior da residência; surgem também as venezianas, como se verifica na residência da Rua Bernardo Vasconcelos n° 91. As casas eram construídas com tijolos e cobertas com telhas de tipo Marselha, e a madeira serrada permitia um acabamento mais refinado de portas, janelas e beirais. Segundo a Fundação João Pinheiro (1974, p.21), em 1864 "encontram-se as primeiras referências a um sistema de abastecimento de água em casas particulares e fontes públicas". No final do século XIX, segundo Lemos (1996, p.56), as famílias também receberam os benefícios da água potável distribuída por redes públicas, do gás, o combustível para as luminárias e os fogões e da energia elétrica.

As condições gerais da economia estavam delineadas pela abolição final da escravatura em 1888 e, com o estabelecimento de tarifas alfandegárias capazes de favorecer a produção local, aparecem as primeiras atividades empresariais brasileiras. Estabelecem-se os primeiros bancos, as indústrias, a construção da estação em 1888 e a inauguração do ramal da Estrada de Ferro Central do Brasil, em 1889. Surgem os primeiros empresários brasileiros, e a camada de trabalhadores urbanos substitui o trabalho dos escravos.

A abolição da escravatura iria intensificar o êxodo rural, que adensaria as cidades em busca de oportunidades de trabalho na indústria, no comércio e no funcionalismo público; nasceria então uma nova relação patrão-empregado, em substituição à relação patrão-escravo. Por sua vez, as cidades não iriam absorver na sua totalidade a mão-de-obra imigrante, e os problemas habitacionais decorrentes dessa pressão populacional iriam criar as favelas, os cortiços.

Com a condição de capital da província de Minas Gerais, a cidade de Ouro Preto teve um pequeno aumento da população. Segundo a Fundação João Pinheiro (1974, p.21), em 1878 a cidade tinha 13.567 habitantes. Em 1890, a população foi de 17.860 habitantes. Isso ocasionou uma lenta expansão urbana que não veio a modificar consideravelmente a área urbana.

Figura 13 – Mapa da cidade de Ouro Preto, 1888 (Motta, 1987).

É importante ressaltar que, nesse período, em Ouro Preto, se constroem obras públicas importantes, como a biblioteca, a Escola Normal de Agricultura, o colégio, duas escolas de primeiras letras; e se conclui a construção da Casa de Câmara e cadeia (a construção foi finalizada em 1896), que concedem à cidade o rol de um importante centro urbano de serviços regionais.

A instalação da República consolidou-se em 1889. A presença do correio, a construção da estação e a inauguração do ramal da Estrada de Ferro Central do Brasil (1889) incentivaram a expansão da cidade na direção do Rio do Funil, que mais tarde iria ocupar a encosta do Morro do Cruzeiro, ultrapassando os trilhos de estrada de ferro. Ainda nesse período as ruas e praças eram iluminadas a querosene.

Por sua vez, em 1897, a mudança da capital de Ouro Preto para Belo Horizonte acarretou a transferência de toda a burocracia do governo estadual e com ela dos serviços especializados e de outras atividades complementares, provocando uma vez mais um período de declínio e esvaziamento. Em 1902, segundo a Fundação João Pinheiro (1974, p.7), a população de Ouro Preto é estimada em dez mil habitantes, comparada com a população de 1890 de 17.860 habitantes.

É importante ressaltar que em 1933, pela importância histórica, artística e urbanística, Ouro Preto foi declarada Monumento Nacional. O período que se inicia por volta de 1940, com a Segunda Guerra Mundial, e que nos traz até 1960, com o plano de Brasília, corresponde à fase de mais intensa industrialização e urbanização da história do país. Porém, sucedem-se avanços econômicos e tecnológicos, acompanhados de transformações sociais. A indústria nacional aos poucos irá substituir os materiais importados por produtos nacionais, cada vez mais perfeitos. Essas mudanças seriam refletidas na arquitetura, uma vez que se utilizariam materiais industriais padronizados. Em Ouro Preto, a modernização se faz sentir pelo projeto Hotel de Ouro Preto, do arquiteto Oscar Niemeyer (1945).

A nova fase de crescimento, propiciada pela implantação da Alcan, indústria de fabricação de alumínio, em 1950, tem, em Ouro Preto, uma causa mediata, que é a dinamização da economia local que corresponde à fase de recuperação. Paralelamente ao desenvolvimento industrial, a atividade do turismo ocupa uma importante parcela da mão-de-obra, centrada na elaboração do artesanato e na prestação de equipamentos para o turismo (bares, restaurantes, hotéis). Também o setor educacional contribui com a economia da cidade, por meio da migração temporal de estudantes da região e de outros estados do país.

O crescimento da economia por meio da indústria e do turismo acarretou num incremento da população. Assim, em 1970, segundo o Instituto Brasileiro de Geografia e Estatística (IBGE), a população de Ouro Preto atinge dezoito mil habitantes, cifra que alerta e dá início aos primeiros trabalhos de planejamento da estrutura urbana elaborados pelo arquiteto português Alfredo Viana de Lima, contratado pela Unesco. Mais tarde, esses trabalhos subsidiariam o Plano da Fundação João Pinheiro e orientariam a decisão da Unesco de conferir à cidade o título de Patrimônio da Humanidade.

Com a nomeação de Patrimônio Cultural da Humanidade pela Unesco em 1980 e o estabelecimento da Escola de Farmácia, do Curso de Odontologia do Instituto Profissional Domingos Freire, da Escola de Minas e Metalurgia e do Ginásio, Ouro Preto assume a função de importante centro do turismo, serviços e indústria, em nível internacional, nacional e regional.

Em 1986, Ouro Preto foi inscrita no Tombamento dos Livros Históricos, Arqueológicos e Etnográficos e Paisagísticos, e em 1989 foi definida e inscrita a delimitação do perímetro de tombamento da cidade.

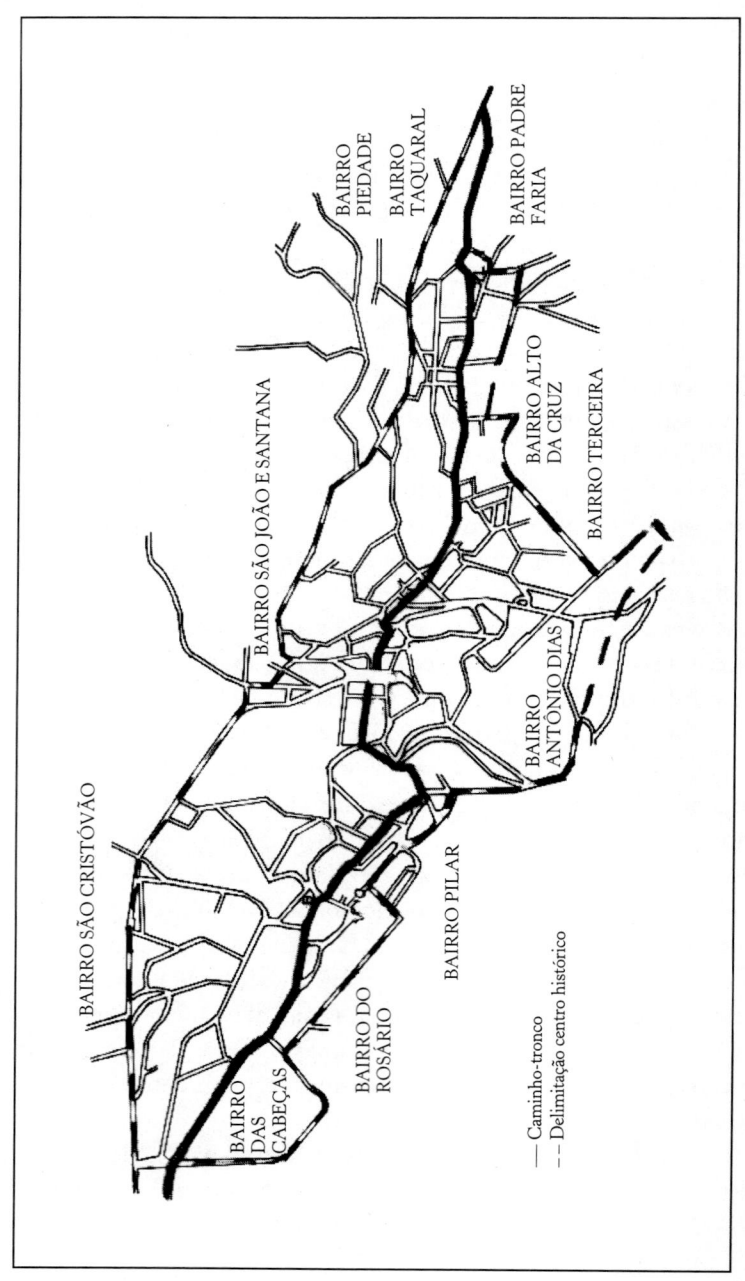

Figura 14 – Centro histórico de Ouro Preto: caminho-tronco (adaptado do Plano Diretor, Prefeitura Municipal de Ouro Preto 1996).

Já em 1991, segundo o Censo Demográfico do IBGE, a área tombada de Ouro Preto abriga uma população de 25 mil habitantes, distribuída em aproximadamente cinco mil domicílios, o que equivale a, pelo menos, cinco vezes o número de edificações existentes em 1949. Essa informação mostra que os lotes na área tombada sofreram subdivisões e adensamentos, ocasionando a deterioração das edificações.

Atualmente, nas imediações da Praça Tiradentes em direção ao Pilar, verifica-se a maior pressão por adensamento, especialmente pela introdução de usos comerciais e de serviços em acréscimo ou em substituição ao uso residencial. Souza (p.47) ressalta que, conseqüentemente, aí ocorrem também as maiores modificações das plantas e do sistema construtivo, assim como as maiores ampliações da área construída, por meio da extensão para os fundos do volume edificado e do aproveitamento dos porões e dos desvãos dos telhados.

Por sua vez, a geração de novos lotes por meio de desmembramentos e loteamentos imprimiu sensíveis modificações na imagem da cidade, especialmente pela concentração da massa edificada e pela eliminação de elementos naturais referenciais da paisagem.

Ressaltamos que, se continuar o aumento das atividades terciárias da economia em decréscimo do uso residencial e o desmembramento dos lotes, o centro histórico de Ouro Preto corre o risco de ser descaracterizado pela modificação das plantas, fachadas e volumes e da deterioração decorrente da utilização dos espaços livres e construídos.

Em relação a arquitetura residencial moderna, ela não está presente no Centro Histórico de Ouro Preto. Atualmente, predomina a residência neocolonial, principalmente pelos critérios adotados pela Sphan (1940-1969) e pelo Iphan (desde 1969), que incentivam a reproduzir os velhos esquemas das casas coloniais, ou seja, são construídas casas neocoloniais. Em relação à arquitetura neocolonial, Lemos (1996, p.65) ressalta:

nasceu o neocolonial, estilo caracterizado por meia dúzia de soluções inspiradas no passado e repetidas à exaustão até depurarem-se formalmente para definirem um receituário que se popularizou durante toda a década dos anos 1920 e início da seguinte. Meia dúzia de apropriações como os largos beirais de cachorros caprichosamente recortados, os frontões curvos das igrejas do século XVIII, arremates das fachadas religiosas emprestados às novas residências, as vergas de arco abatido das portas e janelas setecentistas, as treliças, os painéis de azulejos decorados, as telhas de capa e canal [...]. No fundo, a partir de uma colagem de soluções antigas, a artificialidade da intenção e a ignorância dos verdadeiros critérios de composição da arquitetura antiga inspiradora do movimento nacionalista propiciaram uma nova série de invenções decorativistas alheias a qualquer tradição e nascidas do bom gosto novidadeiro de arquitetos bem inspirados como Vitor Dubugras – francês formado em Buenos Aires e ativo em São Paulo nas duas primeiras décadas deste século.

No centro histórico de Ouro Preto, as residências neocoloniais, além de imitarem as fachadas do período colonial, também imitam as tipologias das plantas, fazendo-se uso das alcovas.

Foto 14 – Residência neocolonial, Ouro Preto, 1888. Construção com estruturas de concreto armado e alvenaria de tijolos. Vãos de vergas de arco abatido (Salcedo, 2000).

No século XX, reduz-se a enorme lista dos componentes dos programas das residências, diminui o número de dormitórios, diminui a área de serviços, suprime-se o dormitório para os empregados, uma vez que estes pousam fora do serviço. De acordo com Lemos (1996, p. 70):

a hospitalidade responsável pela acolhida de gente alheia ao núcleo familiar desapareceu dos programas residenciais já no final do século XIX e nos meados dessa centúria era coisa realmente esquecida. Se os quartos de hóspedes estrategicamente agenciados desapareceram de vez, no entanto ainda restou aqui e ali a sala de visitas sempre fechada aguardando os raríssimos comparecimentos previamente combinados, geralmente nos aniversários de gente da casa, de pessoas do relacionamento social.

No programa das residências do século XX, suprime-se o dormitório para hóspedes, próprio das residências até finais do século XIX. Podemos ressaltar que os hábitos das famílias mudam, as reuniões familiares e com os amigos acontecem geralmente fora da residência em ambientes próprios para essa atividade: clubes, restaurantes, shopping, bares, entre outros. Assim, nas residências se diminui a área destinada às salas de visita que até o século XX correspondiam aos ambientes de reunião familiar e com os amigos.

As residências neocoloniais do século XX são construídas com estruturas de concreto armado e paredes de tijolo, as coberturas são estruturas de madeira e telha colonial. Sendo a arquitetura testemunha viva da organização social e ante a ameaça da descaracterização e mesmo de destruição do patrimônio cultural, foi criada a Instituição do Patrimônio que visa à documentação e preservação.

## A instituição do patrimônio

A preocupação com a preservação do patrimônio no Brasil só vai acontecer efetivamente nas primeiras décadas do século XX. Essa preocupação pelos arquitetos modernistas do passado nacional foi relevante na Semana de Arte Moderna de 1922. A influência dos modernistas, a princípio, foi na política de preservação, depois na intervenção urbano-arquitetônica (restauro, projetos novos etc.) do patrimônio.

Os estados, nesse período, possuíam autonomia para criar as políticas de preservação; essas leis, porém, acabavam sendo inconstitucionais. As primeiras instituições estaduais criadas para a proteção e preservação do patrimônio foram as Inspectorias Estaduais dos Monumentos Históricos de Minas Gerais (1925), Bahia (1927) e Pernambuco (1928).

Em 1933, por meio do Decreto n°. 22.928, de 12 de julho de 1933, Ouro Preto é elevada à categoria de Monumento Nacional. Mais tarde, com a Constituição de 1934, a proteção do patrimônio histórico e artístico torna-se um princípio constitucional. Assim, o artigo 148, do capítulo III do Código Municipal, ressalta: "cabe à União, aos estados e aos municípios favorecer e animar o desenvolvimento das ciências, das artes, das letras e da cultura em geral, proteger os objetos de interesse histórico e o patrimônio artístico do país, bem como prestar assistência ao trabalhador intelectual". Para tal, em 1934, foram criadas, pela primeira vez, na esfera do poder público federal, condições concretas para a proteção e preservação do patrimônio. Por meio do Decreto n° 24.735, criam-se o Museu Histórico Nacional e a Inspectoria dos Monumentos Nacionais que funcionaram até 1937, data da criação do Serviço do Patrimônio Histórico e Artístico Nacional (Sphan).

A administração do Sphan passou por várias fases. Na primeira fase (1937-1967), sob a administração de Rodrigo M. F. de Andrade, o valor do patrimônio aparece vinculado a fatos memoráveis da História do Brasil. Na segunda (1967-1979), a administração de Renato Soeiro caracteriza-se pelo valor do monumento vinculado à valorização do típico e pela necessidade do uso do monumento para o desenvolvimento econômico e social, por meio, principalmente, da exploração do potencial turístico desses edifícios e áreas. A terceira (1979-1982) esteve sob a administração de Aloísio Magalhães e do atual Instituto de Patrimônio Histórico Artístico Nacional (Iphan).

Em 1980, pela relevância histórica, artística e cultural, Ouro Preto foi declarada pela Unesco como "Cidade Patrimônio Cultural da Humanidade".

A Constituição de 1988 vai além da de 1937, quando estende o conceito de patrimônio aos bens imateriais. O artigo 216 da Constituição de 1988 destaca o seguinte:

> Constituem patrimônio cultural brasileiro os bens de natureza material e imaterial, tomados individualmente ou em conjunto, portadores de referência à identidade, à ação, à memória dos diferentes grupos formadores da sociedade brasileira, nos quais se incluem:
>
> I – as formas de expressão;
> II – os modos de criar, fazer e viver;
> III – as criações científicas, artísticas e tecnológicas;
> IV – as obras, objetos, documentos, edificações e demais espaços destinados às manifestações artístico-culturais;
> V – os conjuntos urbanos e sítios de valor histórico, paisagístico, artístico, arqueológico, paleontológico, ecológico e científico.

É interessante ressaltar que, a partir dessa Constituição, fazem parte do patrimônio cultural também os bens imateriais, como as formas de expressão: canto, dança, culto, entre outros. Atualmente a salvaguarda do patrimônio em âmbito federal corresponde ao Iphan. Sobre a natureza do Iphan, o artigo 10°, capítulo I do Decreto n° 2.807, de 21 de outubro de 1998, expressa no artigo 2°, capítulo I do Decreto n° 2.807 reza:

> O IPHAN tem por finalidade pesquisar, promover, fiscalizar e proteger o patrimônio cultural, nos termos da Constituição e especialmente:
>
> I – formular e coordenar a execução da política de preservação, promoção e proteção do patrimônio cultural, em consonância com as diretrizes do Ministério da Cultura [...]
> III – desenvolver estudos e pesquisas, visando à geração e incorporação de metodologias, normas e procedimentos para conservação e preservação do patrimônio cultural;
> IV – promover a identificação, o inventário, a documentação, o registro, a difusão, a vigilância, o tombamento, a desapropriação, a conservação, a restauração, a devolução, o uso e a revitalização do patrimônio cultural;
> VII – exercer as competências estabelecidas no Decreto lei n° 25, de 30 de novembro de 1937, no Decreto-lei n° 3.866, de 29 de novembro de 1941, na Lei n° 4.845, de 1° de novembro de 1965 e na Lei n° 3.9924, de 26 de julho de 1961.

Para a salvaguarda do patrimônio cultural, o Iphan elaborou alguns programas: o Programa de Reabilitação Urbana de Sítios Históricos (Urbis) e o Programa de Incentivo à Cultura (Pronac). O Programa de Reabilitação Urbana de Sítios Históricos (Urbis)[6] tem como premissa básica: "promover e fomentar o desenvolvimento de ações voltadas para a reabilitação urbana de sítios históricos tombados em nível federal, por considerar: a necessidade de ampliar o repertório de soluções dos problemas afetos ao patrimônio cultural em todo o território nacional" (Instituto do Patrimônio Histórico... Urbis, 2002). Consideramos que o Programa Urbis é um avanço considerável na salvaguarda, como um todo, dos centros históricos reconhecidos como patrimônio da nação; no entanto, observamos que não estão expressas as ações específicas para a reabilitação das residências, uma vez que um dos objetivos da Urbis é proporcionar condições favoráveis para a melhoria da qualidade de vida dos sítios históricos, e, como já ressaltava a Carta de Washington de 1986, a melhoria do hábitat deve ser um dos objetivos fundamentais da salvaguarda dos centros históricos.

Outra atuação do Iphan é o Programa Nacional de Incentivo à Cultura que "apóia, desenvolve e incentiva projetos culturais por intermédio de recursos oriundos do Fundo Nacional da Cultura – FNC, Fundo de Investimento Cultural e Artístico – Ficart e o incentivo a projetos culturais – Mecenato" (Instituto do Patrimônio Histórico... Pronac, 2002). Esse programa beneficia os proprietários de imóveis tombados pelo Iphan que os restauram, por meio de incentivos fiscais (idem, ibidem).[7] Para tal, o proprietário deverá encaminhar para a aprovação do Iphan o projeto e orçamento que orienta-

---

6   Nesse programa, conceitua-se a reabilitação urbana como o conjunto de ações estratégicas de gestão urbana, que visa à requalificação de áreas mediante intervenções diversas, destinadas a valorizar as potencialidades socioeconômicas, culturais e funcionais dos sítios históricos, com vistas à melhoria das condições de vida das populações residentes e à apropriação do seu patrimônio cultural.

7   O proprietário ou titular da posse legítima de bens tombados pelo governo federal (pessoa física ou jurídica) poderá deduzir do imposto de renda devido as despesas realizadas em sua conservação, preservação ou restauração.

ram as obras de conservação, preservação e/ou restauração. Considerando a situação de um proprietário com poucos recursos econômicos, o custo das obras de conservação ou restauração do imóvel é superior ao valor restituído do imposto de renda.

Acreditamos que seja necessário facilitar financiamentos para a conservação ou restauração dos imóveis a interesses baixos, tanto de imóveis tombados pelo Iphan como por instituições estaduais e municipais. Os incentivos não devem ser privilégio apenas para o patrimônio nacional. A salvaguarda do patrimônio em Ouro Preto corresponde ao Iphan, por ser patrimônio nacional, à Secretaria da Cultura de Minas Gerais, por meio do Instituto Estadual do Patrimônio Histórico e Artístico de Minas Gerais (Iepha), por ser patrimônio do Estado de Minas Gerais, e ao poder público, a prefeitura de Ouro Preto.

As exigências do Iphan em relação aos projetos arquitetônicos de intervenção (reforma, restauração, projeto novo) em Ouro Preto trouxeram conseqüências que são percebidas em três escalas: na descaracterização urbanística e paisagística, na falsificação do conjunto e na produção de uma arquitetura híbrida.

O primeiro caso está diretamente ligado ao problema do uso do solo e, portanto, do regime de propriedade [...]. A falsificação se deu em razão da persistência no controle das fachadas para manutenção do estilo e da estética colonial, mesmo diante do crescimento acelerado e das transformações mais gerais ocorridas nas edificações e suas relações com o espaço externo, já referidas. Apesar de tudo, o cenário colonial no arruamento foi mantido, enganando o espectador menos familiarizado com arquitetura tradicional e, muitas vezes até o especialista. A isto somaram-se ainda as mutilações promovidas nos estilos posteriores ao

---

A pessoa física poderá deduzir do imposto de renda devido, na declaração de rendimento anual, 80% dos valores aplicados nas obras de conservação, preservação ou restauração, e essa dedução não poderá ultrapassar 10% do imposto devido. A pessoa jurídica tributada com base no lucro real, presumido ou arbitrado, poderá deduzir do imposto de renda devido 40% dos valores aplicados nas obras de conservação, preservação ou restauração, e essa dedução não poderá ultrapassar 5% do imposto devido.

século XVIII e a aplicação daquele critério em toda a cidade de Ouro Preto e nas áreas de expansão, independentemente de sua situação na malha ou nos caminhos antigos, morros ou baixadas, descaracterizando o bem tombado exatamente em seu conjunto. (Motta, 1987, p.116)

A intenção do Iphan de preservar o acervo antigo do período colonial e exigir que as intervenções arquitetônicas fossem uma continuidade ao estilo colonial simplificado é conhecido pelos moradores locais como "estilo patrimônio". A Ouro Preto de hoje está caracterizada por edificações coloniais originais do século XVIII, edificações residenciais de concreto armado no estilo neocolonial e poucas exceções arquitetônicas dos séculos XIX e XX (neoclássico, eclético, moderno). Aos olhos de quem visita a cidade, parece que a arquitetura da cidade parou no período colonial. Acreditamos que o pensamento extremo conservador do Iphan, em Ouro Preto, por um lado, preservou as edificações mais relevantes do período colonial, principalmente as edificações oficiais e religiosas; mas, por outro, não teve um momento de reflexão para analisar a sua intenção com as exigências para os projetos de intervenção, principalmente dos projetos residenciais. Isso ocorreu porque o Iphan desconsiderou a Carta de Atenas de 1933, que ressalta a não-imitação da arquitetura do passado e recomenda a autenticidade, e a Recomendação relativa à salvaguarda da beleza das paisagens e sítios (1962), que visa evitar a imitação de estilos tradicionais e ressalta que os projetos de edifícios deveriam estar em harmonia com a ambiência do patrimônio. Cada período histórico deve manifestar a arquitetura que lhe é própria. Assim, ela será autêntica e verdadeira. Não se trata de preservar o passado com imitações falsas, as quais passam uma falsa leitura da cidade.

Atualmente, o governo local, que deveria agir em concordância com o Iphan na salvaguarda do patrimônio, reage muitas vezes com atitudes que criam situações de conflito, movido por questões políticas ou outros interesses predominantes circunstancialmente. Por sua vez, o Iphan, que tem uma atuação significativa na salvaguarda do patrimônio, continua seu papel regulador e fiscalizador de forma bastante desarticulada com o poder público local.

Em relação ao poder público, o artigo 216 da Constituição de 1998 reza:

1º O poder público, com a colaboração da comunidade, promoverá e protegerá o patrimônio cultural brasileiro, por meio de inventários, registros, vigilância, tombamento e desapropriação, e de outras formas de acautelamento e preservação.

2º Cabe à administração pública, na forma da lei, a gestão da documentação governamental e as providências para franquear sua consulta a quantos dela necessitem.

3º A lei estabelecerá incentivos para a produção e o conhecimento de bens e valores culturais.

4º Os danos e ameaças ao patrimônio cultural serão punidos, na forma de lei.

5º Ficam tombados todos os documentos e os sítios detentores de reminiscências históricas dos antigos quilombos.

Além disso, o inciso IX, do artigo 30, do capítulo IV, da Constituição de 1988, expressa que compete ao município: "promover a proteção do patrimônio histórico-cultural local, observada a legislação e a ação fiscalizadora federal e estadual". Entende-se que o município deverá assumir a legislação federal e estadual em relação à salvaguarda do patrimônio, durante o estudo de tombamento e após o tombamento do patrimônio cultural.

Pelo inciso VIII, do artigo 30 da Constituição Municipal de 1988, compete aos municípios: "promover, no que couber, adequado ordenamento territorial, mediante planejamento e controle do uso, do parcelamento e da ocupação do solo urbano". Assim, em concordância com a legislação federal e estadual, a prefeitura que possui patrimônio cultural deveria considerar a salvaguarda do patrimônio histórico-cultural local no plano urbano de desenvolvimento, por meio de uma legislação específica para o centro histórico que contemple: usos, gabaritos de altura, recuos, materiais, densidade de construção, mobiliário urbano, incentivos fiscais, entre outros.

Atualmente está em vigência o Plano Diretor para a cidade de Ouro Preto, aprovado em 1996. O artigo 14 ressalta que o poder público deverá atuar nos distritos que compõem o município, dando-lhes condições que viabilizem a sua vitalidade econômica, a melhoria da qualidade de vida, devendo na área histórica: "VII – preservar o patrimônio cultural, ambiental e as manifestações da cultura local". O Plano Diretor de 1996, apesar das boas intenções urbanas, não especifica como poderiam ser atingidos esses propósitos. A falta de uma regulamentação específica para o centro histórico dá lugar ao livre-arbítrio da atuação privada e pública. O Plano Diretor contempla também o macrozoneamento e zonas definidas com base em condicionantes geoambientais, da preservação do patrimônio cultural, da capacidade de adensamento e da infra-estrutura existente. Assim, o artigo 16 cria as seguintes categorias de zona para o município de Ouro Preto: Zona de Proteção Especial (ZPE), Zona de Proteção (ZP), Zona de Controle (ZC), Zona de Adensamento (ZA) e Zona de Expansão. O centro histórico de Ouro Preto está na Zona de Proteção Especial (ZPE).

O artigo 18 do Plano Diretor define que a ZPE "é composta por áreas que contêm os valores essenciais a serem preservados nos conjuntos urbanos, resultantes da presença do traçado urbanístico original, das tipologias urbanísticas, arquitetônicas e paisagísticas que configuram a imagem do lugar".

Em relação à proteção do patrimônio, o artigo 55 do Plano Diretor ressalta o seguinte: "a preservação do patrimônio cultural e ambiental é considerado fator de crescimento e desenvolvimento sócio-econômico do Município, devendo suas ações estarem articuladas e em consonância com as demais ações previstas para a política urbana do Município". O Plano Diretor absorveu as recomendações contidas nas Normas de Quito de 1967, que propõem que os monumentos estejam em função do turismo. Sobre o patrimônio cultural, o artigo 56 do Plano Diretor de 1996 expressa: são diretrizes da política de preservação do patrimônio cultural:

I – tratar o espaço urbano como patrimônio cultural dinâmico, no qual os bens naturais e culturais se relacionam entre si;

II – proteger o patrimônio cultural do Município, propiciando o desenvolvimento de estudos, pesquisas, inventários, registros, tombamento, desapropriações além, de outros meios e instrumentos previstos em Lei, destinados ao acautelamento, preservação e repressão aos danos e às ameaças a este patrimônio;

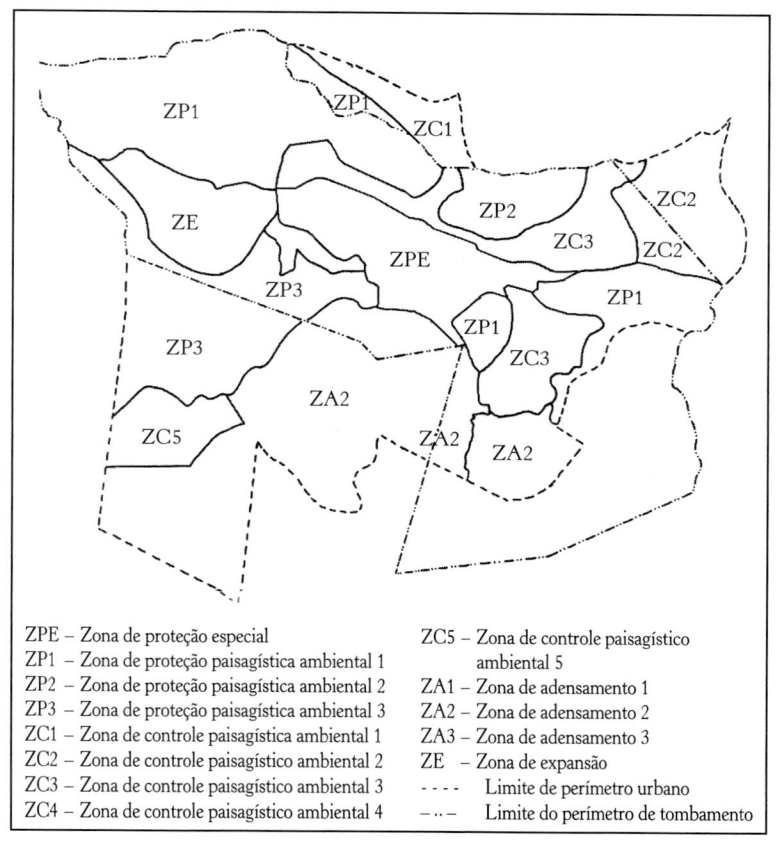

ZPE – Zona de proteção especial
ZP1 – Zona de proteção paisagística ambiental 1
ZP2 – Zona de proteção paisagística ambiental 2
ZP3 – Zona de proteção paisagística ambiental 3
ZC1 – Zona de controle paisagística ambiental 1
ZC2 – Zona de controle paisagístico ambiental 2
ZC3 – Zona de controle paisagístico ambiental 3
ZC4 – Zona de controle paisagístico ambiental 4

ZC5 – Zona de controle paisagístico
     ambiental 5
ZA1 – Zona de adensamento 1
ZA2 – Zona de adensamento 2
ZA3 – Zona de adensamento 3
ZE  – Zona de expansão
- - - -  Limite de perímetro urbano
– .. –  Limite do perímetro de tombamento

Figura 15 – Macrozoneamento do distrito-sede de Ouro Preto. (Plano Diretor. Prefeitura Municipal de Ouro Preto, 1996).

III – considerar, na gestão do meio ambiente urbano, a percepção e representação dos moradores e usuários sobre os espaços cotidianamente utilizados;

IV – criar mecanismos que permitam efetiva participação dos usuários e demais agentes envolvidos, na elaboração, implantação e gestão de projetos relativos à proteção do patrimônio cultural;

V – garantir a permanência da população residente nas áreas de preservação, priorizando o bem-estar dos moradores e usuários;

VI – consolidar o Arquivo Público Municipal como referência documental à identidade, à ação e à memória do Município.

Consideramos que o Plano Diretor deveria ser resultado de uma ação conjunta entre as instituições que trabalham para salvaguarda do patrimônio. Sendo Ouro Preto Patrimônio Nacional e Cultural da Humanidade, a participação do Iphan teria de ser efetiva, por meio da proposta de uma regulamentação específica para a Zona de Proteção Especial do Plano Diretor. Para a aprovação do projeto arquitetônico residencial, a prefeitura de Ouro Preto adere ao Código de Obras de Belo Horizonte: Decreto-Lei nº 84, de 21 de dezembro de 1940, que regulamenta as áreas, a ventilação e a iluminação dos cômodos das residências. Ressalta-se que o Plano Diretor de 1996 em vigência não contempla a regulamentação específica para as residências, nem mesmo para o centro histórico. Assim, possibilita o adensamento, a descaraterização e a deficiente qualidade do espaço construído nas residências.

Por outro lado, ao estudar os processos de formação dos espaços urbanos dos centros históricos de Cusco e Ouro Preto, ressalva-se que esses centros históricos estão caracterizados por abrigar um patrimônio de relevância histórica, urbana e arquitetônica, por apresentar um crescente adensamento, descaracterização e deterioração das residências e da deficiente qualidade de moradia. Assim, no próximo capítulo iremos estudar a relação dos moradores com suas residências dos dez projetos selecionados em ambos os centros históricos.

# 4
# A RESIDÊNCIA NOS CENTROS HISTÓRICOS DE CUSCO E OURO PRETO

Os centros históricos de Cusco (Peru) e Ouro Preto (Brasil) tiveram origem diversa, no período inca e no período colonial, respectivamente. Atualmente o centro histórico de Cusco abriga as tipologias das residências dos diversos períodos históricos pelos quais passou: inca, colonial e republicano. No período inca (de 1200 a 1532), a cidade abrigava a residência dos nobres caracterizada pela "cancha inca". No período colonial (de 1532 a 1821), abrigava a residência dos espanhóis, implantada sobre as fundações da arquitetura inca. No período republicano (de 1821 até os dias de hoje), a arquitetura residencial teve a influência dos estilos arquitetônicos: neoclássico tardio (século XIX), eclético, neocolonial (primeiras décadas do século XX) e moderno (a partir da segunda metade do século XX).

Já o centro histórico de Ouro Preto abriga a arquitetura residencial influenciada pelos estilos colonial, barroco, neoclássico, eclético e neocolonial.

As atividades do comércio e dos serviços concentram-se cada vez mais no lugar da função residencial, ocasionando sua expulsão. A falta de uma legislação específica para o centro histórico, implementação e fiscalização, a falta de mecanismos de financiamento para a reabilitação das residências, o controle do Imposto Territorial Urbano (IPTU) e dos aluguéis, entre outros, estão contribuindo para o adensamento, a descaracterização, a deterioração e a destruição da arquitetura residencial.

Apesar de ambos os centros históricos serem reconhecidos como Patrimônio Nacional e Patrimônio Cultural da Humanidade, as pesquisas já realizadas até agora se preocupam com os aspectos históricos, urbanos e arquitetônicos, entre outros. Não foram realizados estudos que mostrassem a relação dos moradores com suas residências e a qualidade da residência nos centros históricos de Cusco e Ouro Preto.

## Proposição

Na presente pesquisa, trabalhamos com base nas seguintes hipóteses: as atividades do comércio e dos serviços concentram-se cada vez mais no lugar da função residencial, ocasionando a expulsão dos moradores. A falta de uma legislação específica para o centro histórico, implementação e fiscalização, a falta de mecanismos de financiamento para a reabilitação das residências, o controle do Imposto Territorial Urbano (IPTU) e dos aluguéis, a subdivisão dos lotes e das construções, a alocação dos cômodos com áreas e condições de conforto insuficientes, entre outros, estão contribuindo para o adensamento, a descaracterização, a deterioração e a destruição do patrimônio arquitetônico residencial e a deficiente qualidade das residências. A natureza dos centros históricos está nas residências, é de suma importância a reabilitação destas (a preservação do patrimônio arquitetônico, a qualidade da residência e a permanência dos moradores) como instrumento de sua salvaguarda.

Para tal, a pesquisa tem como objetivos:

- mostrar os processos de formação dos espaços urbanos e caracterizar a arquitetura residencial nos centros históricos de Cusco e Ouro Preto;
- analisar a relação dos moradores e de suas residências, a qualidade e o estado de conservação da residência nos centros históricos de Cusco e Ouro Preto; e

• propor uma reflexão sobre os critérios para a reabilitação da residência como instrumento de salvaguarda dos centros históricos.

## Materiais e procedimentos da pesquisa de campo

A pesquisa de campo teve uma seqüência metodológica caracterizada pelas seguintes fases materiais e procedimentos: delimitação da área de pesquisa, seleção dos projetos residenciais, desenho dos projetos no Autocad 14, elaboração e aplicação dos questionários, critérios adotados para a análise das informações, resultados e discussões. Os resultados e discussões subsidiaram a reflexão sobre os critérios para a reabilitação da residência como instrumento de salvaguarda dos centros históricos de Cusco e de Ouro Preto.

## Materiais

Para a elaboração da pesquisa de campo, foram utilizados o plano dos centros históricos de Cusco e Ouro Preto, os projetos das residências fornecidos pelo Instituto Nacional de Cultura do Peru (INC), pelo Instituto do Patrimônio Histórico, Artístico Nacional do Brasil (Iphan), pelos proprietários e pelas plantas esquemáticas levantadas *in loco*, questionários e equipamentos de informática e software.

• Plano da Zona Monumental do Centro Histórico de Cusco, Grado 1;
• Plano da Zona de Proteção Especial do centro histórico de Ouro Preto;
• Projetos de residências;
• Plantas esquemáticas levantadas *in loco*;
• Questionários e entrevistas com moradores dos projetos residenciais;
• *Scanner*;
• Microcomputador;
• Impressora a jato de tinta HP deskjet 5550 C colorida, tamanho A4;
• Software Autocad 14, Photoshop, Word 97.

## Procedimentos

A pesquisa de campo teve uma seqüência metodológica caracterizada por seis fases: a delimitação da área de pesquisa em campo, a seleção dos projetos das residências, o desenho dos projetos das residências no Autocad 14, a elaboração e aplicação dos questionários, critérios adotados para a análise das informações, resultados e discussões.

## Área da pesquisa de campo

Em Cusco, a área escolhida para a pesquisa de campo foi a "Zona Monumental do centro histórico de Cusco", que compreende o antigo limite urbano da cidade colonial. Nessa área, estão os vestígios da arquitetura inca: "Qoricancha" (Templo do Sol), "Acllahuasi" (Casa das escolhidas), palácios incas, entre outras. Há outras edificações do período colonial, como a catedral, as igrejas de Santo Domingo, a prefeitura e o Mosteiro de Santa Catalina; sobre os alicerces das construções incas, foram construídas algumas residências coloniais. As edificações do período republicano são: Palácio de Justiça, Hotel Cusco, Banco de la Nación, entre outras, e residências ecléticas, neocoloniais e modernas.

Em Ouro Preto, a área escolhida para a pesquisa de campo foi a "Zona de Proteção Especial do centro histórico de Ouro Preto". Essa área corresponde ao eixo-tronco de preservação, que corta a cidade de Ouro Preto no sentido leste-oeste. O eixo-tronco ou caminho-tronco é o resultado do adensamento dos arraiais de mineração, que estão dispostos no sentido do eixo longitudinal da serra de Ouro Preto. O núcleo de Ouro Preto foi consolidado entre 1730 e 1765, quando se construíram as obras públicas de arruamentos, pontes e chafarizes. Nessa área, encontram-se edificações representativas, principalmente, do período colonial, como: a Casa dos Contos, o teatro, a Casa dos Governadores, a Casa da Câmara e cadeia e a Igreja de São Francisco, entre outras. Atualmente a área que abrange o caminho-tronco configura o centro histórico de Ouro Preto.

# Seleção dos projetos das residências

Em Cusco, os projetos das residências foram selecionados segundo sua localização na Zona Monumental do centro histórico de Cusco, Grado 1 e tipologias arquitetônicas diversas, sendo uma amostra das residências existentes. Foram selecionados dez imóveis que fazem um total de 35 domicílios, segundo os períodos inca, colonial e republicano, além dos estilos arquitetônicos. Considerou-se que dez imóveis seriam suficientes para a realização da pesquisa, uma vez que o objetivo da pesquisa é mostrar a relação morador/residência/centro histórico.

Os projetos foram obtidos do INC, da bibliografia consultada, dos proprietários e das plantas esquemáticas realizadas *in loco*. O acesso aos projetos das residências no INC só foi possível após uma solicitação encaminhada ao diretor do Instituto. Assim, os projetos das residências selecionados no INC são: Cuesta San Blas nº 256, Carmen Alto nº 294 e Plateros nº 313.

Ao revisarmos a bibliografia sobre a arquitetura em Cusco, deparamos com plantas de residências coloniais e barrocas (Venero, 1983, e Flores, 1995, respectivamente), que seriam de suma importância para nossa pesquisa. Esses projetos são Arones nº 147 e Tupac Amaru nº 185. E os projetos das residências obtidos com o proprietário são: San Agustin nº 224 e Ahuacpinta nº 683.

Quanto à nossa visita ao centro histórico, deparamo-nos com tipologias arquitetônicas importantes, como edificações residenciais caracterizadas pela superposição dos estilos arquitetônicos inca e colonial, cujas plantas não constavam no INC e nem estavam com os proprietários. Assim, optamos por levantar *in loco* as plantas esquemáticas das residências: San Agustin nº 256, esquina de Chihuampata com Cuesta Alabado e Nueva Alta nº 471.

Em Ouro Preto, os projetos das residências foram selecionados segundo sua localização na Zona de Proteção Especial do centro histórico, que corresponde ao eixo-tronco e a tipologias arquitetônicas diversas, sendo uma amostra das residências existentes. Foram selecionados dez imóveis que fazem um total de onze domicílios, segundo estilos arquitetônicos. Considerou-se que dez imóveis seriam suficientes para a realização da pesquisa, uma vez que o objetivo desta é mostrar a relação morador/residência/centro histórico. Os projetos foram obtidos do Iphan e das plantas esquemáticas realizadas *in loco*. O acesso aos projetos de residências do Iphan só foi possível após uma autorização escrita e assinada pelo proprietário do imóvel. Em nossa visita ao centro histórico, deparamos com a presença de um número significativo de repúblicas ou residências para estudantes, de propriedade da Universidade Federal de Ouro Preto, e também de algumas residências importantes pela antiguidade e estilo arquitetônico, cujos projetos arquitetônicos não constavam no Iphan. Assim, foram acrescentadas as plantas esquemáticas levantadas *in loco* às já selecionadas no Iphan.

Os projetos residenciais selecionados no Iphan são: Rua Antônio Albuquerque n° 117, Rua Cláudio Manoel n° 28, Rua São José n° 171, Rua São José n° 225, Rua Conde de Bobadela n° 62 e Rua Conde de Bobadela n° 82-84. As plantas esquemáticas levantadas *in loco* correspondem às residências: Rua Aleijadinho n° 88, Rua Xavier da Veiga n° 125, Rua Bernardo Vasconcellos n° 91 (República dos Nobres) e Rua Cláudio Manoel n° 129 (República Maracangalha).

As informações sobre as residências foram obtidas por meio dos projetos arquitetônicos copiados do INC ou do Iphan, das plantas esquemáticas levantadas *in loco*, das fotografias e da aplicação dos questionários. As características dos moradores também foram levantadas por questionários.

## Desenho dos projetos das residências no Autocad

Os dez projetos selecionados foram desenhados no Autocad 14. Consideramos que as plantas dos projetos das residências deveriam expressar: a tipologia da residência, os usos do solo (residência, comércio, serviços), as áreas coletivas, o número de domicílios, a delimitação dos perímetros dos domicílios, a atualização das funções dos cômodos dos moradores e o sistema construtivo.

As fachadas desenhadas no Autocad correspondem aos projetos residenciais ou às fotografias. Representam os detalhamentos dos vãos (portas e janelas) e das cornijas, a cobertura e a cor dos acabamentos de paredes, portas, janelas e balcões. Numa tabela, apresentam-se os aspectos socioeconômicos e espaciais da residência e seus domicílios: renda, número de habitantes/domicílio ou residência, número de habitantes/dormitório, área construída por domicílio ou residência e área construída por habitante no domicílio ou residência.

## Elaboração e aplicação dos questionários

Para a coleta de dados, foi elaborado um questionário que consta de duas partes. A primeira é referente à coleta de dados do imóvel do entrevistado: o uso, o ano de construção do imóvel, o tipo e número de cômodos, as características do banheiro, do medidor elétrico e do medidor de água, e o estado de conservação do imóvel. A segunda parte refere-se aos dados socioeconômicos dos entrevistados e de suas famílias: relação de propriedade com o imóvel, tempo de moradia na atual residência, renda familiar, relações de parentesco, idade, sexo e grau de escolaridade.

Para a presente pesquisa, considerou-se como imóvel a infra-estrutura física e o domicílio, como ressalta o Instituto Brasileiro de Geografia e Estatística (IBGE) (2000, p.25):

> o local estruturalmente separado e independente que se destina a servir de habitação a uma ou mais pessoas, ou que esteja sendo utilizado como tal [...]. Os critérios essenciais desta definição são os de separação e independência [...]. Independência: este critério é atendido quando o local de habitação tem acesso direto que permite aos seus moradores entrar e sair sem necessidade de passar por locais de moradia de outras pessoas.

Num imóvel pode, no entanto, existir um ou mais domicílios. O IBGE (2000, p.53) destaca ainda que:

> os edifícios de apartamentos, os apartamentos em apart-hotéis e as casas de cômodos (cabeças-de-porco, cortiços, etc) constituem conjuntos de domicílios particulares permanentes. Normalmente, as casas de cô-

modos, cabeças-de-porco e cortiços caracterizam-se como uma construção única cuja estrutura interna foi adaptada para alojar, em cada cômodo, um grupo familiar com vida independente dos demais. Caracterizam-se, ainda, por possuírem quase sempre, banheiro e/ou aparelho sanitário de uso coletivo.

No centro histórico de Cusco, os questionários foram aplicados pela própria pesquisadora diretamente aos proprietários ou inquilinos das casas dos dez projetos selecionados e foram preenchidos no momento e no local da residência dos entrevistados, sendo aplicados durante o dia, em horários variados, durando em média quarenta minutos, no mês de janeiro de 2000.

No centro histórico de Ouro Preto, a aplicação dos questionários foi realizada em janeiro de 2000. A coleta de dados foi feita pela própria pesquisadora e pela aluna Melissa Ramos da Silva Oliveira (Oliveira & Salcedo, 2000), bolsista Pibic-CNPq. A aluna foi preparada para a aplicação dos questionários nos dias de visita a Ouro Preto. Esses questionários foram aplicados diretamente aos proprietários ou inquilinos das casas dos dez projetos selecionados e foram preenchidos no momento e no local da entrevista, sendo aplicados durante o dia, em horários variados, durando em média quarenta minutos.

## Critérios adotados para a análise das informações

Os dados obtidos na coleta de campo foram analisados quantitativa e qualitativamente. Para a discussão dos resultados, as respostas foram comparadas com aquelas apresentadas na revisão da literatura. Os resultados e as discussões foram realizados em duas etapas: primeiro, para cada centro histórico, as características espaciais das residências ou domicílios, a relação dos moradores ou famílias com suas residências e o perfil socioeconômico das famílias; segundo, o estudo comparativo das residências pesquisadas nos centros históricos de Cusco e Ouro Preto.

Na primeira fase, para cada centro histórico foi importante identificar as características espaciais das residências pesquisadas: o estilo arquitetônico, o ano de construção, o material de construção, os usos do solo, o número de domicílios/residência e a relação dos moradores com o imóvel (proprietários ou inquilinos). A análise do espaço construído de cada domicílio e/ou residência e a relação com seus moradores tinham como objetivo conhecer a qualidade da residência. Considerou-se a qualidade da residência ou domicílio em função do tipo e número dos cômodos, número de habitantes/dormitório, área construída, área construída por habitante, condições gerais do conforto térmico dos cômodos (insolação, iluminação e ventilação), características do banheiro, do medidor elétrico, do hidrômetro e telefone e o estado de conservação das residências.

O estilo arquitetônico predominante de cada residência foi definido em função da tipologia, da implantação da construção, do estudo das fachadas, da organização dos espaços internos e do sistema construtivo. A revisão da literatura subsidiou a elaboração, compreensão e interpretação dos resultados.

Para analisar o grau de conforto térmico de cada cômodo (1), o número de habitantes/dormitório (2), área construída/domicílio (3), área construída/habitante (4), foi proposta uma escala de valores. Para a discussão dos resultados, as respostas foram comparadas com o Reglamento Nacional de Construcciones del Peru, o Código de Obras e Edificações do Município de Belo Horizonte e a nossa proposta de número de habitantes/dormitório e área ideal/cômodo. A seguir, compararam-se os indicadores e a escala de valores adotada para as tabelas de cada residência analisada.

(1) A escala de valores que corresponde ao grau de conforto térmico de cada cômodo é: ótimo: quando a orientação real da janela corresponde à orientação ideal recomendada; ruim: quando a orientação real da janela não corresponde à orientação ideal; péssimo: quando o cômodo não tem janela ou quando possui janela interna.

(2) A escala de valores que indica o número de habitantes/dormitório é: ótimo: um habitante ou casal/dormitório; bom: dois habitantes/dormitório; regular: três habitantes/dormitório; ruim: mais de três habitantes/dormitório; e péssimo: uma família/ambiente multiuso.

(3) O valor que indica a área construída por domicílio é outro importante indicador da qualidade da residência. A escala de valores foi estabelecida com base na área mínima exigida pelo Reglamento Nacional de Construcciones del Peru (40 m²): ótimo: mais de 50% da área mínima estabelecida; bom: igual ou até 50% acima da área mínima estabelecida; ruim: até 25% abaixo da área mínima estabelecida; e péssimo: mais de 25% abaixo da área mínima estabelecida ou ambiente multiuso (ver Tabela 1). A área construída por domicílio não é suficiente para saber a qualidade da residência. É necessário conhecer também a área construída mínima por habitante.

(4) A escala de valores baseia-se na área construída mínima por habitante (15 m²) (Bloch, 1993): ótimo: mais de 25% acima do mínimo estabelecido; bom: igual ou até 25% acima do mínimo estabelecido; ruim: até 25% abaixo do mínimo estabelecido; e péssimo: mais de 25% abaixo do mínimo (ver Tabela 1).

Os valores (2), (3) e (4) são os mesmos para as residências de ambos os centros históricos. Só o valor (1) que corresponde ao conforto térmico dos cômodos está baseado na solicitação térmica e na latitude de cada centro histórico.

Neste livro, além da análise quantitativa e qualitativa da primeira fase, são apresentadas as Figuras 17 a 26, que correspondem às residências pesquisadas no centro histórico de Cusco, e as Figuras 28 a 37, para o centro histórico de Ouro Preto. Essas figuras contêm para cada residência pesquisada: a delimitação do domicílio, as plantas, a fachada, os usos do solo, as características socioeconômicas e espaciais (número de habitantes/domicílio, número de habitantes/dormitório, área construída por domicílio, áreas coletivas: banheiros e espaços de circulação e área construída/domicílio ou residência).

O estado de conservação dos imóveis foi estabelecido com base na seguinte escala de valores: bom, quando a estrutura física do imóvel está em boas condições; regular, quando a estrutura física do imóvel está em boas condições, porém precisa de pequenas reformas no acabamento (piso, fissuras nas paredes, entre outras); e ruim, quando a estrutura do imóvel está comprometida, sendo urgente a restauração.

Tabela 1 – Escala de valores para a área dos cômodos, área construída/domicílio e área construída/habitante

| VALOR | TIPOS DE CÔMODOS, DOMICÍLIO | *PERU ÁREA (m²) (2) | **BRASIL ÁREA (m²) (2) | ***ÁREA IDEAL (m²) (3) | ESCALA DE VALORES | | | |
|---|---|---|---|---|---|---|---|---|
| | | | | | ÓTIMO (m²) | BOM (m²) | RUIM (m²) | PÉSSIMO (m²) |
| VALOR (3) | Área construída/domicílio | 40,00 | — | 40,00 | ≥ 60,1 | 40,0 a 60,0 | 20,0 a 39,9 | ≤ 19,9 |
| VALOR (4) | Área construída/hab. | | ****15,00 | 15,00 | ≥ 18,8 | 15,0 a 18,7 | 11,3 a 14,9 | ≤ 11,2 |

* Câmara Peruana de la Construcción (Capeco). Reglamento Nacional de Construcciones, capítulo X: casas habitación, 1997, p.117-8.
** Prefeitura de Belo Horizonte: Código de Obras e Edificações do Município de Belo Horizonte: Decreto-Lei n° 84, de 21 de dezembro de 1940.
*** Área mínima ideal dimensionada em razão do mobiliário e das atividades a serem realizadas no cômodo.
**** Bloch (1993).

Buscou-se caracterizar o perfil socioeconômico das famílias que moram nas residências pesquisadas. Essas características justificariam a relação com o imóvel, o grau de satisfação com a residência, a disponibilidade financeira com a reabilitação e a aquisição de um imóvel próprio. Para tal, foram pesquisados os seguintes dados: relação com o imóvel (proprietário ou inquilino), tempo de moradia na residência, renda com base no salário mínimo, idade, sexo e grau de escolaridade dos membros da família. Por ser uma amostra, os resultados caracterizam as residências nos centros históricos de Cusco e Ouro Preto.

## Resultados e discussões das residências no centro histórico de Cusco

As dez residências pesquisadas no centro histórico de Cusco estão localizadas nas ruas San Agustin n° 256, San Agustin n° 224, Cuesta San Blas n° 561, Arones n° 147, Chihuampata esquina com Alabado, Nueva Alta n° 471, Tupac Amaru n° 185, Carmen Alto n° 294, Plateros n° 313 e Ahuacpinta n° 683.

Para analisar as residências no centro histórico de Cusco, os resultados da pesquisa de campo das dez residências pesquisadas e de seus domicílios foram apresentados em tabelas por períodos históricos com base nas seguintes variáveis: ano de construção, estilo arquitetônico, material de construção e usos do solo; número de domicílios, proprietários e inquilinos; tipos de cômodos, número de habitantes por dormitório, área construída total e área construída por habitante, condições gerais de conforto térmico dos cômodos (insolação, iluminação e ventilação); características do banheiro, do medidor elétrico, do hidrômetro e do telefone; e o estado de conservação das residências. As características dos moradores ou famílias foram apresentadas por tabelas com base no tempo de moradia na residência, na faixa de renda por família, na distribuição dos membros das famílias por grupos de idade e sexo, e na distribuição das famílias por grau de escolaridade. Para a discussão dos resultados, as respostas foram comparadas com aquelas apresentadas na revisão da literatura.

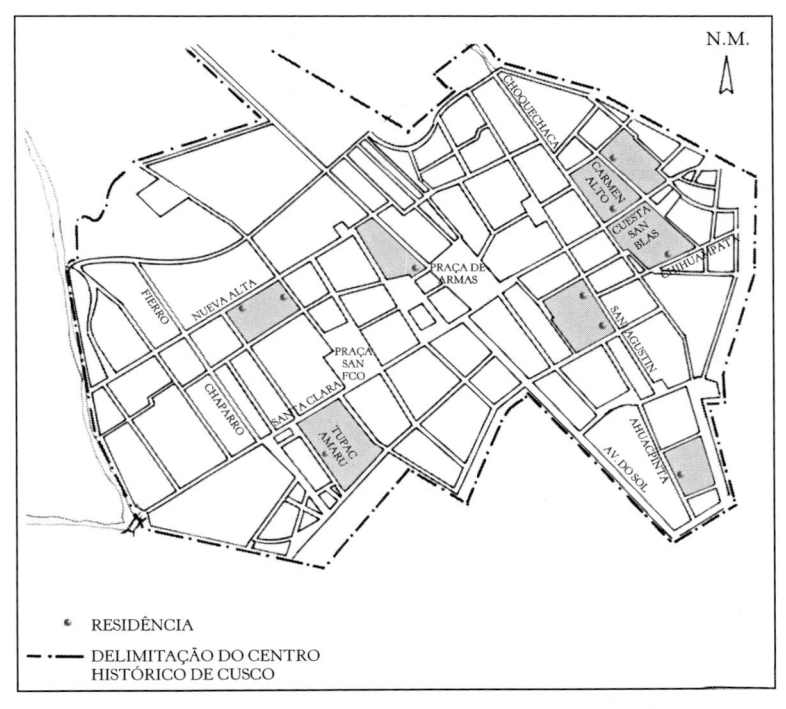

° RESIDÊNCIA
— ·— DELIMITAÇÃO DO CENTRO
HISTÓRICO DE CUSCO

Figura 16 – Localização das residências pesquisadas no centro histórico de Cusco (Salcedo, 2003).

## Residências por período histórico, ano de construção, estilo arquitetônico, material de construção e usos do solo

Das dez residências pesquisadas, 50% foram construídas no período colonial, entre 1532 a 1821, e 50% no período republicano, entre 1821 e após a metade do século XX. Todas as residências do período colonial das ruas San Agustin n° 256, San Agustin n° 224, Cuesta San Blas n° 561, Arones n° 147 e Chihuampata esquina com Alabado foram construídas alinhadas à via pública e nos limites laterais do lote. As residências das ruas San Agustin n° 256, San Agustin n° 224 e Cuesta San Blas n° 561 apresentam características do "estilo colonial", e as de Arones n° 147 e Chihuampata esquina com Alabado têm influência barroca.

Em geral, a tipologia da planta da residência de estilo colonial está caraterizada porque a construção é compacta em volta de um ou dois pátios centrais, e nos cômodos defronte à rua estão o saguão (único acesso à residência) e o comércio. No pavimento térreo, os cômodos estão distribuídos em torno do pátio central, e no pavimento superior, os cômodos comunicam-se por galerias (de pedra com arcos de meio ponto ou galerias de madeira).

A fachada da residência de estilo colonial é plana, simples, assimétrica ou simétrica, com vãos de predominância vertical; no pavimento térreo estão as portas e no pavimento superior as portas-janelas voltadas aos balcões ou às janelas quadradas. Algumas residências foram construídas sobre os alicerces das antigas construções incas (muros de pedra sem argamassa), e outras apresentam na fachada alicerces de pedra com argamassa (construção colonial).

As residências das ruas Arones n° 147 e Chihuampata esquina com Alabado continuam com as tipologias da planta baixa do estilo colonial. Só a fachada é influenciada pelo barroco. Assim, os balcões apresentam balaústres de madeira entornaçada, trabalhados em alto relevo e as portas de madeira também trabalhadas em alto relevo.

As tipologias das plantas das residências construídas entre 1821 até fins do século XIX do período da República – Rua Nueva Alta n° 471 – repetem a tipologia da planta da residência do estilo colonial. Só a composição das fachadas muda. Assim, na decoração das fachadas principais, manifesta-se a influência dos estilos arquitetônicos, já o estilo neoclássico é confirmado pela composição simétrica dos elementos das fachadas e pelo uso de ferro nos balcões.

Já no começo do século XX, as tipologias de planta das residências começam a mudar, as construções são compactas em forma de U com o pátio ou jardim voltados para a rua ou para o interior; as fachadas continuam simétricas, porém acrescentam-se os frisos retos como elementos de decoração, influência eclética, como o sobrado da Rua Tupac Amaru n° 185. Até então os imóveis eram construídos em adobe. Ainda no século XX, algumas residências como a da

Rua Carmen Alto n° 294 continuaram a ser construídas segundo o estilo colonial, conhecido como estilo "neocolonial", pois repetem a tipologia das plantas baixas e as fachadas. Os únicos elementos novos na construção são as janelas.

A partir da metade do século XX, as tipologias das plantas são compactas e fechadas, as escadas são internas, e o *hall* e os corredores internos são elementos de circulação e de relação entre os cômodos. Desaparecem os pátios centrais como espaços de distribuição dos cômodos. As fachadas são simples, despojadas de todo elemento de decoração, predominam os vãos horizontais, características da arquitetura moderna. Em geral, os imóveis são construídos com estruturas de concreto armado e alvenaria de vedação (ver Figuras 25 e 26).

A maioria das residências, 80%, foi construída com estruturas e vedações de adobe, a estrutura da cobertura era de madeira ("par e nudilho") e telhas de argila. Portas, janelas e balcões de madeira ou ferro, piso: assoalho de madeira e pedra. Só 20% das residências foram construídas com estruturas de concreto armado e vedações de tijolo, estruturas de madeira e telha de argila na cobertura (ver Tabela 2).

A maioria dos imóveis pesquisados, 40%, abriga a residência e o comércio, funções adquiridas desde o período colonial; 30% abrigam a residência, o comércio e os serviços; 10% a residência e os serviços; e 20% dos imóveis são unicamente residenciais. Os incentivos e empréstimos para a adequação dos imóveis para hospedagem estão mudando os usos do solo de residencial para serviços e comércio, expulsando a função residencial do centro histórico para as áreas de expansão (ver Tabela 2 e Figuras 17 a 26).

## Número de domicílios, proprietários e inquilinos das residências

A maioria das residências, 60%, é multifamiliar, ou seja, tem mais de um domicílio, e 40% são unifamiliares. Das residências multifamiliares, 33,4% têm entre oito e três domicílios cada, e 16,6% têm entre dois e sete domicílios cada. Segundo a Tabela 3, pode-se obser-

Tabela 2 – Residências por período histórico, ano de construção, estilo arquitetónico, material de construção e usos de solo – 2000

| RESIDÊNCIA/PERÍODO HISTÓRICO | ANO DE CONSTRUÇÃO* | ESTILO ARQUITETÓNICO* | MATERIAL DE CONSTRUÇÃO* | USOS DE SOLO |
|---|---|---|---|---|
| COLÓNIA | | | | |
| San Agustin n° 256 | Século XVII e XVIII | Colonial | Adobe | Residência, comércio e serviços |
| San Agustin n° 224 | Século XVII e XVIII | Colonial | Adobe | Residência e comércio |
| Cuesta San Blas n° 561 | Século XVII e XVIII | Colonial | Adobe | Residência e comércio |
| Arones n° 147 | Século XVII e XVIII | Barroco | Adobe | Residência e comércio |
| Chihuampata com Alabado | Começo do século XIX | Barroco | Adobe | Residência |
| REPÚBLICA | | | | |
| Nueva Alta n° 471 | Fins do século XIX | Neoclássico | Adobe | Residência e comércio |
| Tupac Amaru n° 185 | Começo do século XX | Eclético | Adobe | Residência, comércio e serviços |
| Carmen Alto n° 294 | Após a metade do século XX | Neocolonial | Adobe | Residência e serviços |
| Plateros n° 313 | Após a metade do século XX | Moderno | Estrutura de concreto armado e alvenaria de tijolo | Residência, comércio e serviços |
| Ahuacpinta n° 683 | Após a metade do século XX | Moderno | Estrutura de concreto armado e alvenaria de tijolo | Residência |

*O ano de construção, estilo arquitetónico e material de construção da construção mais antiga do imóvel.
Fonte: Salcedo, 2003.

var o alto grau de subdivisão das residências para locação. Quanto mais antiga é a construção, maior o número de subdivisões. Isso ocorre porque os casarios do período colonial e dos primeiros anos da República tinham uma grande área construída, no período da colônia abrigavam uma família numerosa e os empregados domésticos. Atualmente residem os proprietários com famílias em número menor, e as empregadas domésticas moram fora da residência; porém, essas famílias ocupam uma pequena área do imóvel, ficando muitos cômodos desocupados, o que possibilita a locação destes para residência, comércio ou serviços. Já as residências modernas são construídas em lotes menores e com um número de cômodos bem menor que o das casas do período colonial e do começo da República, e elas abrigam apenas a uma família (ver Figuras 25 e 26).

Das dez residências pesquisadas, a maioria dos moradores são inquilinos (54,30%) e só 45,70 % são proprietários. Esses dados mostram que os casarios foram sendo subdividos para a locação e obtenção de renda, mesmo que a subdivisão corresponda à locação de um único cômodo com banheiro coletivo em condições de insalubridade e de desconforto (ver Figuras 17 a 22). Essa situação também tem ocasionado a alta densidade e a deterioração da estrutura física dos imóveis (ver Tabela 3).

Por sua vez, analisando por períodos históricos, a maioria dos proprietários (56,10%) possui imóveis coloniais. Isso pode ser explicado porque os casarios coloniais são grandes e foram subdivididos segundo o número de herdeiros, como a residência da Rua Cuesta San Blas n° 561. Nessa residência moram os herdeiros, que ocupam apartamentos espaçosos, porém deficientes em iluminação, insolação e ventilação (ver Figura 19).

Quanto mais antigo for o imóvel, maior será, portanto, a área construída total e maior o número de cômodos; no entanto, as casas mais recentes, ou seja, as modernas, têm áreas construídas e lotes menores, produto da subdivisão dos casarões ou lotes dos imóveis antigos. Assim, os casarões mais antigos (coloniais e barrocos) abrigam um número maior de inquilinos, 42,10% e 47,40%, respectivamente, ao passo que as casas mais recentes, neocoloniais e modernas, abrigam apenas uma única família.

Tabela 3 – Número de domicílios, proprietários e inquilinos das residências, segundo estilos arquitetônicos – 2000

| RESIDÊNCIA/ESTILO ARQUITETÔNICO | N° DE DOMICÍLIOS | PROPRIETÁRIOS | | INQUILINOS | |
|---|---|---|---|---|---|
| | | N° | % | N° | % |
| COLONIAL | | | | | |
| San Agustin n° 256 | 8 | 1 | | 7 | |
| San Agustin n° 224 | 2 | 2 | | | |
| Cuesta San Blas n° 861 | 7 | 6 | | 1 | |
| Subtotal | 17 | 9 | 56,10 | 8 | 42,10 |
| BARROCO | | | | | |
| Arones n° 147 | 8 | 1 | | 7 | |
| Chihuampata | 3 | 1 | | 2 | |
| Subtotal | 11 | 2 | 12,5 | 9 | 47,40 |
| NEOCLÁSSICO | | | | | |
| Nueva Alta n° 471 | 3 | 1 | | 2 | |
| Subtotal | 3 | 1 | 6,30 | 2 | 10,50 |
| ECLÉTICO | | | | | |
| Tupac Amaru n° 185 | 1 | 1 | | | |
| Subtotal | 1 | 1 | 6,30 | | |
| NEOCOLONIAL | | | | | |
| Carmen Alto n° 294 | 1 | 1 | | | |
| Subtotal | 1 | 1 | 6,30 | | |
| MODERNO | | | | | |
| Plateros n° 313 | 1 | 1 | | | |
| Ahuacpinta n° 683 | 1 | 1 | | | |
| Subtotal | 2 | 2 | 12,50 | | |
| TOTAL | 35 | 16 (45,70%) | 100,00 | 19 (54,30%) | 100,00% |

Fonte: Salcedo, 2003.

## Tipos de cômodos das residências

Os domicílios estão caracterizados porque a maioria, 37,1%, tem um único ambiente multiuso e compartilha de um banheiro coletivo; 8,6%, um dormitório, sala/copa, cozinha e banheiro; 5,7%, um dormitório, sala, copa/cozinha e compartilham também de um banheiro coletivo; os outros 5,7% têm dois dormitórios, sala/copa, cozinha e banheiro privado.

Tabela 4 – Tipos de cômodos das residências, segundo estilos arquitetônicos e períodos históricos – 2000

| TIPOS DE CÔMODOS | PERÍODO HISTÓRICO | | | | | | TOTAL | |
| | COLONIAL | | REPÚBLICA | | | | | |
| | Colonial | Barroco | Neoclássico | Eclético | Neocolonial | Moderno | Nº | % |
|---|---|---|---|---|---|---|---|---|
| 1 ambiente multiuso, banheiro coletivo | 6 | 7 | | | | | 13 | 37,1 |
| 1 dormitório, 1 ambiente multiuso, banheiro coletivo | 1 | | | | | | 1 | 2,8 |
| 1 dormitório, sala/copa, cozinha, banheiro privado | 2 | | | | | 1 | 3 | 8,6 |
| 1 dormitório, sala, copa/cozinha, banheiro privado | | | 1 | | | | 1 | 2,8 |
| 1 dormitório, sala, copa/cozinha, banheiro coletivo | | 2 | | | | | 2 | 5,7 |
| 2 dormitórios, sala/copa, cozinha, banheiro privado | | | | | 1 | | 1 | 2,8 |
| 2 dormitórios, sala, copa/cozinha, estudo, banheiro privado | 1 | | | | | | 1 | 2,8 |
| 2 dormitórios, sala, copa/cozinha, banheiro privado | | 1 | | | | | 1 | 2,8 |
| 2 dormitórios, sala, copa, cozinha, banheiro privado | | | 1 | | | | 1 | 2,8 |
| 2 dormitórios, sala/copa, cozinha, escritório, banheiro privado | 2 | | | | | | 2 | 5,7 |
| 2 dormitórios, sala, copa, cozinha, escritório, banheiro privado | | | | 1 | | | 1 | 2,9 |
| 2 dormitórios, 2 salas, copa, cozinha, 2 banheiros privados | 1 | | | | | | 1 | 2,9 |
| 3 dormitórios, 2 salas, copa, cozinha, estudo, banheiro privado | | 1 | | | | | 1 | 2,9 |
| 3 dormitórios, sala, copa/cozinha, banheiro privado | 1 | | | | | | 1 | 2,9 |
| 4 dormitórios, 2 salas, copa, cozinha, escritório, 3 banheiros privados | | | | | | 1 | 1 | 2,9 |
| 5 dormitórios, 2 salas, copa/cozinha, banheiro privado | | | 1 | | | | 1 | 2,9 |
| 5 dormitórios, sala, copa, cozinha, 2 banheiros privados | 1 | | | | | | 1 | 2,9 |
| 5 dormitórios, sala/copa, cozinha, 1 banheiros privados | 1 | | | | | | 1 | 2,9 |
| 5 dormitórios, sala/copa, cozinha, depósito, banheiro privado | 1 | | | | | | 1 | 2,9 |
| TOTAL | 17 | 11 | 3 | 1 | 1 | 2 | 35 | 100 |

Fonte: Salcedo, 2003.

Pode-se ressaltar então que, em geral, as residências apresentam um alto grau de cortiço, domicílios com áreas insuficientes para abrigar as funções do hábitat e em condições insalubres, em razão das péssimas condições de conforto térmico: iluminação, insolação e ventilação. Somadas a essas condições, verifica-se a inaceitável situação de fazer uso de um único banheiro coletivo. Vale ressaltar que o Reglamento Nacional de Construcciones del Peru proíbe o uso de banheiro coletivo.

Em relação ao número de dormitórios, constatamos que a maioria, ou seja, 37,1%, dos domicílios não tem dormitório e sim um único ambiente multiuso (residências localizadas nas ruas San Agustin n° 256, Arones n° 147 e esquina Chihumapata com Alabado, ver Figuras 17, 20 e 21); 22,7% têm dois dormitórios; 19,9% um único dormitório; 11,6% cinco dormitórios; 5,8% três dormitórios; e 2,9% quatro dormitórios. Novamente, os dados nos indicam que a maioria dos domicílios possui entre um ambiente multiuso, um único dormitório e dois dormitórios, caracterizando as residências de uma alta densidade e carentes de condições adequadas para moradia, uma vez que não cumprem os requisitos mínimos de habitação exigidos pelo Reglamento Nacional de Construcciones del Peru, de 40 m² de construção, banheiro privado e condições de insolação, iluminação e ventilação para os cômodos. Além disso, 80% dos ambientes multiuso estão localizados nos imóveis coloniais.

## Número de habitantes/dormitório das residências

Consideramos o número de pessoas/dormitório como uma variável importante a ser levada em consideração para analisar a qualidade de moradia, uma vez que as pessoas precisam de cômodos que reúnam as condições necessárias para proporcionar o conforto no momento de descanso, quando elas se recuperam do desgaste físico e mental despendido nas atividades do trabalho, estudo, fazeres domésticos e outros.

Quanto aos dormitórios dos domicílios analisados, a maioria deles, 45,7%, são ótimos, abrigam uma única pessoa; 37,1% são ruins, ou seja, além de servir para a realização das diversas atividades – copa e cozinha –, também servem de dormitório (ambientes multiuso); 14,3 % são péssimos, abrigam três familiares; e 2,9% são bons, abrigam a dois familiares (ver Tabela 5).

Ressaltamos o alto índice de ambientes multiuso, péssimos para a função residencial, localizados nos imóveis das ruas San Agustin n° 256, Arones n° 147 e Chihuampata com Alabado (casarios coloniais e das primeiras décadas da República) (ver Figuras 17, 20 e 21). Isto é, não possuem um único dormitório, sendo necessária uma urgente intervenção para a redistribuição dos espaços por domicílio com cômodos e áreas suficientes para o abrigo das famílias, a fim de proporcionar as condições necessárias para a moradia, segundo as normas do Reglamento Nacional de Construcciones del Peru.

Tabela 5 – Número de habitantes por dormitório das residências, segundo períodos históricos – 2000

| DOMICÍLIO/PERÍODO HISTÓRICO | HABITANTES/DORMITÓRIO | | | | | TOTAL |
|---|---|---|---|---|---|---|
| | ÓTIMO 1 HAB/ DORM | BOM 2 HAB/ DORM | REGULAR 3 HAB/ DORM | RUIM MAIS DE 3 HAB/ DORM | PÉSSIMO AMBIENTE MULTIUSO | |
| COLONIAL | | | | | | |
| San Agustin n° 256 | | | | | | |
| A | X | | | | | |
| B | | X | | | | |
| C | | | | | X | |
| D | | | | | X | |
| E | | | | | X | |
| F | | | | | X | |
| G | | | | | X | |
| H | | | | | X | |
| Subtotal | 1 | | 1 | | 6 | |
| San Agustin n° 224 | | | | | | |
| A | X | | | | | |
| B | X | | | | | |
| Subtotal | 2 | | | | | |

| DOMICÍLIO/PERÍODO HISTÓRICO | HABITANTES/DORMITÓRIO | | | | | TOTAL |
| | ÓTIMO 1 HAB/ DORM | BOM 2 HAB/ DORM | REGULAR 3 HAB/ DORM | RUIM MAIS DE 3 HAB/ DORM | PÉSSIMO AMBIENTE MULTIUSO | |
|---|---|---|---|---|---|---|
| Cuesta San Blas n° 561 | | | | | | |
| A | X | | | | | |
| B | X | | | | | |
| C | X | | | | | |
| D | X | | | | | |
| E | X | | | | | |
| F | X | | | | | |
| G | X | | | | | |
| Subtotal | 7 | | | | | |
| REPÚBLICA | | | | | | |
| Arones n° 147 | | | | | | |
| A | | | | | X | |
| B | | X | | | | |
| C | | | | | X | |
| D | | | | | X | |
| E | | | | | X | |
| F | | | | | X | |
| G | | | | | X | |
| H | X | | | | | |
| Subtotal | 1 | 1 | | | 6 | |
| Chihuampata com Alabado | | | | | | |
| A | | | X | | | |
| B | | | X | | | |
| C | | | | | X | |
| Subtotal | | | 2 | | 1 | |
| Nueva Alta n° 471 | | | | | | |
| A | X | | | | | |
| B | | | X | | | |
| C | | | X | | | |
| Subtotal | 1 | | 2 | | | |
| Tupac Amaru n° 185 | | | | | | |
| A | X | | | | | |
| Carmen Alto n° 294 | | | | | | |
| A | X | | | | | |
| Plateros n° 313 | | | | | | |
| A | X | | | | | |
| Ahuacpinta n° 683 | | | | | | |
| A | X | | | | | |
| Subtotal | 4 | | | | | |
| TOTAL | 16 | 1 | 5 | | 13 | 35 |

Fonte: Salcedo, 2003.

## Área construída total e por habitante das residências

A área construída total por domicílio é outro indicador da qualidade de moradia. Em geral, dos 35 domicílios pesquisados, 48,6% possuem uma área ótima (60 m² a mais), maior do que a área mínima de 40 m² exigida pelo Reglamento Nacional de Construcciones del Peru; 31,4% das áreas construídas são péssimas (menos de 20 m²); 14,3% das áreas são boas (de 40 m² até 60 m²); e 5,7 % são ruins, com áreas entre 20 m² e 40 m².

Os domicílios que possuem uma área menor do que a área mínima regulamentada estão nas residências das ruas San Agustin n° 256, Arones n° 147 e esquina de Chihuampata com Alabado (ver Figuras 17, 20 e 21), constituindo cortiços, inapropriados para a moradia, sendo necessária a reabilitação e reorganização dos cômodos em razão das necessidades dos moradores e das áreas exigidas pelo Reglamento Nacional de Construcciones del Peru (ver Tabela 6).

Em relação à área construída por habitante, a maioria dos domicílios, 60%, são ótimos, ou seja, possuem suficiente área construída por habitante (25% acima da área mínima exigida pelo código); 28,6% são péssimos, com área construída por habitante mais de 25% a menos que a área mínima exigida pelo código, portanto estão caracterizados por cortiços; e 11,4% são bons (25% a mais que o mínimo estabelecido) (ver Tabela 6).

Tabela 6 – Área construída total e por habitante das residências, segundo períodos históricos – 2000

| PERÍODO/ DOMICÍLIO HISTÓRICO | ÁREA CONSTRUÍDA TOTAL | | | | ÁREA CONSTRUÍDA/ HABITANTE | | | |
|---|---|---|---|---|---|---|---|---|
| | ÓTIMO | BOM | RUIM | PÉSSIMO | ÓTIMO | BOM | RUIM | PÉSSIMO |
| COLONIAL | | | | | | | | |
| San Agustin n° 256 | | | | | | | | |
| A | X | | | | X | | | |
| B | | X | | | | | X | |
| C | | | | X | | | | X |
| D | | | | X | | | X | |
| E | | | | X | | | | X |
| F | | | | X | | | X | |
| G | | | | X | | | X | |
| H | | | | X | | | | X |
| Subtotal | 1 | 1 | | 6 | 1 | | 4 | 3 |

| PERÍODO/ DOMICÍLIO HISTÓRICO | ÁREA CONSTRUÍDA TOTAL | | | | ÁREA CONSTRUÍDA/ HABITANTE | | | |
|---|---|---|---|---|---|---|---|---|
| | ÓTIMO | BOM | RUIM | PÉSSIMO | ÓTIMO | BOM | RUIM | PÉSSIMO |
| San Agustin n° 224 | | | | | | | | |
| A | X | | | | X | | | |
| B | X | | | | X | | | |
| Subtotal | 2 | | | | 2 | | | |
| Cuesta San Blas n° 561 | | | | | | | | |
| A | X | | | | X | | | |
| B | X | | | | X | | | |
| C | X | | | | X | | | |
| D | X | | | | X | | | |
| E | X | | | | X | | | |
| F | X | | | | X | | | |
| G | | X | | | X | | | |
| Subtotal | 6 | 1 | | | 7 | | | |
| REPÚBLICA | | | | | | | | |
| Arones n° 147 | | | | | | | | |
| A | | | X | | | | | X |
| B | | X | | | X | | | |
| C | | | | X | | | | X |
| D | | | | X | | | | X |
| E | | | | X | | | | X |
| F | | | | X | | | | X |
| G | | | | X | | | | X |
| H | X | | | | X | | | |
| Subtotal | 1 | 1 | 1 | 5 | 2 | | | 6 |
| Chihuampata | | | | | | | | |
| A | X | | | | X | | | |
| B | | | X | | | | | X |
| C | | X | | | X | | | |
| Subtotal | 1 | 1 | 1 | | 2 | | | 1 |
| Nueva Alta n° 471 | | | | | | | | |
| A | X | | | | X | | | |
| B | X | | | | X | | | |
| C | X | | | | X | | | |
| Subtotal | 3 | | | | 3 | | | |
| Tupac Amaru n° 185 | | | | | | | | |
| A | X | | | | X | | | |
| Carmen Alto n° 294 | | | | | | | | |
| A | X | | | | X | | | |
| Plateros n° 313 | | | | | | | | |
| A | | X | | | X | | | |
| Ahuacpinta n° 683 | | | | | | | | |
| A | X | | | | X | | | |
| Subtotal | 3 | 1 | | | 4 | | | |
| TOTAL | 17 | 5 | 2 | 11 | 21 | 4 | 0 | 10 |

Ver escala de valores, p. 149.
Fonte: Salcedo, 2003

Nos domicílios com área construída suficiente por habitante ou ótimos, em geral moram os proprietários, cujas residências estão localizadas nas ruas San Agustin n° 224, Cuesta San Blas n° 561, Nueva Alta n° 471, Tupac Amaru n° 185, Carmen Alto n° 294, Plateros n° 313 e Ahuacpinta n° 683 (ver Figuras 18, 19, 22, 23 e 24, 25 e 26).

Nos domicílios com péssima área construída por habitante, moram os inquilinos nas residências das ruas San Agustin n° 256, esquina Chihuampata com Alabado, Arones n° 147 e Nueva Alta n° 471, onde é necessária a reabilitação das residências, a reorganização dos cômodos, em razão das necessidades dos moradores e segundo as normas do Reglamento Nacional de Construcciones del Peru. Nos domicílios com área ruim construída por habitante, também moram os inquilinos, como nas residências das ruas Arones n° 147 e esquina de Chihuampata com Alabado, onde é necessária uma redistribuição dos cômodos.

## Conforto térmico dos cômodos das residências

Em relação ao conforto térmico dos domicílios, a maioria, 48,6%, está em péssimas condições; 17,1% estão entre ótimas, ruins e péssimas condições; 14,3% entre ótimas e péssimas condições; 8,6% em ótimas condições; 5,7 % em condições ótimas e ruins; e outros 5,7% entre ruins e péssimas condições (ver Tabela 7).

Nos domicílios que possuem péssimas condições de conforto térmico, os cômodos não têm janelas, são escuros, mal ventilados e insalubres, comprometendo a saúde dos moradores. A maioria desses domicílios tem cômodos multiuso com banheiros coletivos, e uma minoria é composta de apartamentos. Assim, podemos afirmar que os casarões coloniais são subdivididos em pequenos cômodos com banheiro coletivo para serem locados, mesmo que essas condições não respeitem o Reglamento Nacional de Construcciones del Peru. Essas residências estão localizadas nas ruas San Agustin n° 256 e Arones n° 147 (figuras 17 e 20), e os apartamentos localizados nas ruas Cuesta San Blas n° 561, Nueva Alta n° 471 e Carmen Alto n° 294, (ver Figuras 19, 22, e 24). As residências citadas precisam ser reabilitadas ou reformadas para a criação de janelas. Deve-se efetuar a reorganização interna dos espaços, levando em consideração as necessidades dos moradores e o Reglamento Nacional de Construcciones del Peru.

Os domicílios que possuem ótimas condições de conforto térmico são os apartamentos e sobrados modernos, que possuem janelas orientadas ao norte, oeste, noroeste ou nordeste. Os cômodos são bem ensolarados e arejados. Geralmente essas características estão presentes nos apartamentos das casas coloniais, que estão localizadas de frente para a rua ou apartamentos, cujos cômodos possuem janelas voltadas para um pátio interno, como os apartamentos das ruas Cuesta de San Blas n° 561, esquina de Chihuampata com Alabado e Arones n° 147 (ver Tabela 7).

A metade dos domicílios com ótimas condições de conforto térmico é constituída por cômodos construídos no período colonial – ruas San Agustin n° 256 e Arones n° 147 – e a outra metade foi construída no período da República, como a residência eclética da Rua Tupac Amaru n° 185 e o sobrado da Rua Ahuacpinta n° 683. Nos domicílios do período colonial, os cômodos estão localizados de frente para a rua; assim, os cômodos possuem portas-janelas com balcões.

Quanto às residências construídas na República, no século XX, as janelas dos cômodos estão voltadas tanto para a rua como para um pátio interno. Os domicílios com ótimas condições de conforto térmico precisam ser mantidos e dispensam reformas.

Tabela 7 – Conforto térmico dos cômodos das residências, segundo estilos arquitetônicos e períodos históricos – 2000

| PERÍODO HISTÓRICO | RESIDÊNCIA/ DOMICÍLIO | CONFORTO TÉRMICO/VALORES (1) | | | | | | |
|---|---|---|---|---|---|---|---|---|
| | | ÓTIMO | RUIM | PÉSSIMO | O, R | O, P | R, P | O, R, P |
| COLONIAL | San Agustin n° 256 | | | | | | | |
| | A | | | | | X | | |
| | B | | | X | | | | |
| | C | | | X | | | | |
| | D | | | X | | | | |
| | E | | | X | | | | |
| | F | | | X | | | | |
| | G | | | X | | | | |
| | H | | | X | | | | |

| PERÍODO HISTÓRICO | RESIDÊNCIA/ DOMICÍLIO | CONFORTO TÉRMICO/VALORES (1) | | | | | | |
|---|---|---|---|---|---|---|---|---|
| | | ÓTIMO | RUIM | PÉSSIMO | O, R | O, P | R, P | O, R, P |
| | San Agustin n° 224 | | | | | | | |
| | A | | | | | | | X |
| | B | | | | | | | X |
| | Cuesta San Blas n° 561 | | | | | | | |
| | A | | | | | | X | |
| | B | | | | | X | | |
| | C | | | X | | | | |
| | D | | | | | | | X |
| | E | | | | | | | X |
| | F | | | | X | | | |
| | G | | | | | | X | |
| REPÚBLICA | Arones n° 147 | | | | | | | |
| | A | X | | | | | | |
| | B | | | | | X | | |
| | C | X | | | | | | |
| | D | | | X | | | | |
| | E | | | X | | | | |
| | F | | | X | | | | |
| | G | | | X | | | | |
| | H | | | | | | | X |
| | Chihuampata | | | | | | | |
| | A | | | X | | | | |
| | B | | | X | | | | |
| | C | | | X | | | | |
| | Nueva Alta n° 471 | | | | | | | |
| | A | | | X | | | | |
| | B | | | X | | | | |
| | C | | | | | X | | |
| | Tupac Amaru n° 185 | | | | | | | |
| | A | | | X | | | | |
| | Carmen Alto n° 294 | | | | | | | |
| | A | | | | | | | X |
| | Plateros n° 313 | | | | | | | |
| | A | | | | | X | | |
| | Ahuacpinta n° 683 | | | | | | | |
| | A | X | | | | | | |
| TOTAL | | 3 | 0 | 17 | 2 | 5 | 2 | 6 |

Fonte: Salcedo, 2003.
O ,R: ótimo e ruim; O, P: ótimo e péssimo; R,P: ruim e péssimo; e O, R, P: ótimo, ruim e péssimo.

## Características do banheiro, do medidor elétrico, do hidrômetro e do telefone das residências

Em relação ao banheiro dos domicílios das residências, 54,3% são privados e 45,7% coletivos. Esses dados são significativos, pois demonstram a gravidade das condições dos domicílios. Quando se relacionam as variáveis banheiro coletivo, condição de proprietário ou inquilino e renda da família, constata-se que a maioria dos inquilinos mora em cômodos multiuso, faz uso de banheiros coletivos e possui renda baixa. Isso significa que as famílias que possuem rendas baixas alugam um ou dois cômodos a preços baixos, e assim moram em áreas degradadas e em péssimas condições de moradia (ver Tabela 8).

O Reglamento Nacional de Construcciones del Peru (Camara Peruana de la Construcción, 1997, p.119) estabelece que *"Queda prohibida la construción de servicios higiénicos comunes a varias unidades de vivienda"*, no entanto, em alguns casarões, são alocados cômodos com banheiros coletivos.

A maioria dos domicílios, 54,3%, possui medidor elétrico e hidrômetro coletivo, e só 45,7% têm medidor elétrico privado. Pelo alto custo de instalação dos medidores elétricos e dos hidrômetros, os proprietários locam os cômodos com medidores elétricos e hidrômetros coletivos, e os gastos de consumo desses serviços são divididos entre o número de domicílios abastecidos. Quanto ao medidor elétrico coletivo, em razão da demanda de energia dos domicílios, estes continuamente apresentam problemas, como queima do fusível e deterioração de eletrodomésticos (ver Tabela 8).

Tabela 8 – Características do banheiro, do medidor elétrico, do hidrômetro e do telefone nos domicílios – 2000

| EQUPAMENTO | PRIVADO | COLETIVO | TOTAL |
|---|---|---|---|
| Banheiro | 19 | 16 | 35 |
| Medidor de energia | 16 | 19 | 35 |
| Hidrômetro | 16 | 19 | 35 |
| Telefone | 16 | — | 16 |

Fonte: Salcedo, 2003.

Em relação ao telefone, só 45,7% dos domicílios possuem telefone. O escasso número de telefones relaciona-se com a baixa renda dos moradores, o que impede a compra e mesmo a locação da linha telefônica.

## Estado de conservação das residências

Das dez residências pesquisadas, a maioria (50%) está em estado de conservação regular, precisando de pequenas reformas nos acabamentos do imóvel; 40% estão em bom estado de conservação; e 10% em estado ruim (residência localizada na esquina da Rua Chihuampata com Alabado), sendo urgente a restauração, pois a estrutura do imóvel está seriamente comprometida. Essas residências têm valor histórico e arquitetônico, e sua salvaguarda é de fundamental importância, pois trata-se de registro da organização social e cultural das gerações anteriores.

Tabela 9 – Estado de conservação das residências – 2000

| RESIDÊNCIA | ESTADO DE CONSERVAÇÃO | | |
| --- | --- | --- | --- |
| | BOM | REGULAR | RUIM |
| San Agustin n° 256 | | X | |
| San Agustin n° 224 | X | | |
| Cuesta San Blas n° 561 | | X | |
| Arones n° 147 | | X | |
| Esquina Chihuampata com Alabado | | | X |
| Nueva Alta n° 471 | | X | |
| Tupac Amaru n° 185 | | X | |
| Carmen Alto n° 294 | X | | |
| Plateros n° 313 | X | | |
| Ahuacpinta n° 683 | X | | |
| Total | 4 | 5 | 1 |

Fonte: Salcedo, 2003.

## Características dos moradores ou das famílias

A segunda parte da entrevista buscou caracterizar o perfil socioeconômico das famílias que moram nas residências pesquisadas. Para tal, foram pesquisados os seguintes dados: relação com o imóvel (proprietário ou inquilino), tempo de moradia na residência, renda, idade, sexo e grau de escolaridade dos membros da família.

## Relação dos moradores com a residência

A maioria dos moradores, 54,30%, que habitam as residências pesquisadas são inquilinos e somente 45,70% proprietários (Tabela 10). Geralmente, o proprietário, além de morar no imóvel, subdivide o imóvel para locação em vários cômodos com banheiros coletivos, a exemplo estão as residências das ruas Cuesta San Blas, San Agustin n°224 e Arones n° 147.

## Tempo de moradia na residência

A maioria dos moradores, 45,7%, reside nos domicílios há pelo menos cinco anos. Todos os proprietários moram há pelo menos cinco anos no imóvel, e a maioria vive na mesma casa há mais de dez anos. Alguns residem na mesma casa há cinqüenta anos ou mais.

Tabela 10 – Tempo de moradia na residência – 2000

| TEMPO DE MORADIA | PROPRIETÁRIO | INQUILINOS | SUBTOTAL |
|---|---|---|---|
| Menos de 1 ano | | 6 | 6 |
| 1 a 5 anos | 5 | 11 | 16 |
| 6 a 10 anos | 1 | 1 | 2 |
| 11 a 20 anos | 2 | 1 | 3 |
| 21 a 30 anos | 1 | — | 1 |
| 31 a 40 anos | 3 | — | 3 |
| 41 a 50 anos | — | — | — |
| 50 a mais anos | 4 | — | 4 |
| TOTAL | 16 | 19 | 35 |

Fonte: Salcedo, 2003.

## Faixa de renda por família

A renda das famílias concentra-se, principalmente (50%), numa faixa que varia de um a dois salários mínimos (de US$ 99 a US$ 295);

29,6% obtêm uma renda entre três e quatro salários mínimos (de US$ 296 a US$ 493); 7,4% obtêm entre cinco e seis salários mínimos (de US$ 494 a US$ 691); 3,7% entre 7 e 8 salários mínimos (de US$ 692 a US$ 888); e outros, 3,7%, entre 10 e mais salários mínimos (de US$ 988 a mais). As famílias com renda entre um e dois salários mínimos moram em ambientes multiusos com banheiros coletivos, localizados nas residências das ruas San Agustin n° 256, Arones n° 147 e esquina Chihuampata com Alabado (ver Figuras 17, 20 e 21). Assim, no centro histórico, moram famílias de baixa renda, considerada insuficiente para a restauração e reabilitação das residências, sendo necessário o financiamento a juros baixos.

Tabela 11 – Faixa de renda por família – 2000

| FAIXA DE RENDA SALÁRIOS MÍNIMOS NS$(1) | N° DE FAMÍLIAS |
|---|---|
| 1 a 2 | 15 |
| 3 a 4 | 8 |
| 5 a 6 | 2 |
| 7 a 8 | 1 |
| 9 a 10 | 0 |
| Mais de 10 | 1 |
| TOTAL | 27 |

(1) Salário mínimo em nuevos soles: NS$ 345,00 (Ministerio de Trabajo y Banco Central de Reserva).

## Distribuição dos membros das famílias por grupos de idade e sexo

Adotamos a classificação dos três grandes grupos de idade definidos por Hugon (1977): crianças e adolescentes: de 0 a 14 anos; jovens e adultos: de 15 a 64 anos; e velhos: de 65 a mais anos. Assim, os membros das famílias por grupos de idade estão caracterizados principalmente porque a maioria (72,9%) é composta por jovens e adultos, 18,8% por crianças e adolescentes e 8,3% por velhos. Destes, a maioria é composta de mulheres (51,0%) e 49,0% de homens.

Tabela 12 – Distribuição dos membros das famílias por grupos de idade e sexo – 2000

| GRUPOS DE IDADE | HOMEM | MULHER | TOTAL |
|---|---|---|---|
| 0 a 14 | 7 | 11 | 18 |
| 15 a 64 | 36 | 34 | 70 |
| 65 a mais | 4 | 4 | 8 |
| TOTAL | 47 | 49 | 96 |

Fonte: Salcedo, 2003.

## Distribuição dos membros das famílias por grau de escolaridade

A Tabela 13 representa o alto grau de escolaridade dos membros das famílias. Sendo assim, a maioria, 51%, possui nível superior, 36,5% segundo grau ou secundário, 9,4% primeiro grau ou primário e 3,1% nível técnico. O alto nível de escolaridade pode ser explicado pelo fato de os pais exigirem dos filhos maior ou igual nível de escolaridade que eles obtiveram.

Tabela 13 – Distribuição dos membros das famílias por grau de escolaridade – 2000

| GRAU DE ESCOLARIDADE | N |
|---|---|
| Pré-primário | 0 |
| Primário ou primeiro grau | 9 |
| Secundário ou segundo grau | 35 |
| Técnico | 3 |
| Superior | 49 |
| TOTAL | 96 |

Fonte: Salcedo, 2003.

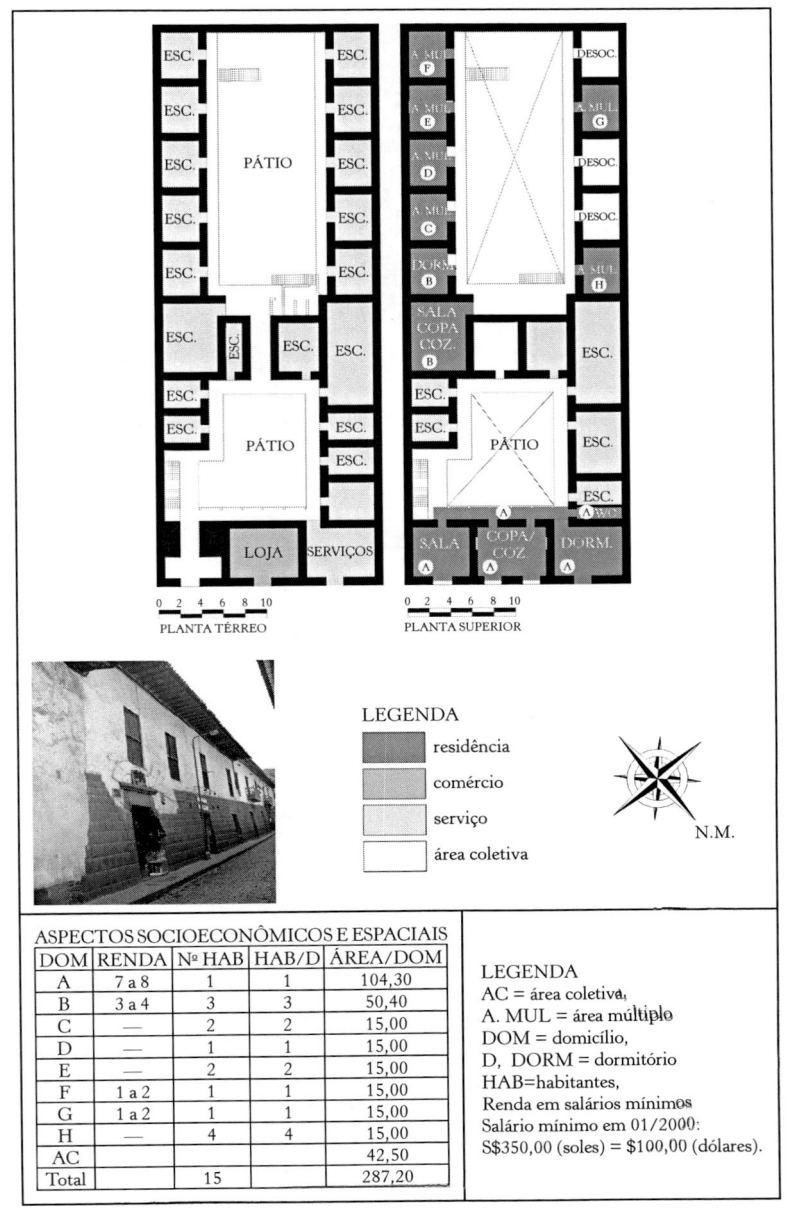

| ASPECTOS SOCIOECONÔMICOS E ESPACIAIS | | | | |
|---|---|---|---|---|
| DOM | RENDA | Nº HAB | HAB/D | ÁREA/DOM |
| A | 7 a 8 | 1 | 1 | 104,30 |
| B | 3 a 4 | 3 | 3 | 50,40 |
| C | — | 2 | 2 | 15,00 |
| D | — | 1 | 1 | 15,00 |
| E | — | 2 | 2 | 15,00 |
| F | 1 a 2 | 1 | 1 | 15,00 |
| G | 1 a 2 | 1 | 1 | 15,00 |
| H | — | 4 | 4 | 15,00 |
| AC | | | | 42,50 |
| Total | | 15 | | 287,20 |

LEGENDA
AC = área coletiva,
A. MUL = área múltiplo
DOM = domicílio,
D, DORM = dormitório
HAB=habitantes,
Renda em salários mínimos
Salário mínimo em 01/2000:
S$350,00 (soles) = $100,00 (dólares).

Figura 17 – Projeto da residência pesquisada no centro histórico de Cusco, Rua San Agustin n° 256 (Salcedo, 2003).

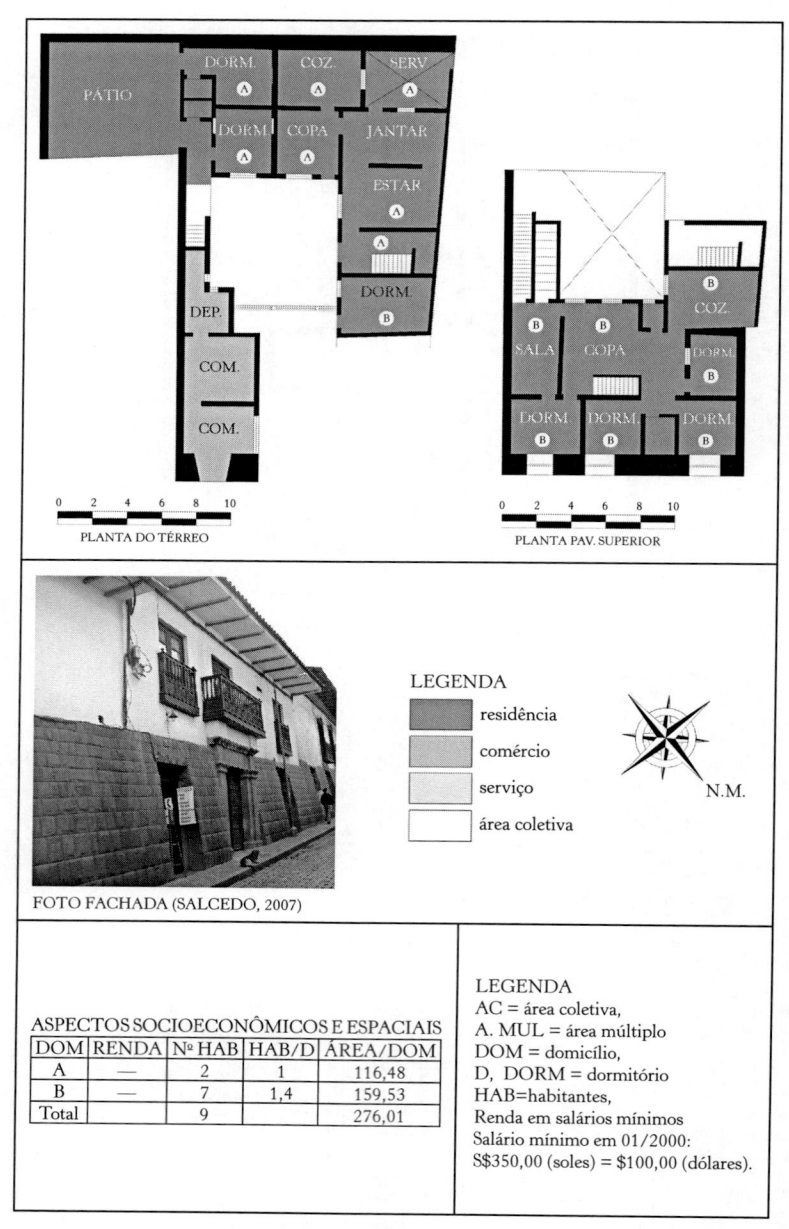

| ASPECTOS SOCIOECONÔMICOS E ESPACIAIS | | | | |
|---|---|---|---|---|
| DOM | RENDA | Nº HAB | HAB/D | ÁREA/DOM |
| A | — | 2 | 1 | 116,48 |
| B | — | 7 | 1,4 | 159,53 |
| Total | | 9 | | 276,01 |

LEGENDA
AC = área coletiva,
A. MUL = área múltiplo
DOM = domicílio,
D, DORM = dormitório
HAB=habitantes,
Renda em salários mínimos
Salário mínimo em 01/2000:
S$350,00 (soles) = $100,00 (dólares).

Figura 18 – Projeto da residência pesquisada no centro histórico de Cusco, Rua San Agustin n° 224 (Salcedo, 2003).

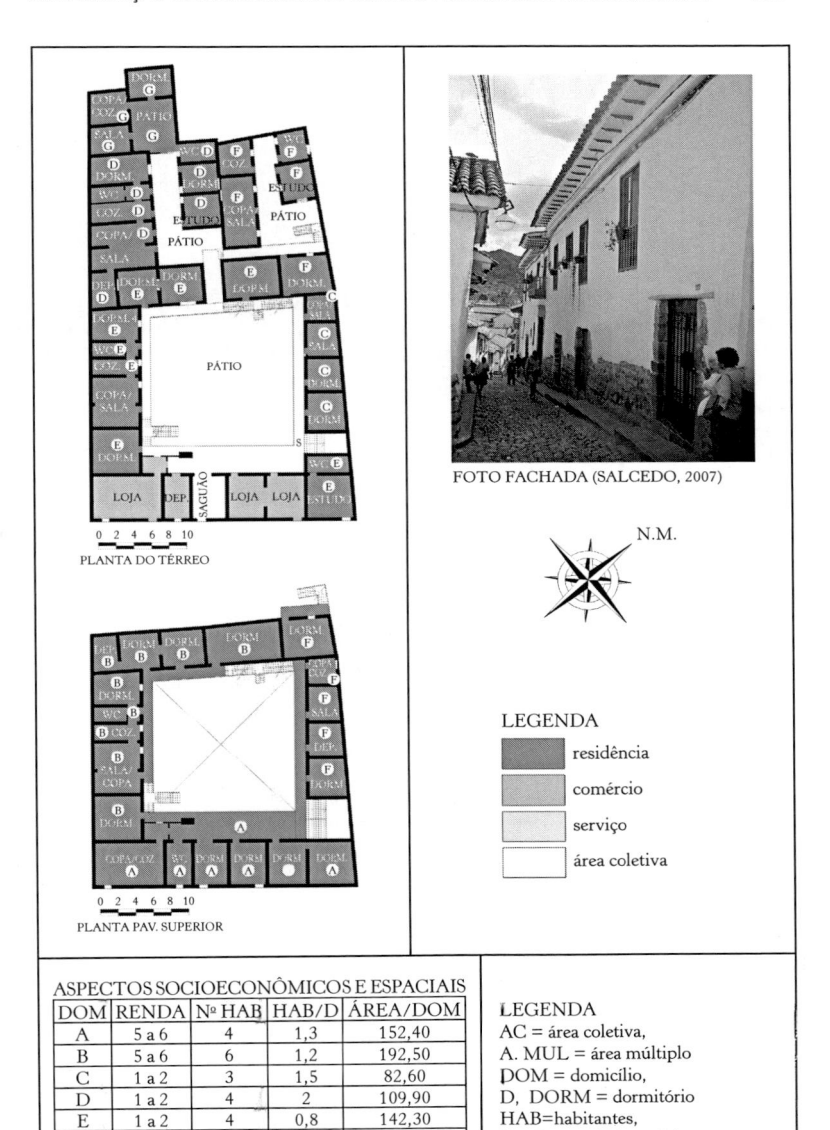

| ASPECTOS SOCIOECONÔMICOS E ESPACIAIS | | | | |
|---|---|---|---|---|
| DOM | RENDA | Nº HAB | HAB/D | ÁREA/DOM |
| A | 5 a 6 | 4 | 1,3 | 152,40 |
| B | 5 a 6 | 6 | 1,2 | 192,50 |
| C | 1 a 2 | 3 | 1,5 | 82,60 |
| D | 1 a 2 | 4 | 2 | 109,90 |
| E | 1 a 2 | 4 | 0,8 | 142,30 |
| F | 1 a 2 | 4 | 2 | 115,10 |
| G | 1 a 2 | 1 | 1 | 51,40 |
| AC | | | | 18,50 |
| Total | | 26 | | 864,70 |

LEGENDA
AC = área coletiva,
A. MUL = área múltiplo
DOM = domicílio,
D, DORM = dormitório
HAB=habitantes,
Renda em salários mínimos
Salário mínimo em 01/2000:
S$350,00 (soles) = $100,00 (dólares).

Figura 19 – Projeto da residência pesquisada no centro histórico de Cusco, rua Cuesta San Blas nº 561 (Salcedo, 2003).

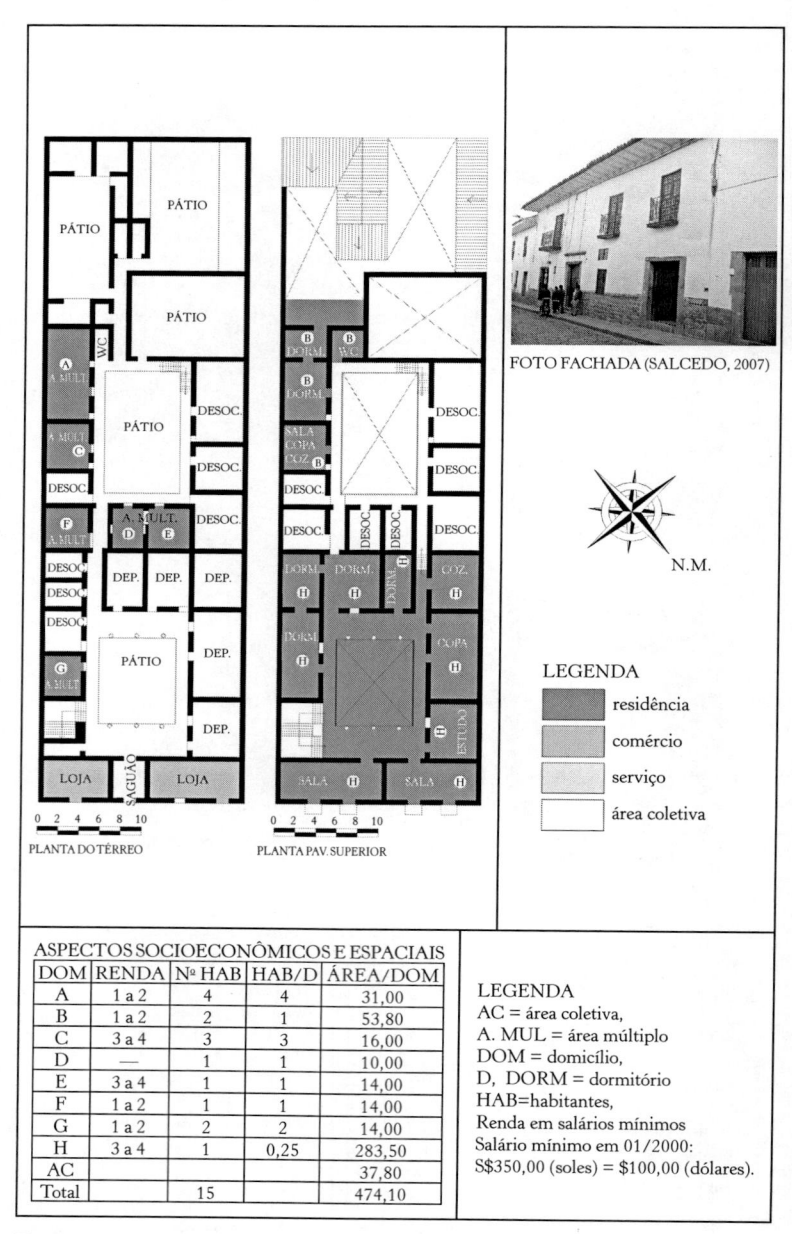

FOTO FACHADA (SALCEDO, 2007)

N.M.

LEGENDA

▨ residência
▨ comércio
▨ serviço
▢ área coletiva

0 2 4 6 8 10
PLANTA DO TÉRREO

0 2 4 6 8 10
PLANTA PAV. SUPERIOR

ASPECTOS SOCIOECONÔMICOS E ESPACIAIS

| DOM | RENDA | Nº HAB | HAB/D | ÁREA/DOM |
|------|-------|--------|-------|----------|
| A | 1 a 2 | 4 | 4 | 31,00 |
| B | 1 a 2 | 2 | 1 | 53,80 |
| C | 3 a 4 | 3 | 3 | 16,00 |
| D | — | 1 | 1 | 10,00 |
| E | 3 a 4 | 1 | 1 | 14,00 |
| F | 1 a 2 | 1 | 1 | 14,00 |
| G | 1 a 2 | 2 | 2 | 14,00 |
| H | 3 a 4 | 1 | 0,25 | 283,50 |
| AC | | | | 37,80 |
| Total | | 15 | | 474,10 |

LEGENDA
AC = área coletiva,
A. MUL = área múltiplo
DOM = domicílio,
D, DORM = dormitório
HAB=habitantes,
Renda em salários mínimos
Salário mínimo em 01/2000:
S$350,00 (soles) = $100,00 (dólares).

Figura 20 – Projeto da residência pesquisada no centro histórico de Cusco, rua Arones nº 147 (Salcedo, 2003).

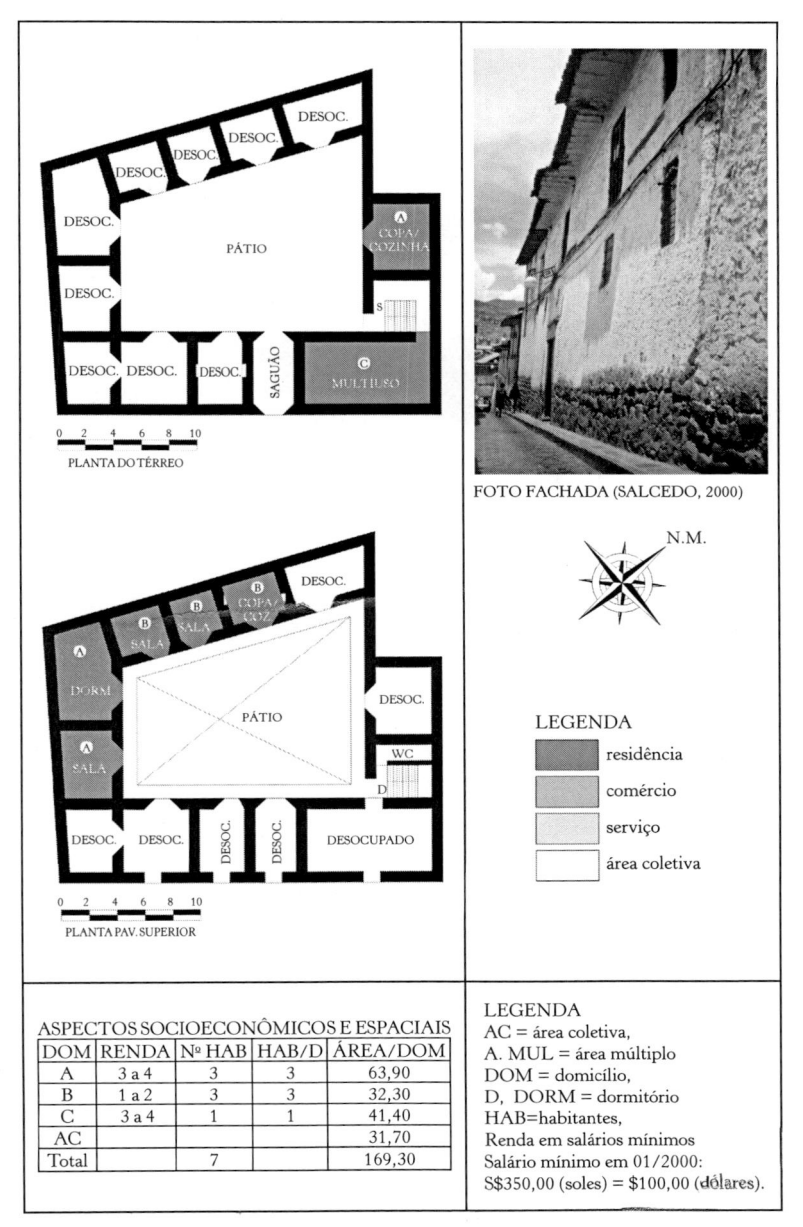

FOTO FACHADA (SALCEDO, 2000)

N.M.

LEGENDA
- residência
- comércio
- serviço
- área coletiva

PLANTA DO TÉRREO

PLANTA PAV. SUPERIOR

ASPECTOS SOCIOECONÔMICOS E ESPACIAIS

| DOM | RENDA | Nº HAB | HAB/D | ÁREA/DOM |
|---|---|---|---|---|
| A | 3 a 4 | 3 | 3 | 63,90 |
| B | 1 a 2 | 3 | 3 | 32,30 |
| C | 3 a 4 | 1 | 1 | 41,40 |
| AC | | | | 31,70 |
| Total | | 7 | | 169,30 |

LEGENDA
AC = área coletiva,
A. MUL = área múltiplo
DOM = domicílio,
D, DORM = dormitório
HAB=habitantes,
Renda em salários mínimos
Salário mínimo em 01/2000:
S$350,00 (soles) = $100,00 (dólares).

Figura 21 – Projetos das residências pesquisadas no centro histórico de Cusco, rua Chihuampata esquina com Alabado (Salcedo, 2003).

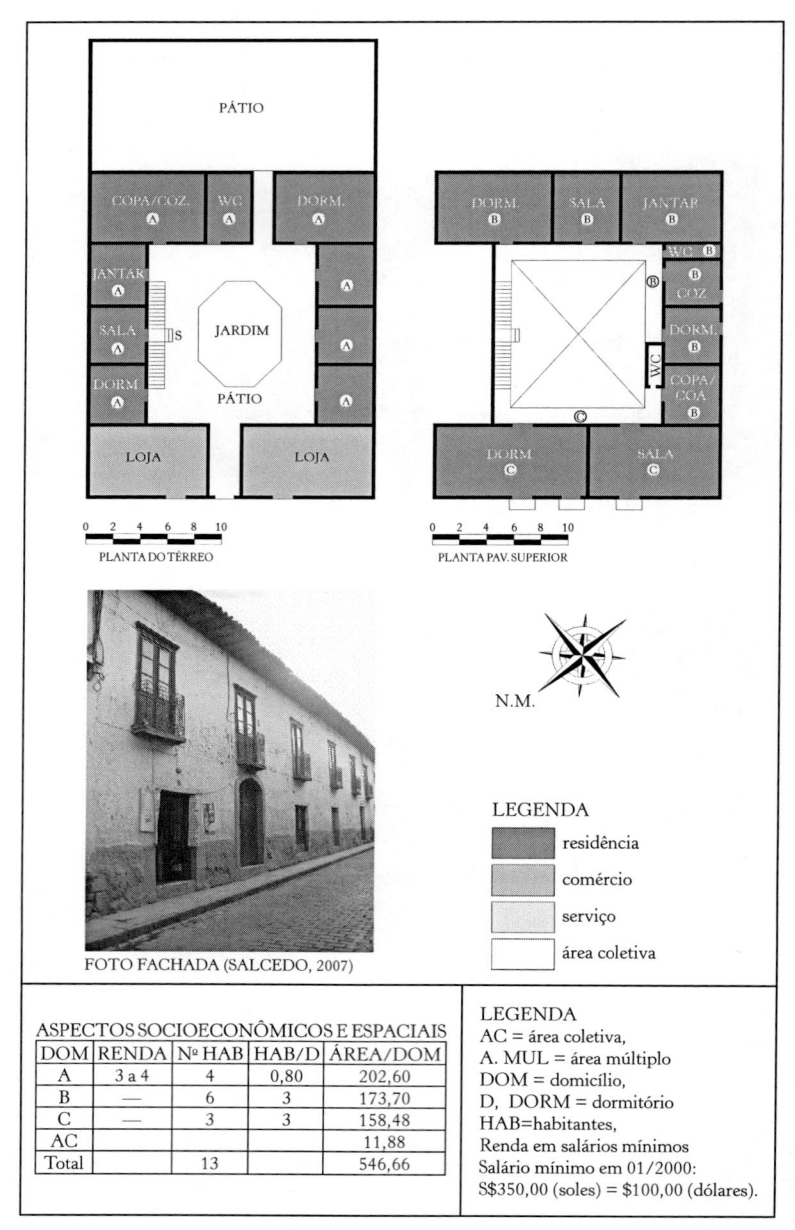

FOTO FACHADA (SALCEDO, 2007)

LEGENDA

- residência
- comércio
- serviço
- área coletiva

| ASPECTOS SOCIOECONÔMICOS E ESPACIAIS | | | | |
|---|---|---|---|---|
| DOM | RENDA | Nº HAB | HAB/D | ÁREA/DOM |
| A | 3 a 4 | 4 | 0,80 | 202,60 |
| B | — | 6 | 3 | 173,70 |
| C | — | 3 | 3 | 158,48 |
| AC | | | | 11,88 |
| Total | | 13 | | 546,66 |

LEGENDA
AC = área coletiva,
A. MUL = área múltiplo
DOM = domicílio,
D, DORM = dormitório
HAB=habitantes,
Renda em salários mínimos
Salário mínimo em 01/2000:
S$350,00 (soles) = $100,00 (dólares).

Figura 22 – Projetos das residências pesquisadas no centro histórico de Cusco, rua Nueva Alta nº 471 (Salcedo, 2003).

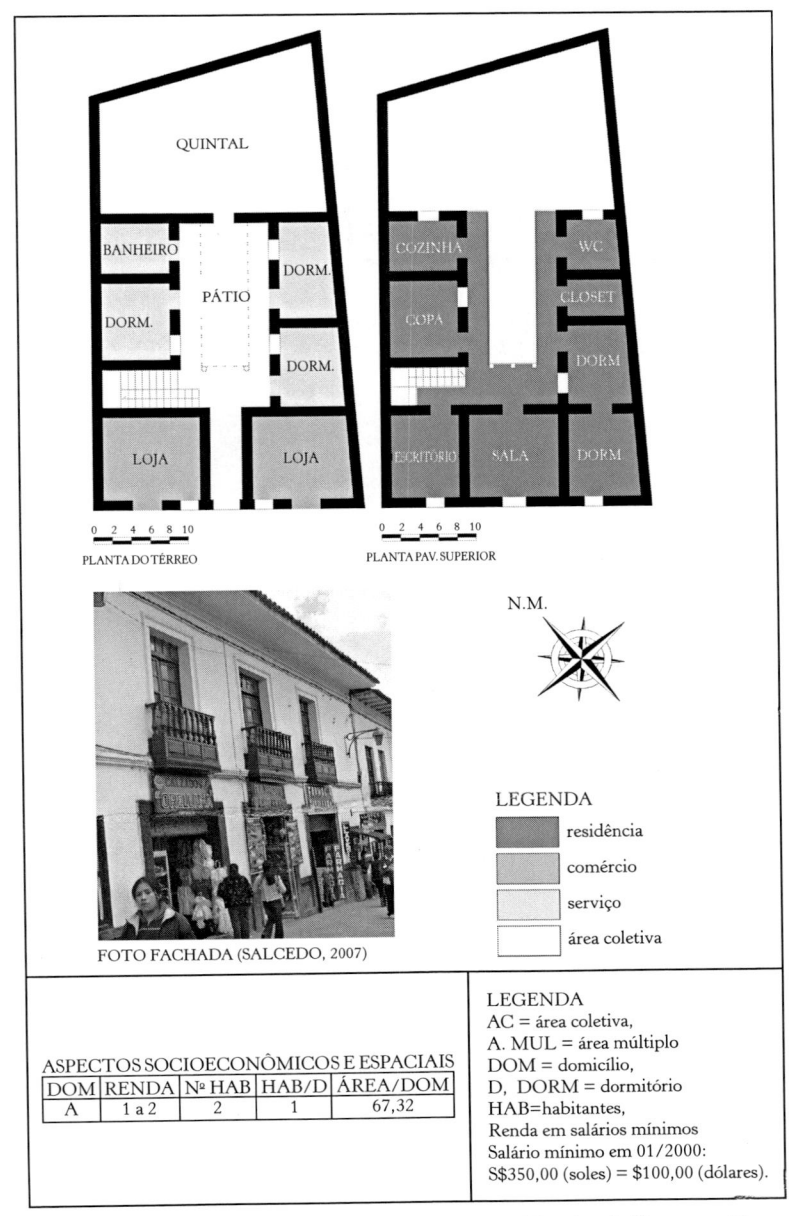

Figura 23 – Projeto das residência pesquisada no centro histórico de Cusco, rua Tupac Amaru nº 185 (Salcedo, 2003).

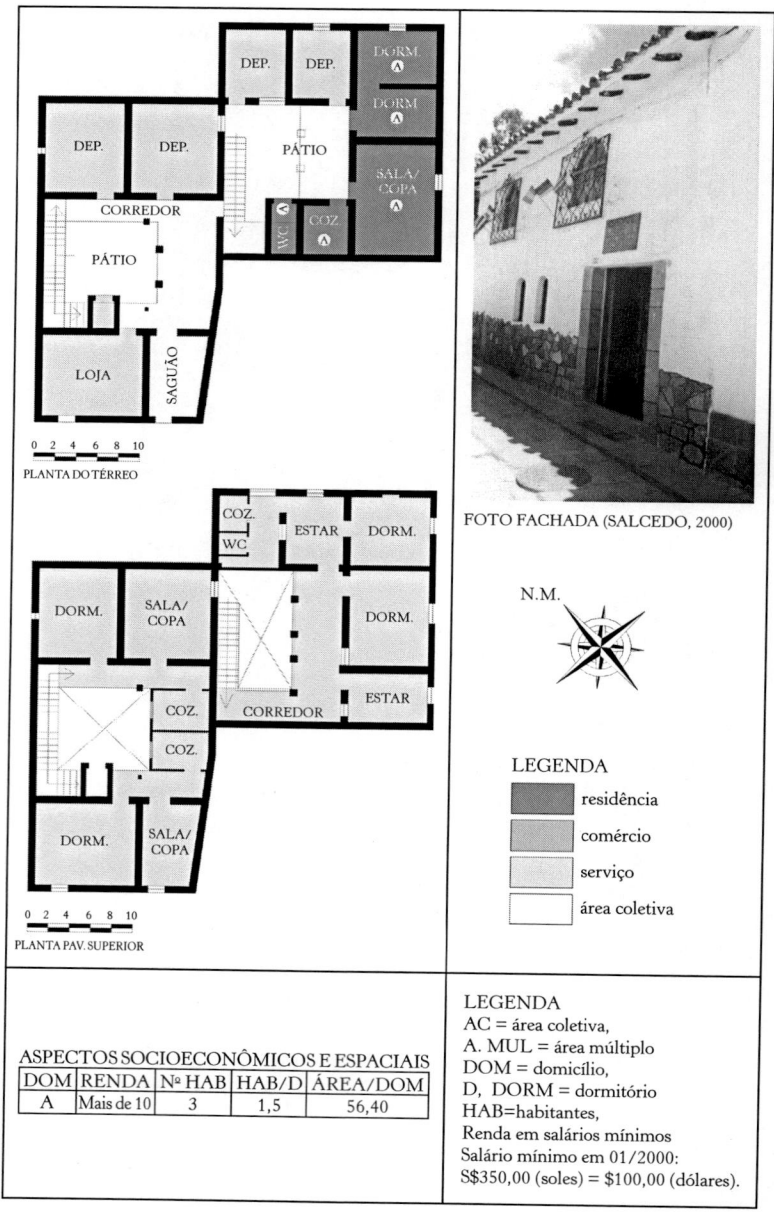

Figura 24 – Projeto da residência pesquisada no centro histórico de Cusco, rua Carmen Alto nº 294 (Salcedo, 2003).

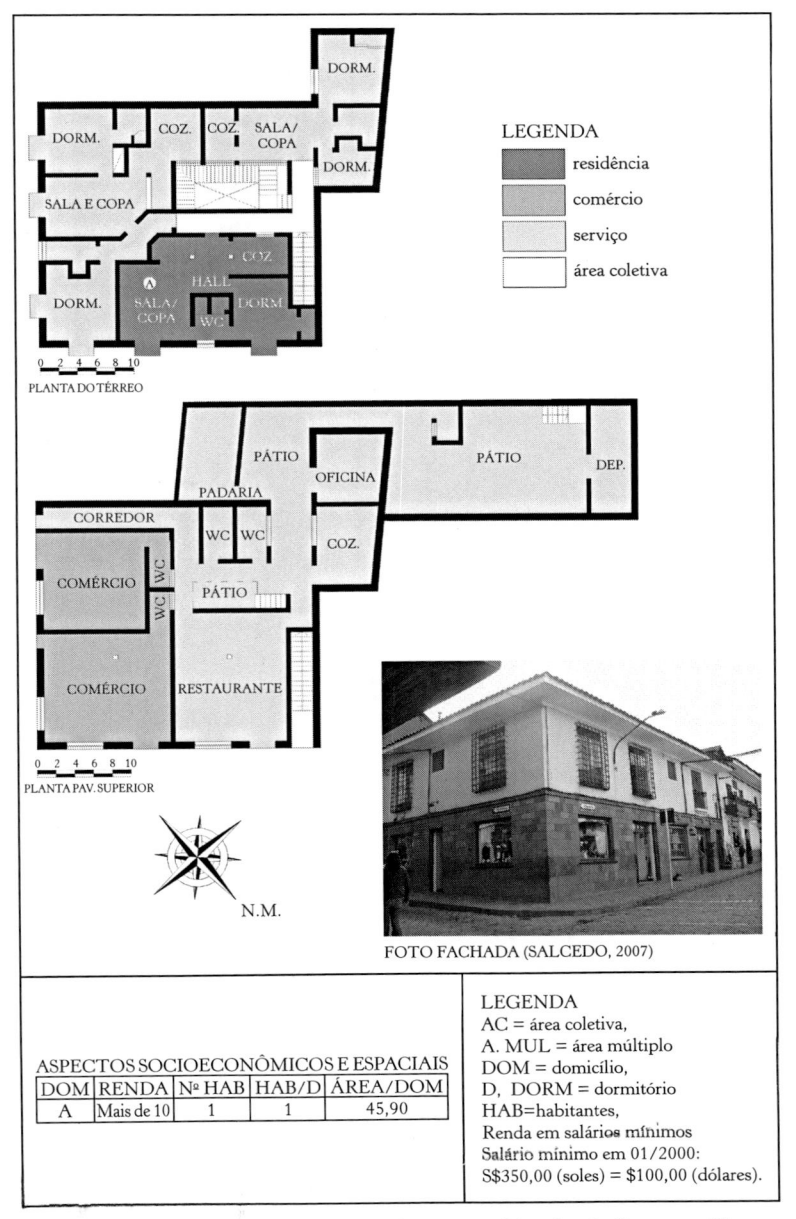

LEGENDA
- residência
- comércio
- serviço
- área coletiva

PLANTA DO TÉRREO

PLANTA PAV. SUPERIOR

N.M.

FOTO FACHADA (SALCEDO, 2007)

ASPECTOS SOCIOECONÔMICOS E ESPACIAIS

| DOM | RENDA | Nº HAB | HAB/D | ÁREA/DOM |
|-----|-------|--------|-------|----------|
| A | Mais de 10 | 1 | 1 | 45,90 |

LEGENDA
AC = área coletiva,
A. MUL = área múltiplo
DOM = domicílio,
D, DORM = dormitório
HAB=habitantes,
Renda em salários mínimos
Salário mínimo em 01/2000:
S$350,00 (soles) = $100,00 (dólares).

Figura 25 – Projeto da residência pesquisada no centro histórico de Cusco, rua Plateros nº 313 (Salcedo, 2003).

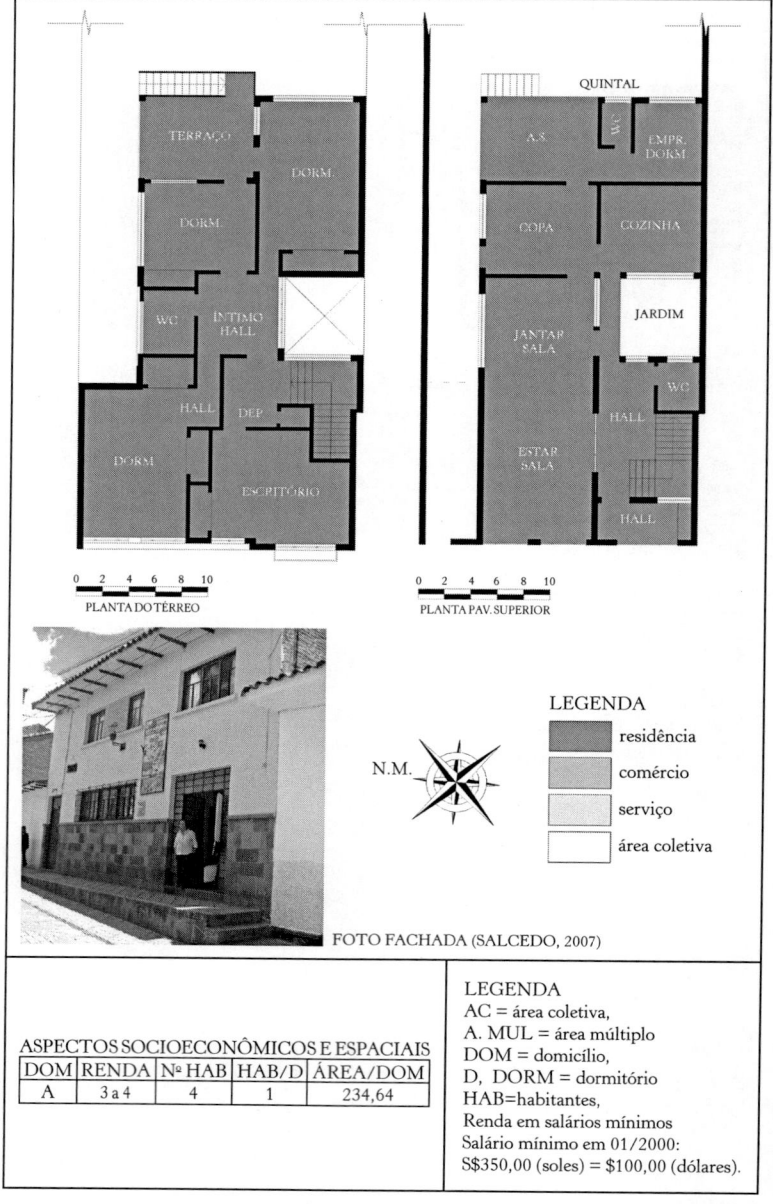

Figura 26 – Projeto da residência pesquisada no centro histórico de Cusco, rua Ahuacpinta nº 683 (Salcedo, 2003).

# Resultados e discussões das residências no centro histórico de Ouro Preto

As dez residências pesquisadas no centro histórico de Ouro Preto estão localizadas nas ruas Antônio Albuquerque n° 117, Aleijadinho n° 88, Xavier da Veiga n° 125, Cláudio Manoel n° 28 e 129, São José n° 171 e 225, Bernardo Vasconcelos n° 91 e Conde de Bobadela n° 62 e 82-84.

Figura 27 – Centro histórico de Ouro Preto: localização das residências pesquisadas (Salcedo, 2003).

## Residências por ano de construção, estilo arquitetônico, material de construção e usos do solo

As dez residências pesquisadas foram classificadas por períodos históricos e estilos arquitetônicos, com base nas seguintes variáveis: ano de construção, implantação da construção, tipologia da planta, características da fachada principal, cobertura e sistema construtivo. Das dez residências pesquisadas, 50% foram construídas no período colonial, 20% no século XIX e 30% no século XX (ver Tabela 14).

A arquitetura residencial do período colonial está caracterizada por dois estilos arquitetônicos: colonial e barroco. A arquitetura residencial "colonial simples" foi construída no período compreendido entre 1700 e 1750, em pau-a-pique ou taipa de pilão, alinhada à via pública e aos limites laterais do lote. A planta da construção em geral é quadrada. Um corredor lateral articula os cômodos que, em geral, têm a seguinte disposição: nos cômodos de frente à rua estão as salas de visita, nos cômodos dos fundos estão os serviços e entre essas partes as alcovas. As vergas dos vãos são retas e de madeira. Em nosso caso, as residências coloniais são das ruas Antônio Albuquerque n° 117 e Aleijadinho n° 88 (ver Figuras 28 e 29).

A arquitetura residencial barroca foi construída no final do século XVIII e no começo XIX, com estruturas em alvenaria de pedra e taipa de pilão, alinhada à via pública e aos limites laterais do lote. A planta da construção evoluiu da forma quadrada e adquiriu outros arranjos em forma de "L", "H" e "U". A tipologia da arquitetura colonial do século XVIII manteve-se: corredor lateral ou central, as salas ocupam os cômodos de frente à rua, os serviços nos cômodos dos fundos ou nos puxados, entre essas partes se localizam as alcovas ou dormitórios.

A diferença entre a casa colonial e a casa barroca está nos acabamentos das fachadas. Assim, a fachada da arquitetura residencial barroca está caracterizada por vergas curvas, tipo alteada ou canga de boi, de madeira em todas as portas e janelas, e as sacadas são corridas de ferro forjado e o beiral em cimalha. A cobertura é de estruturas de madeira com telha de argila. Das residências pesquisadas, são barrocas as das ruas Xavier da Veiga n° 125, Cláudio Manoel n° 28 e São José n° 171 (ver Figuras 30, 31 e 32).

A arquitetura residencial eclética do século XIX foi construída em alvenaria de tijolos e apresenta uma nova implantação: alinhada à via pública e afastada dos limites laterais do lote, podendo estar a fachada principal no recuo lateral. Destacamos que no século XIX os novos hábitos das famílias, a implantação das redes de água e esgoto, acrescentaram ao programa das residências os banheiros. O *hall* como espaço de distribuição entre as diferentes zonas da residência e a importância da iluminação e insolação dos cômodos, entre outros, mudaram a organização interna dos cômodos.

Assim, separaram-se as zonas de estar, serviços e descanso, o banheiro faz parte da área construída, e abrem-se janelas em todos os cômodos que chegam a receber a luz do dia. Os pavimentos térreos dos sobrados valorizam-se e, nessa planta, se localizam as salas de visita e os serviços e, no pavimento superior, os dormitórios e os banheiros.

Em nosso caso, algumas residências ainda apresentam uma transição entre a casa colonial barroca e o estilo eclético. Assim, as vergas ainda são curvas ou curvas e recurvas de concreto, as sacadas são corridas de ferro forjado, como na residência da Rua Cláudio Manoel nº 129, ou sacadas isoladas e beiral em cimalha, como na residência da Rua Bernardo Vasconcellos nº 91 (ver Figuras 34 e 33).

A arquitetura residencial do século XX apresenta características neocoloniais. Para a aprovação das reformas e construções novas, o Iphan exigia que as fachadas se assemelhassem às residências coloniais: composição dos vãos segundo eixos verticais, portas-janelas com vergas curvas, sacadas corridas de ferro forjado e beiral em cimalha. As plantas desses projetos eram exigência da prefeitura. As tipologias das plantas dos projetos das residências novas e das reformas reproduzem-se. Aproveitando o desnível dos terrenos, constroem-se vários pavimentos: subsolo, térreo, pavimento superior, sótão. A fachada tem aparência de uma residência de dois pavimentos.

Em geral, os cômodos estão dispostos da seguinte forma: no térreo, está o comércio e nos fundos os serviços da residência; no pavimento superior e nos cômodos de frente à rua, estão as salas de visitas; nos fundos de frente ao quintal os serviços; e entre essas partes estão os dormitórios com as janelas voltadas para os pátios internos. Alguns exemplos são as residências das ruas São José nº 225 e Conde de Bobadela nº 62 e 82 (ver Figuras 35, 36 e 37).

Por causa da subdivisão dos lotes, o sobrado é estreito à via pública e comprido aos fundos. Para a iluminação dos cômodos, criam-se pátios internos, as plantas então obtêm formas diversas: "E" e "C". Os imóveis são construídos com estruturas de concreto armado e alvenaria de tijolo.

A maioria das residências, ou seja, 80%, foi construída alinhada à via pública e aos limites laterais do lote, compondo conjuntos compactos; e somente 20% das construções são alinhadas à via pública e afastadas dos limites laterais do lote, e destas só uma casa possui o acesso principal no recuo lateral: a residência da Rua Cláudio Manoel n° 129.

Em relação aos usos do solo, das dez residências pesquisadas, 60% têm uso misto e 40% são de uso residencial. Das residências com uso misto, 40% são comercial e residencial e 20% residencial e de serviço. A maioria das casas que têm uso misto possuem a parte do comércio ou serviços localizado no térreo e a residência no pavimento superior. O uso misto predominante nos sobrados mantém-se desde o período colonial.

## Número de domicílios, proprietários e inquilinos das residências

Em relação ao número de domicílios por residência, 90% são unifamiliares, enquanto 10% são multifamiliares (ver Tabela 15). Na data de entrevista, janeiro de 2000, apenas uma residência era multifamiliar; foi o caso da Rua Aleijadinho n° 88: no térreo morava o inquilino e no pavimento superior o proprietário (ver Figura 29). No entanto, podemos observar que as construções neocoloniais, como a da Rua Conde de Bobadela n° 62, têm mais de um apartamento; na data da entrevista o apartamento do pavimento térreo estava desocupado (ver Figura 36). Considera-se que a tendência das residências no centro histórico de Ouro Preto é de um maior adensamento, uma vez que os lotes estão sendo subdivididos e as construções novas se aproveitam dos desníveis dos terrenos para construir um maior número de pavimentos, área construída e apartamentos.

As repúblicas foram consideradas residências unifamiliares, pois os gastos e os espaços são divididos igualmente por todos os estudantes, como uma família, mas, por não serem proprietários do imóvel, foram considerados como inquilinos. Das dez residências pesquisadas, a maioria é habitada por proprietários (72,7%) e 27,30% são inquilinos ou estudantes.

Tabela 14 – Residências por ano de construção, estilo arquitetônico, material de construção e usos de solo – 2000

| RESIDÊNCIA | ANO DE CONSTRUÇÃO | ESTILO ARQUITETÔNICO | MATERIAL DE CONSTRUÇÃO | USOS DE SOLO |
|---|---|---|---|---|
| Antônio Albuquerque nº 117 | 1700-1750 | Colonial | Pau-a-pique | Residencial |
| Aleijadinho nº 88 | 1700-1750 | Colonial | Pau-a-pique | Residencial e comercial |
| Xavier da Veiga nº 125 | 1750-1822 | Barroco | Alvenaria de pedra e taipa de pilão | Residencial |
| Cláudio Manoel nº 28 | 1750-1822 | Barroco | Alvenaria de taipa de pilão | Residencial e comercial |
| São José nº 171 | 1750-1822 | Barroco | Alvenaria de taipa de pilão | Residencial e comercial |
| Bernardo Vasconcelos nº 91 | Século XIX | Eclético | Alvenaria de pedra e taipa de pilão | Residencial |
| Cláudio Manoel nº 129 | Século XIX | Eclético | Alvenaria de pedra e taipa de pilão | Residencial |
| São José nº 225 | Século XX | Neocolonial | Estruturas de concreto armado e alvenaria de tijolo | Residencial e comercial |
| Conde Bobadela nº 62 | Século XX | Neocolonial | Estruturas de concreto armado e alvenaria de tijolo | Residencial e serviços |
| Conde de Bobadela nº 82-84 | Século XX | Neocolonial | Estruturas de concreto armado e alvenaria de tijolo | Residencial e serviços |

Fonte: Salcedo, 2003.

Tabela 15 – Número de domicílios, proprietários e inquilinos das residências, segundo estilos arquitetônicos – 2000

| RESIDÊNCIA/ESTILO ARQUITETÔNICO | N° DE DOMICÍLIOS | PROPRIETÁRIOS | | INQUILINOS | |
|---|---|---|---|---|---|
| | | N° | % | N° | % |
| COLONIAL | | | | | |
| Antônio Albuquerque n° 117 | 1 | 1 | | | |
| Aleijadinho n° 88 | 2 | 1 | | 1 | |
| Subtotal | 3 | 2 | | 1 | |
| BARROCO | | | | | |
| Xavier da Veiga n° 125 | 1 | 1 | | | |
| Cláudio Manoel n° 28 | 1 | 1 | | | |
| São José n° 171 | 1 | 1 | | | |
| Subtotal | 3 | 3 | | | |
| ECLÉTICO | | | | | |
| Bernardo Vasconcelos n° 91 | 1 | | | 1 | |
| Cláudio Manoel n° 129 | 1 | | | 1 | |
| Subtotal | 2 | 0 | | 2 | |
| NEOCOLONIAL | | | | | |
| São José n° 225 | 1 | 1 | | | |
| Conde de Bobadela n° 62 | 1 | 1 | | | |
| Conde de Bobadela n° 82-84 | 1 | 1 | | | |
| Subtotal | 3 | 3 | | | |
| TOTAL | 11 | 8 (72,70) | 100,00 | 3 (27,30) | 100,00 |

Fonte: Salcedo, 2003.

## Tipos de cômodos das residências

Em relação ao número de cômodos por domicílio, das dez residências pesquisadas que fazem um total de doze domicílios, estando um desocupado, a maioria tem três dormitórios (24,9%). As demais residências apresentam: quatro dormitórios (16,6%), cinco (16,7%), 2,6,7,8,11 dormitórios (8,3%) cada. O grande número de dormitórios por domicílio mostra que não existem cortiços (ver Tabela 16). Assim, as residências são bastante espaçosas e confortáveis, pois a maioria dos cômodos tem espaço suficiente para a realização de cada uma das funções. O fato de as residências serem espaçosas pode ser atribuído a que no período colonial os sobrados abrigavam as famílias de classe alta. As famílias eram numerosas, tinham vários empregados ou escravos que moravam no porão, e a vida social manifestava-se nos salões da residência. Só em duas residências – ruas Antônio Albuquerque n° 117 e Aleijadinho n° 88 (ver Figuras 28 e 29) –, o número de cômodos não era suficiente para abrigar as necessidades das famílias. Nesse caso, torna-se fundamental a reabilitação.

Tabela 16 – Tipos de cômodos das residências, segundo estilo arquitetônico – 2000

| TIPOS DE CÔMODOS | ESTILO ARQUITETÔNICO | | | | | |
|---|---|---|---|---|---|---|
| | COLONIAL | BARROCO | ECLÉTICO | NEOCOLONIAL | N° | % |
| – 2 dormitórios, copa-cozinha, 1 banheiro | X | | | | 1 | 8,3 |
| – 3 dormitórios, sala, copa-cozinha, 1 banheiro | X | | | | 1 | 8,3 |
| – 3 dormitórios, sala, sala de jantar, cozinha, 1 banheiro | | X | | | 1 | 8,3 |
| – 3 dormitórios, copa, cozinha, 3 banheiros, despensa, adega | | | | X | 1 | 8,3 |
| – 4 dormitórios, sala, copa, cozinha, banheiro | X | | | | | 8,3 |
| – 4 dormitório, sala, sala de visita, sala de jantar, copa, cozinha, 4 banheiros | | | | X | 1 | 8,3 |
| – 5 dormitórios, sala de estar, sala de jantar, copa, cozinha, 2 banheiros | | X | | X | 2 | 16,7 |
| – 6 dormitórios, sala, sala de TV, sala de jantar, cozinha, 5 banheiros | | | | X | 1 | 8,3 |
| – 7 dormitórios, sala de estar, sala de jantar, copa, cozinha, 2 banheiros | | X | | | 1 | 8,3 |
| – 8 dormitórios, sala, copa-cozinha, despensa, adega, 3 banheiros | | | X | | 1 | 8,3 |
| – 11 dormitórios, 3 salas de estar, copa, cozinha, 5 banheiros | | | X | | 1 | 8,3 |
| TOTAL | 3 | 3 | 2 | 4 | 12 | 100,0 |

Fonte: Salcedo, 2003.

## Número de habitantes/dormitório das residências

Dos domicílios analisados, a maioria dos dormitórios (54,50%) abriga uma única pessoa, 27,20% três pessoas e 18,30% duas pessoas. Podemos dizer que as residências possuem o número de dormitórios necessários para acomodar seus moradores, não existindo adensamento.

## Área construída total e por habitante das residências

A maioria das residências (81,80%) apresenta uma ótima área construída, isto é, mais de 60 m², 9,10% têm boa área construída, entre 40 e 60 m², e outras 9,1% apresentam área construída ruim, entre 20 e 40 m². Só as construções coloniais mais antigas, como as das ruas Aleijadinho n° 88 e Xavier da Veiga n° 125, têm área menor e, mesmo assim, maior que o estipulado pelo regulamento (40 m²) (ver Tabela 18 e Figuras 29 e 30).

A área construída por habitante é outro indicador importante da qualidade das residências, porque a área construída total por si só não é suficiente, uma vez que uma residência pode ter uma área até maior que a estipulada no regulamento, mas, se essa área for pequena para satisfazer as necessidades dos moradores, ela se torna insuficiente. Assim, 63,6% das residências são ótimas (de 18,8 m² a mais), 27,3% péssimas (menos de 11,2 m²) e 9,1% ruins (de 11,3 a 14,9 m²). Se compararmos com a área construída total, veremos que esses valores são menores.

## Conforto térmico dos cômodos das residências

Em relação à insolação, iluminação e ventilação dos cômodos, a maioria das residências (45,5%) está entre ótimas e péssimas condições, outras 45,5% entre ótimas, péssimas e ruins e 9,0% entre ótimas e ruins condições (ver Tabela 19).

Quanto às residências que estão entre ótimas e péssimas condições, parte dos cômodos tem janelas muito bem orientadas e recebe uma boa insolação e ventilação; e os cômodos restantes não possuem

Tabela 17 – Número de habitantes por dormitório das residências, segundo estilo arquitetônico – 2000

| DOMICÍLIO/ESTILO ARQUITETÔNICO | HABITANTES/DORMITÓRIO | | | | |
|---|---|---|---|---|---|
| | ÓTIMO 1 HAB/DORM | BOM 2 HAB/DORM | REGULAR 3 HAB/DORM | RUIM MAIS DE 3 HAB/DORM | PÉSSIMO AMBIENTE MULTIUSO |
| COLONIAL | | | | | |
| Antônio de Albuquerque nº 117 | | X | | | |
| Aleijadinho nº 88- A | | | X | | |
| Aleijadinho nº 88 –B | | | X | | |
| BARROCO | | | | | |
| Xavier da Veiga nº 125 | | X | | | |
| São José nº 171 | X | | | | |
| Cláudio Manoel nº 28 | X | | | | |
| ECLÉTICO | | | | | |
| Bernardo Vasconcelos nº 91 | X | | | | |
| Cláudio Manoel nº 129 | | X | | | |
| NEOCOLONIAL | | | | | |
| São José nº 225 | X | | | | |
| Conde de Bobadela nº 62 | X | | | | |
| Conde de Bobadela nº 82-84 | X | | | | |
| TOTAL | 6 | 3 | 2 | 0 | 0 |

Fonte: Salcedo, 2003.

Tabela 18 – Área construída total e por habitante das residências – 2000

| DOMICÍLIO | ÁREA CONSTRUÍDA TOTAL | | | | ÁREA CONSTRUÍDA/HABITANTE | | | |
|---|---|---|---|---|---|---|---|---|
| | ÓTIMO | BOM | RUIM | PÉSSIMO | ÓTIMO | BOM | RUIM | PÉSSIMO |
| Antônio Albuquerque n° 117 | X | | | | | | | X |
| Aleijadinho n° 88 –A | | X | | | | | | X |
| Aleijadinho n° 88- B | | | X | | | | | X |
| Xavier da Veiga n° 125 | X | | | | X | | | |
| São José n° 171 | X | | | | X | | | |
| Cláudio Manoel n° 28 | X | | | | X | | | |
| Bernardo Vasconcelos n° 91 | X | | | | X | | | |
| Cláudio Manoel n° 129 | X | | | | | | X | |
| São José n° 225 | X | | | | X | | | |
| Conde de Bobadela n° 62 | X | | | | X | | | |
| Conde de Bobadela n° 82-84 | X | | | | X | | | |
| TOTAL | 9 | 1 | 1 | | 7 | | 1 | 3 |

Ver escala de valores p. 149.
Fonte: Salcedo, 2003.

Tabela 19 – Conforto térmico das residências, segundo estilos arquitetônicos – 2000

| ESTILO ARQUITET. | RESIDÊNCIA DOMICÍLIO | CONFORTO TERMICO/VALORES (1) | | | | | | |
|---|---|---|---|---|---|---|---|---|
| | | ÒTIMO | RUIM | PÉSSIMO | O, R | O, P | R, P | O, R, P P |
| COLONIAL | | | | | | | | |
| | Antônio Albuquerque nº7 177 | | | | | X | | |
| | Aleijadinho nº 88 A | | | | | X | | |
| | Aleijadinho nº 88 B | | | | X | | | |
| BARROCO | | | | | | | | |
| | Xavier da Veiga nº 125 | | | | | X | | |
| | Cláudio Manoel nº 28 | | | | | | | X |
| | São José nº 171 | | | | | X | | |
| ECLÉTICO | | | | | | | | |
| | Bernardo Vasconcelos, 91 | | | | | X | | |
| | Cláudio Manoel nº 129 | | | | | | | X |
| NEOCOLONIAL | | | | | | | | |
| | São José nº 225 | | | | | | | X |
| | Conde de Bobadela nº 62 | | | | | | | X |
| | Conde de Bobadela nº 82-84 | | | | | | | X |
| TOTAL | | 0 | 0 | 0 | 1 | 5 | 0 | 5 |

O, R: ótimo, ruim.
O, P: ótimo, pésimo.
R, P: ruim, pésimo.
O,R,P: ótimo, ruim, pésimo.
Escala de valores adotado: ÓTIMO: quando a janela externa tem orientação ideal, recebe insolação e iluminação direta.
PÉSSIMO: orientação diferente da orientação ideal.
RUIM: quando o cômodo não tem janela ou quando tem janela interna voltada para outro cômodo.
Fonte: Salcedo, 2003.

janelas, sendo escuros, mal ventilados e insalubres, comprometendo a saúde dos moradores, como é o caso das alcovas. Essas condições apresentam-se nas residências localizadas nas ruas Antônio Albuquerque n° 177, Aleijadinho n° 88, Xavier da Veiga n° 125, São José n° 171 e Bernardo Vasconcelos n° 91 (ver Figuras 23, 24 e 25). As condições ótimas, péssimas e ruins do conforto nos cômodos se apresentam nas seguintes residências: Cláudio Manoel n° 28 e 129, São José n° 225 e Conde Bobadela n° 62 e 82-84. Assim, alguns cômodos possuem janelas muito bem orientadas; outras, apesar de terem janelas, estão mal orientadas e não recebem insolação; e ainda há a presença de cômodos sem janelas ou alcovas. A residência com condições ótimas e ruins é a Rua Aleijadinho n° 88- B. Algumas janelas dos cômodos estão bem orientadas e outras mal orientadas.

Podemos ressaltar que 90,9% dos domicílios possuem alcovas, ainda aquelas residências que foram construídas recentemente em estruturas de concreto armado e alvenaria de tijolo. A alcova era comum na tipologia da residência colonial. Esse cômodo não apresenta janelas, o que impede a insolação, a iluminação natural e a ventilação, conseqüentemente o ambiente é frio, úmido, escuro e propício para as doenças respiratórias.

## Características do banheiro, do medidor elétrico, do hidrômetro e do telefone das residências

Todas as residências e domicílios têm banheiros, medidor elétrico e telefone privado. A fiação elétrica é toda subterrânea, segundo as normas da legislação que não permitem fiação aparente dentro do centro histórico. Nenhuma residência possui medidor de água ou hidrômetro, pois em Ouro Preto a rede de abastecimento de água não é integrada. Há canos independentes que abastecem casas diferentes.

## Estado de conservação das residências

Das dez residências pesquisadas, a maioria está em regular estado de conservação (50%), precisando de pequenas reformas nos acabamentos do imóvel; 40% estão em bom estado de conservação e 10%

Tabela 20 – Características do banheiro, do medidor elétrico, do hidrômetro e do telefone das residências – 2000

| EQUIPAMENTO | PRIVADO | COLETIVO | TOTAL |
|---|---|---|---|
| Banheiro | 11 | 00 | 11 |
| Medidor de energia | 11 | 00 | 11 |
| Hidrômetro | —— | —— | —— |
| Telefone | 11 | — | 11 |

Fonte: Salcedo, 2003.

em estado ruim, sendo urgente a restauração, pois a estrutura do imóvel está seriamente comprometida (ver Tabela 21).

O Iphan tem intervindo no tombamento, na documentação, fiscalização, administração e restauração do patrimônio público, do patrimônio arquitetônico e na salvaguarda do centro histórico. Essas medidas não são suficientes porque não existem medidas que visem à reabilitação, ao financiamento e à regulamentação específica.

Tabela 21 – Estado de conservação das residências – 2000

| RESIDÊNCIA | ESTADO DE CONSERVAÇÃO | | |
|---|---|---|---|
| | BOM | REGULAR | RUIM |
| Antônio Albuquerque n° 117 | | X | |
| Aleijadinho n° 88 | | | X |
| Xavier da Veiga n° 125 | | X | |
| Cláudio Manoel n° 28 | X | | |
| São José n° 171 | | X | |
| Bernardo Vasconcelos n° 91 | | X | |
| Cláudio Manoel n° 120 | | X | |
| São José n° 225 | X | | |
| Conde de Bobadela n° 62 | X | | |
| Conde de Bobadela n° 82-84 | X | | |
| Total | 4 | 5 | 1 |

Fonte: Salcedo, 2003.

## Características dos residentes ou das famílias

A segunda etapa da entrevista buscou caracterizar o perfil socioeconômico das famílias ou residentes. As informações foram processadas segundo a relação com a propriedade, a renda, o tempo de moradia, a idade, o sexo, as relações de parentesco e o grau de escolaridade dos entrevistados e de suas famílias.

## Relação com a residência

Em relação à propriedade do imóvel, 72,7% são proprietários e 27,3% inquilinos. Do total de inquilinos, duas residências são repúblicas. Ouro Preto possui cerca de trezentas repúblicas, o que torna muito significativo o número de estudantes. Por causa desse número, a cidade, além de turística, também pode ser considerada uma cidade universitária. Na data da entrevista, janeiro de 2000, na maioria dos imóveis morava apenas o proprietário, porém a tendência nas residências neocoloniais é de se construir mais de um apartamento, o que possibilitaria a locação dos imóveis e o adensamento do centro histórico.

## Tempo de moradia na residência

Quanto ao tempo de moradia da família no imóvel, a maioria dos proprietários mora no imóvel entre 41 e 50 anos (27,3%), 27,3% dos inquilinos residem entre um e cinco anos, 18,1% dos proprietários moram entre 31 a 40 anos e 9,1% dos proprietários entre 6 e 10 anos, 21 e 30 anos e a mais de 50 anos, cada (ver Tabela 22). As famílias gostam de morar no centro histórico porque são proprietários e estão próximos dos serviços e dos lugares de trabalho.

Tabela 22 – Tempo de moradia na residência – 2000

| TEMPO DE MORADIA | PROPRIETÁRIO | INQUILINO | SUBTOTAL |
|---|---|---|---|
| Menos de 1 ano | | | 0 |
| 1 a 5 anos | | 3 | 3 |
| 6 a 10 anos | 1 | | 1 |
| 11 a 20 anos | | | 0 |
| 21 a 30 anos | 1 | | 1 |
| 31 a 40 anos | 2 | | 2 |
| 41 a 50 anos | 3 | | 3 |
| 50 a mais anos | 1 | | 1 |
| TOTAL | 8 | 3 | 11 |

Fonte: Salcedo, 2003.

## Faixa de renda por família

A renda familiar foi considerada com base no salário mínimo de janeiro de 2000: R$ 136,00 reais. Por esse critério, 63,6% recebem mais de dez salários, 27,3% entre nove e dez e 9,1% entre três e quatro. Não foi encontrada nenhuma família com renda inferior a dois salários mínimos. Os dados indicam que o centro histórico é habitado, em sua maioria, pela classe média.

Tabela 23 – Faixa de renda por família – 2000

| FAIXA DE RENDA SALÁRIOS MÍNIMOS (1) | N° DE FAMÍLIAS |
|---|---|
| 1 a 2 | 0 |
| 3 a 4 | 1 |
| 5 a 6 | 0 |
| 7 a 8 | 0 |
| 9 a 10 | 3 |
| Mais de 10 | 7 |
| TOTAL | 11 |

(1) Salário mínimo em janeiro de 2000: R$ 136,00 (reais).[1] Dólar em janeiro de 2000: US$ 2,00[2]
Fonte: Salcedo, 2003.

## Distribuição dos membros das famílias por grupos de idade e sexo

Quanto à idade dos moradores, 76,1% são jovens e adultos que estão na faixa de idade que varia de 15 a 64 anos; 18,3% são crianças e adolescentes e têm entre 0 e 14 anos; e 5,6% são velhos ou idosos entre 65 e mais anos de idade. Conclui-se que o centro histórico de Ouro Preto tem uma população jovem, reflexo do grande número de estudantes universitários forâneos que vivem no centro. Em relação ao sexo, 57,7% são homens e 42,3% mulheres (ver Tabela 24).

---

1 Medida Provisória n° 1.824 de 1°.5.1999: salário mínimo. Disponível em: http://www.escgaspar.com.br/salario.htm.

2 Banco Central. Dólar paralelo, janeiro de 2000. Disponível em: http://www.escgaspar.com.br/dolar_para100.htm.

Ao analisar as relações de parentesco das pessoas que habitam na mesma casa, observa-se que 46% das pessoas vivem com a família (pai, mãe e filhos), 24% com familiares de grau de parentesco próximo (tios, sobrinhos e avós), em 18% a empregada vive com a família e 12% das pessoas vivem com os amigos, o que seria o caso das repúblicas.

Tabela 24 – Distribuição dos membros das famílias por grupos de idade e sexo – 2000

| GRUPOS DE IDADE | HOMEM | MULHER | SUB-TOTAL |
|---|---|---|---|
| 0 a 14 | 5 | 8 | 13 |
| 15 a 64 | 34 | 20 | 54 |
| 65 a mais | 2 | 2 | 4 |
| TOTAL | 41 | 30 | 71 |

Fonte: Salcedo, 2003.

## Distribuição dos membros das famílias por grau de escolaridade

O grau de escolaridade dos habitantes que moram no centro histórico de Ouro Preto é elevado, a maioria possui nível superior (46,6%), segundo grau (23,9%), primeiro grau (21,1%), técnico (4,2%) e analfabetos (4,2%) (ver Tabela 25). O alto grau de escolaridade pode ser explicado pela presença da Universidade Federal que atrai estudantes em nível regional e nacional, os quais se estabelecem nas repúblicas que estão localizadas no centro histórico.

Tabela 25 – Distribuição dos membros das famílias por grau de escolaridade – 2000

| GRAU DE ESCOLARIDADE | N° |
|---|---|
| Sem escolaridade | 3 |
| Pré-primário | 0 |
| Primário ou primeiro grau | 15 |
| Secundário ou segundo grau | 17 |
| Técnico | 3 |
| Superior | 33 |
| TOTAL | 71 |

Fonte: Salcedo, 2003.

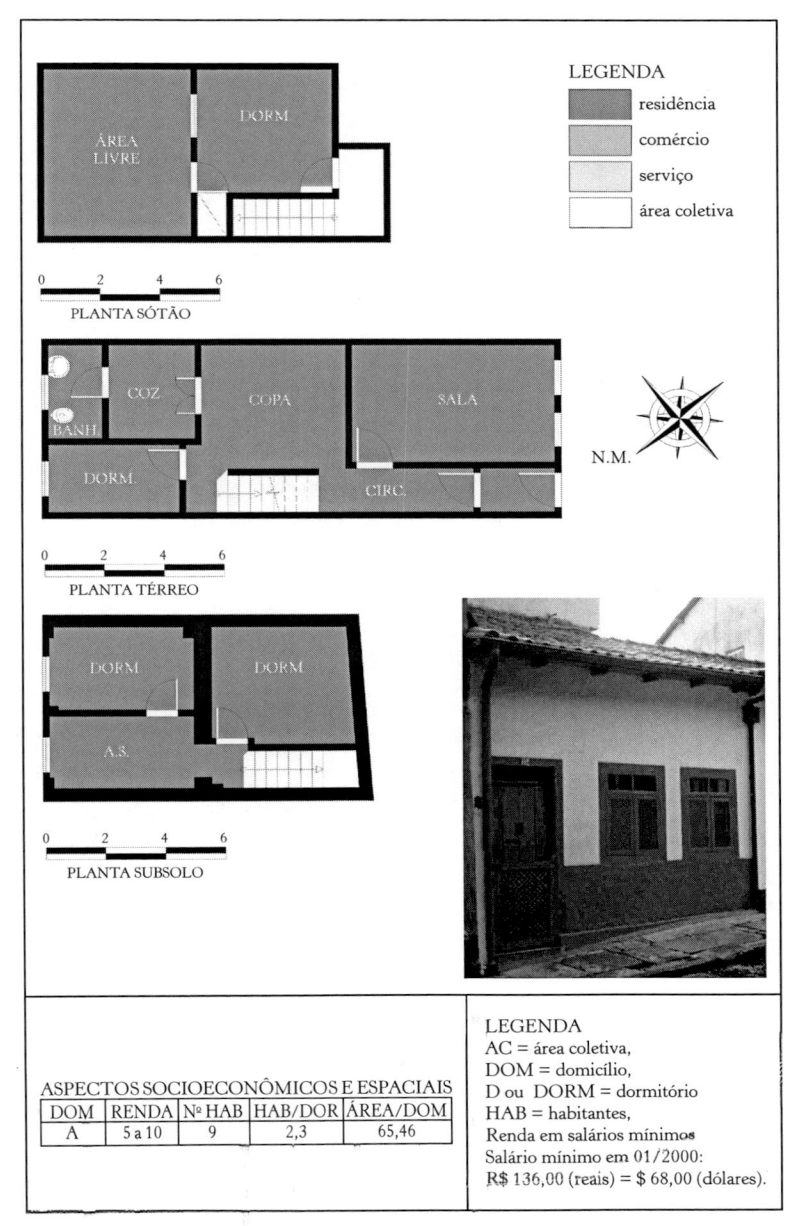

Figura 28 – Projeto da residência pesquisada no centro histórico de Ouro Preto – rua Antônio Albuquerque nº 117 (Salcedo, 2003).

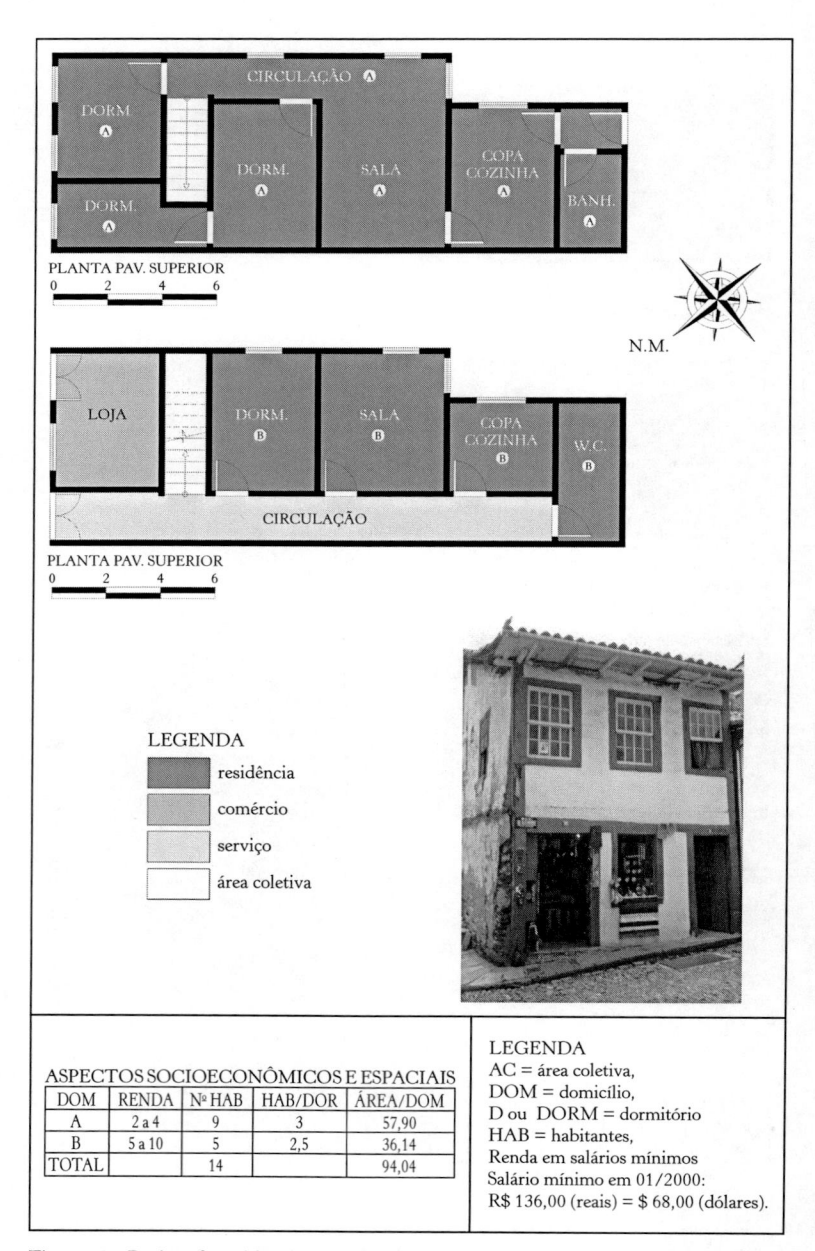

Figura 29 – Projeto da residência pesquisada no centro histórico de Ouro Preto – rua Aleijadinho n° 88 (Salcedo, 2003).

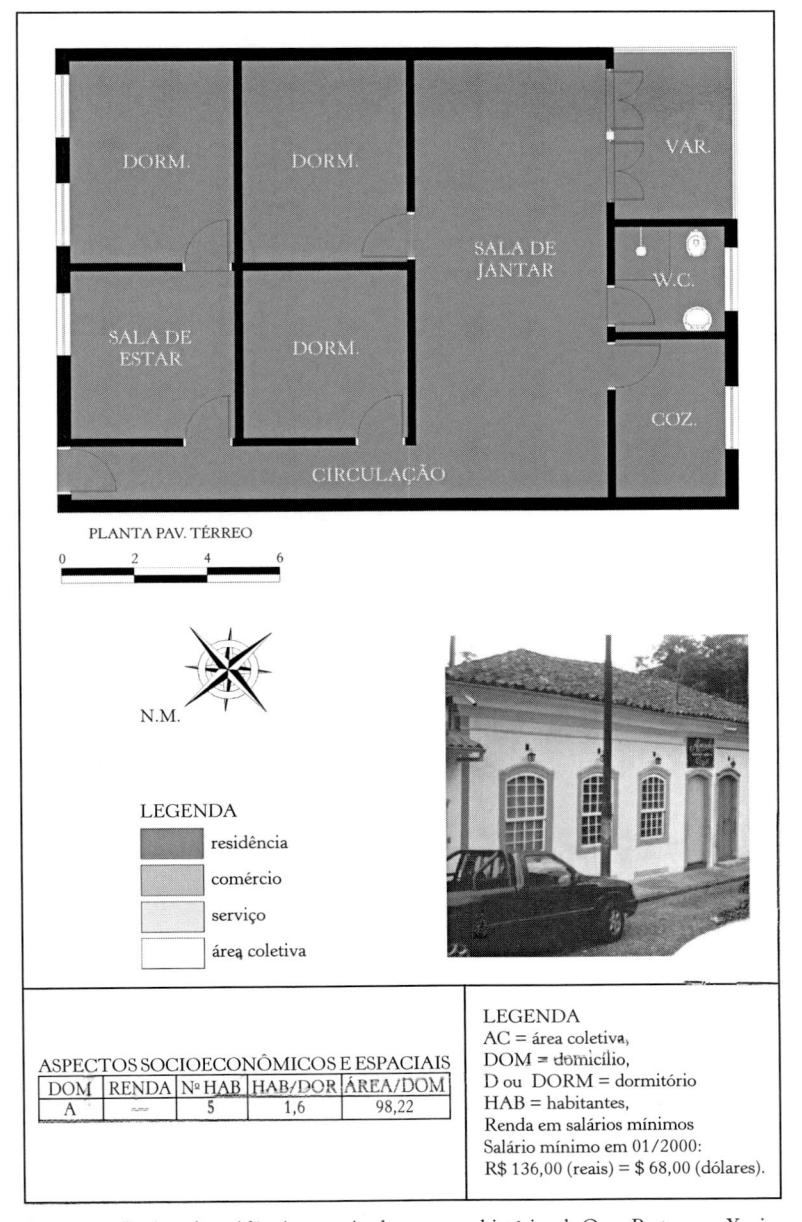

Figura 30 – Projeto da residência pesquisada no centro histórico de Ouro Preto – rua Xavier da Veiga nº 125 (Salcedo, 2003).

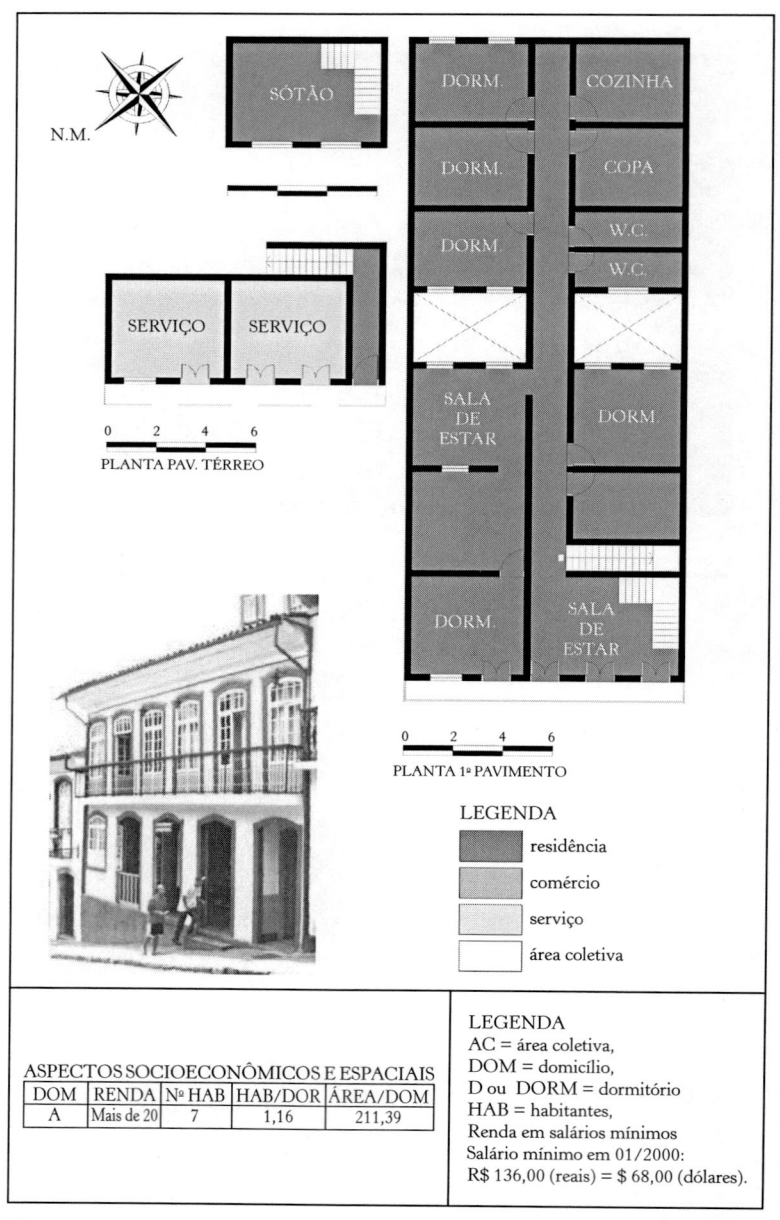

| ASPECTOS SOCIOECONÔMICOS E ESPACIAIS | | | | |
|---|---|---|---|---|
| DOM | RENDA | Nº HAB | HAB/DOR | ÁREA/DOM |
| A | Mais de 20 | 7 | 1,16 | 211,39 |

LEGENDA
AC = área coletiva,
DOM = domicílio,
D ou DORM = dormitório
HAB = habitantes,
Renda em salários mínimos
Salário mínimo em 01/2000:
R$ 136,00 (reais) = $ 68,00 (dólares).

Figura 31 – Projeto da residência pesquisada no centro histórico de Ouro Preto – rua Cláudio Manoel nº 28 (Salcedo, 2003).

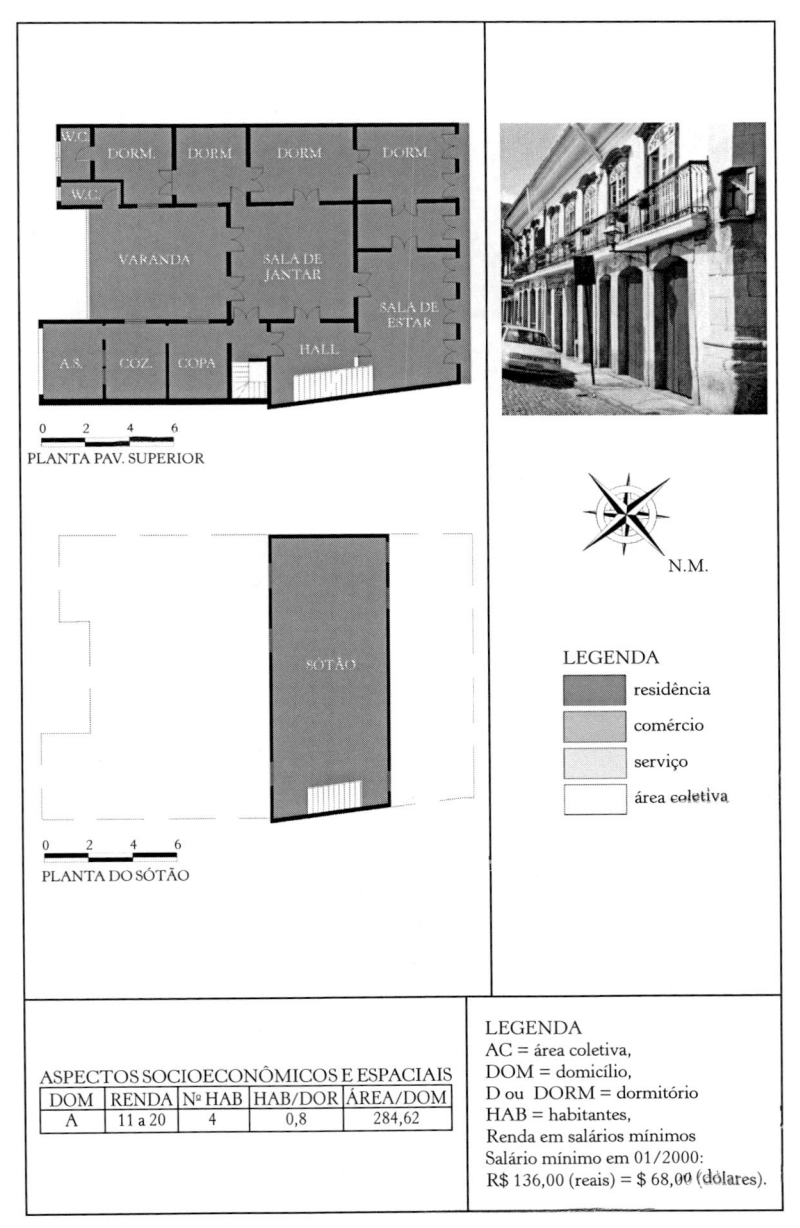

Figura 32 = Projeto da residência pesquisada no centro histórico de Ouro Preto – rua São José nº 171 (Salcedo, 2003).

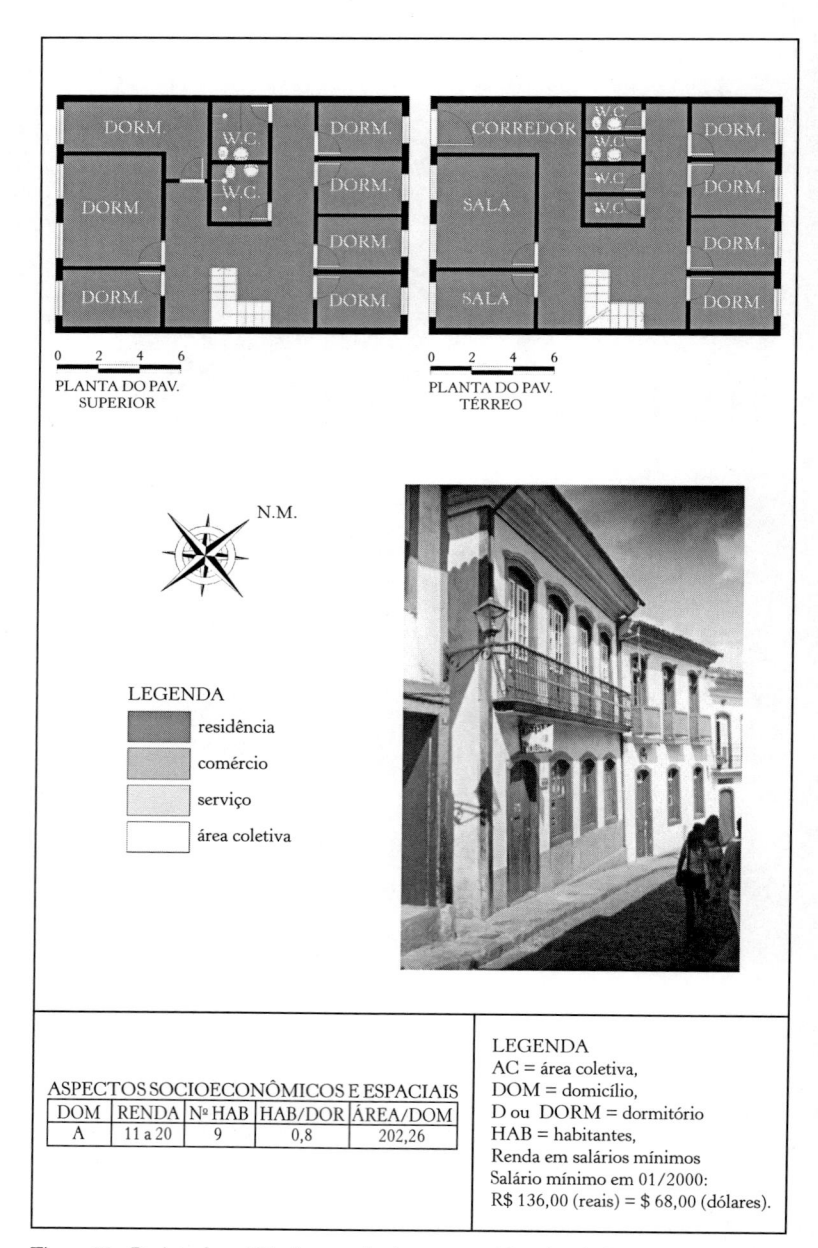

| ASPECTOS SOCIOECONÔMICOS E ESPACIAIS | | | | |
|---|---|---|---|---|
| DOM | RENDA | Nº HAB | HAB/DOR | ÁREA/DOM |
| A | 11 a 20 | 9 | 0,8 | 202,26 |

LEGENDA
AC = área coletiva,
DOM = domicílio,
D ou DORM = dormitório
HAB = habitantes,
Renda em salários mínimos
Salário mínimo em 01/2000:
R$ 136,00 (reais) = $ 68,00 (dólares).

Figura 33 – Projeto da residência pesquisada no centro histórico de Ouro Preto – rua Bernardo Vasconcelos nº 91 (Salcedo, 2003).

| ASPECTOS SOCIOECONÔMICOS E ESPACIAIS | | | |
|---|---|---|---|
| DOM | RENDA | Nº HAB | HAB/DOR | ÁREA/DOM |
| A | — | 13 | 1,5 | 116,64 |

LEGENDA
AC = área coletiva,
DOM = domicílio,
D ou DORM = dormitório
HAB = habitantes,
Renda em salários mínimos
Salário mínimo em 01/2000:
R$ 136,00 (reais) = $ 68,00 (dólares).

Figura 34 – Projeto da residência pesquisada no centro histórico de Ouro Preto – rua Cláudio Manoel nº 129 (Salcedo, 2003).

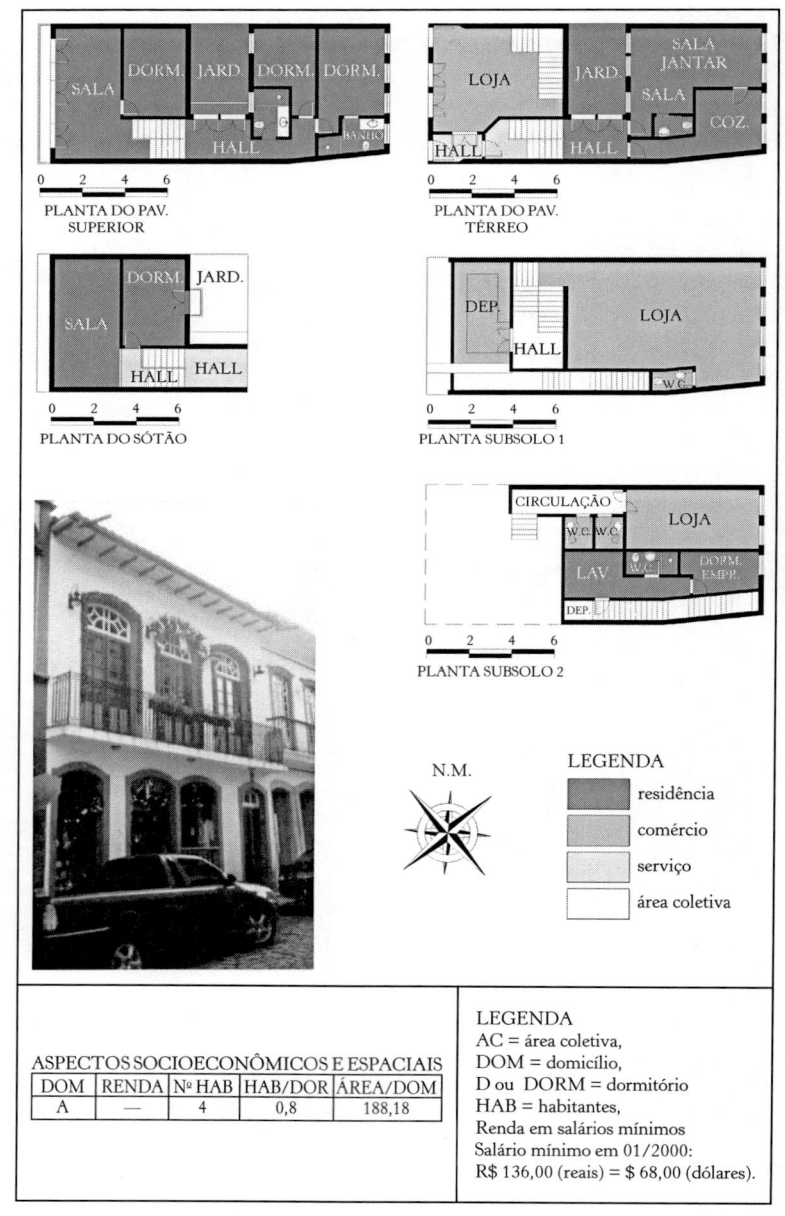

Figura 35 – Projeto da residência pesquisada no centro histórico de Ouro Preto – rua São José nº 225 (Salcedo, 2003).

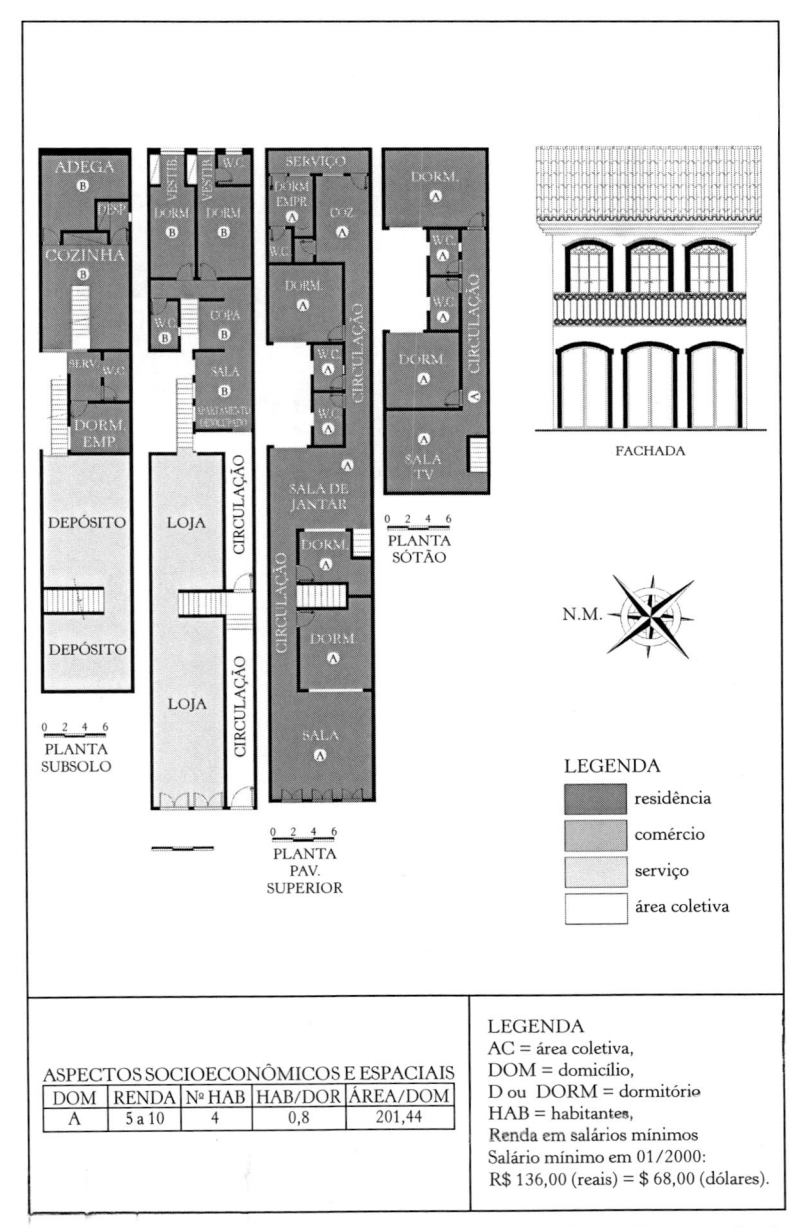

Figura 36 – Projeto da residência pesquisada no centro histórico de Ouro Preto – rua Conde de Bobadela nº 62 (Salcedo, 2003).

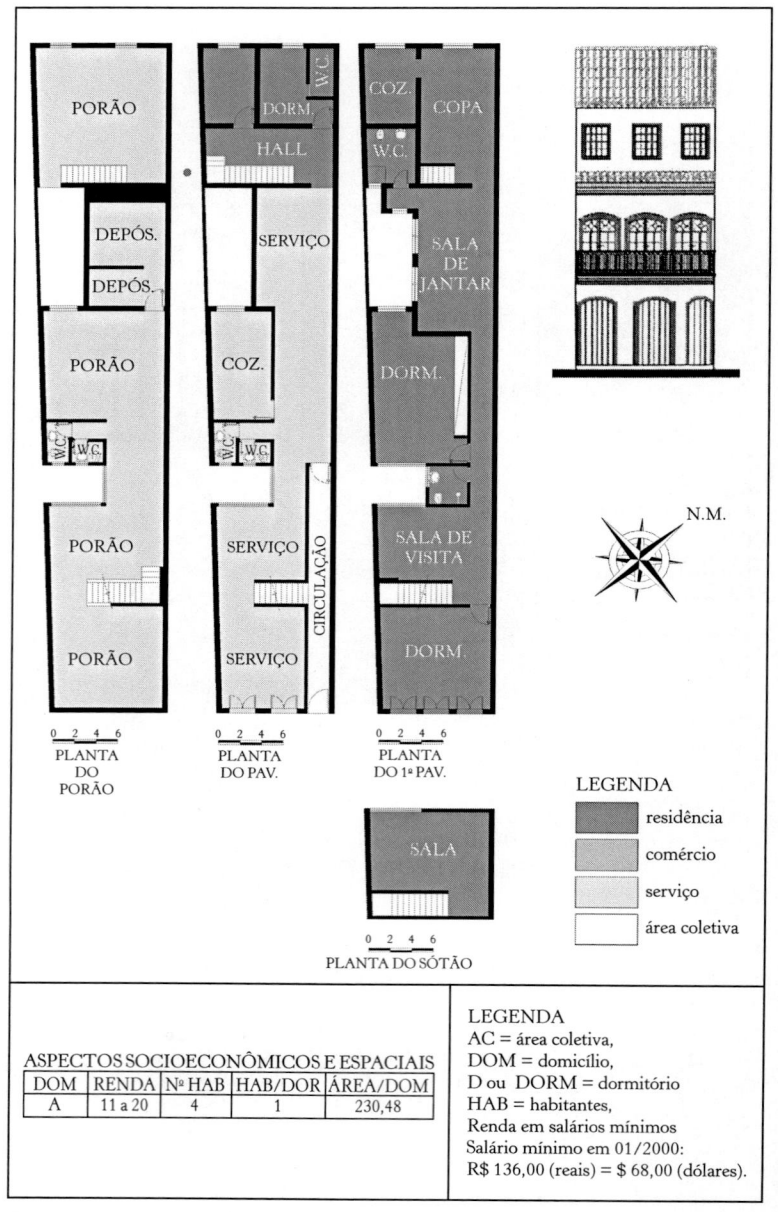

Figura 37 – Projeto da residência pesquisada no centro histórico de Ouro Preto – rua Conde de Bobadela nº 82 (Salcedo, 2003).

# Resultados e discussões das residências nos centros históricos de Cusco e Ouro Preto

Os resultados das residências pesquisadas nos centros históricos de Cusco e Ouro Preto foram apresentados com base nas seguintes variáveis: estilo arquitetônico, sistema de construção, usos do solo, estado de conservação, área construída total, área construída por habitante, número de habitantes por dormitório, conforto térmico dos cômodos, tipo de habitação, relação dos moradores com o imóvel, características do banheiro, medidor elétrico, hidrômetro e telefone, distribuição dos membros por grupos de idade, sexo, grau de escolaridade e faixa de renda por família.

Os centros históricos da América Latina tiveram origem diversa. A origem urbana de Cusco remete-se ao período pré-colombiano. No império inca, Cusco foi a capital do Tahuantinsuyo. No período colonial foi importante centro de intercâmbios regionais, e no período republicano é capital administrativa da região inca, importante centro de turismo, reconhecido como Patrimônio Nacional e Patrimônio Cultural da Humanidade. Já o Centro Histórico de Ouro Preto teve origem no período colonial e foi capital do Estado de Minas Gerais até o período imperial. No período da República, foi importante centro de serviços e de turismo, reconhecido como Patrimônio Cultural da Humanidade. Ambos os centros históricos têm relevância histórica, urbana, arquitetônica e cultural.

De acordo com a pesquisa realizada em campo, em janeiro de 2000, as residências do centro histórico de Cusco estão caracterizadas porque 50% foram construídas no período colonial (30% no estilo colonial e 20% no estilo barroco); e 50%, no período de República (10% no estilo neoclássico, 10% no estilo eclético, 10% no estilo neocolonial e 20% no estilo moderno). Existem apenas vestígios da arquitetura residencial inca, que em alguns casos serviram de alicerce para as construções residenciais coloniais (Rua San Agustin n° 256 e n° 224) (ver Tabela 26).

Em Cusco, a residência colonial foi construída alinhada à via pública e aos limites laterais do lote. O sobrado constrói-se ao redor de um pátio central. Atinge-se a residência através de um único acesso ou saguão e chega-se deste aos corredores, à escada e ao pátio. Os cômodos no pavimento térreo abrem-se para o pátio e relacionamse através de um corredor de distribuição com pórticos (arco pleno) de pedra ou madeira. No pavimento superior, abrem-se num corredor ou galeria de pedra ou madeira. Geralmente, no pavimento térreo de frente à rua estão os cômodos destinados para o comércio ou serviço, e os cômodos restantes e o pavimento superior abrigam a moradia. A fachada é plana, simétrica com vãos verticais, no pavimento superior estão os balcões. A construção é em adobe, estruturas de madeira e telha de argila na cobertura. Alguns exemplos são as residências das ruas San Agustin n° 256 e n° 224, Cuesta San Blas n° 861 e Arones n° 147.

A influência do barroco manifesta-se no século XVIII: a tipologia da planta é a mesma da residência colonial, o que muda são os acabamentos da fachada, e os balcões apresentam balaústres de madeira totalmente trabalhados em estilo barroco, mostrando o alto relevo da madeira entornaçada. As portas e janelas de madeira expressam a influência do rococó, trabalhadas em alto relevo. As construções continuam sendo com adobe e a cobertura de estruturas de madeira e telha de argila. Entre essas residências, está a da esquina da Rua Chihuampata com Alabado.

Na arquitetura residencial neoclássica, a tipologia das plantas continua sendo a mesma do período colonial (cômodos voltados para o pátio interno ou para as galerias do pavimento superior). A diferença está no acabamento das fachadas, na introdução do jardim central no lugar do pátio colonial e nas escadas que invadem os espaços livres internos. Nos quatro lados do pavimento superior do edifício voltados ao jardim central, introduzem-se as varandas ou galerias e os pórticos de pedra são substituídos por pórticos de madeira. Os vãos são mais freqüentes, buscando a comunicação entre a residência e o exterior. As residências recebem a luz do dia pela utilização do vidro no final do século XIX. Os guarda-corpos de madeira da fachada principal são substituídos pelos balaústres de ferro, e a composição dos vãos é simétrica, a exemplo da Rua Nueva Alta n° 471.

Nas primeiras décadas do século XX, as residências apresentam a tipologia de transição entre a tipologia colonial e a importada: a planta em "U". Essa planta, "U", semi-fechada mantém o pátio voltado para a rua ou para o interior, e em alguns casos apresenta o recuo frontal. A comunicação entre os dois níveis é externa, as galerias do segundo nível continuam sendo abertas, são introduzidos espaços inovadores como: serviços higiênicos, garagem e um *hall* distribuidor, que é semi-aberto. Começa a ser utilizado o concreto armado como sistema construtivo, o que não significa o abandono dos materiais e das técnicas construtivas tradicionais como o adobe, e o tratamento das fachadas é totalmente livre, com influência eclética. Entre essas residências, está a da Rua Tupac Amaru n° 185.

Nas primeiras décadas do século XX, também a arquitetura residencial é influenciada pelo neocolonial, a tipologia da planta é a mesma da residência colonial, a composição de fachadas com vãos verticais e utilização dos balcões de madeira. A construção ainda é com adobe e alguns casos estruturas de concreto armado com alvenaria de tijolo. Na cobertura, estruturas de madeira com telhas de argila, a exemplo da residência da Rua Carmen Alto n° 294.

Na arquitetura moderna, a residência está caracterizada pela construção compacta e fechada: cômodos distribuídos em volta de um *hall* ou corredor interno, planta livre, fachadas planas e simples sem ornamentação, vãos com predominância horizontal e o pátio central da casa colonial é substituído pelo quintal. A residência moderna é construída alinhada à via pública, podendo ou não estar afastada do limite lateral do terreno. O recuo lateral é utilizado para a insolação dos cômodos e para o acesso à zona de serviços. Em ambos os casos, o acesso principal da residência se dá através de um vestíbulo que articula com a escada e com os cômodos do pavimento térreo: sala, copa, cozinha e banheiro social. Através da escada, ascende-se ao *hall* do pavimento superior, e deste, aos dormitórios e ao banheiro. É construído com estruturas de concreto armado e paredes de tijolo, a exemplo da residência da Rua Ahuacpinta n° 683.

A pesquisa realizada no centro histórico de Ouro Preto mostrou que 50% das residências foram construídas no período colonial, e 20% são de estilo colonial e 30% do estilo barroco; 20% são de estilo eclético e 30% de estilo neocolonial (ver Tabela 26).

A residência colonial e barroca também é alinhada à via pública e aos limites laterais, como a residência colonial em Cusco. A arquitetura residencial "colonial simples" foi construída no período compreendido entre 1700 e 1750, em pau-a-pique ou taipa de pilão. A tipologia da residência colonial de Ouro Preto é totalmente diferente da residência colonial de Cusco. Assim, a planta da construção em geral é quadrada e compacta. A construção é térrea ou sobrado. Na casa térrea, um corredor lateral articula os cômodos que em geral têm a seguinte disposição: nos cômodos de frente à rua estão as salas de visita, nos cômodos dos fundos os serviços e entre essas partes as alcovas. Nos sobrados, no térreo está o comércio ou serviço e no pavimento superior a moradia. As vergas dos vãos são retas e de madeira. A cobertura é de estruturas em madeira com telha de argila e o beiral de cachorro. A construção é de pau-a-pique, a exemplo as residências das ruas Antônio Albuquerque nº 117 e Aleijadinho nº 88.

A arquitetura residencial barroca em Ouro Preto foi construída no final do século XVIII e começo do XIX, com estruturas em alvenaria de pedra e taipa de pilão. A planta da construção evoluiu da forma quadrada e adquiriu outros arranjos em forma de "L", "H" e "U". A tipologia da planta da arquitetura colonial do século XVIII manteve-se: corredor lateral ou central, as salas ocupam os cômodos de frente à rua, os serviços os cômodos dos fundos ou nos puxados, entre essas partes se localizam as alcovas ou dormitórios; quando a construção é um sobrado, no pavimento térreo está o comércio ou serviços.

A diferença entre a casa colonial e a casa barroca está nos acabamentos das fachadas. Assim, a fachada da arquitetura residencial barroca está caracterizada pelas vergas curvas, tipo alteada ou canga de boi, de madeira em todas as portas e janelas; as sacadas são corridas de ferro forjado e o beiral em cimalha. Alguns exemplos são as residências das ruas Xavier da Veiga n° 125, Cláudio Manoel n° 28 e São José n° 171. Com a influência do ecletismo, surge a nova tipologia das residências. Na implantação a construção é alinhada à via pública e recuada aos limites laterais do lote. O recuo permite o arejamento e a iluminação dos cômodos, suprimem-se as alcovas. A fachada principal é transferida para a fachada lateral. A entrada da casa era protegida do desnível por varandas apoiadas em colunas de ferro, com grades, e seu acesso era através de escadas. A organização interna da residência tinha uma distribuição semelhante à tipologia colonial: a parte da frente era destinada para as salas de visita; na parte central, dispunham-se os quartos ao longo de um corredor ou sala de almoço; e no fundo a cozinha; no pavimento superior os dormitórios e o banheiro. A construção, às vezes, mantinha o sistema construtivo de alvenaria de pedra e taipa de pilão ou alvenaria de tijolos. Alguns exemplos são as residências das ruas Bernardo Vasconcelos n° 91 e Cláudio Manoel n° 129.

No estilo neocolonial, a arquitetura residencial foi inspirada no estilo colonial barroco, continuava a tipologia da planta colonial, implantada à via pública e aos limites laterais do lote. A construção com estruturas de concreto armado e paredes de tijolo possibilitou a construção dos subsolos e porões. No pavimento térreo e nos subsolos, estão as dependências do comércio ou serviços, e nos pavimentos superiores os cômodos da residência. Continuam as alcovas e acrescentam-se os banheiros. A fachada é a mesma da residência colonial, composição dos vãos segundo eixos verticais, vergas curvas tipo canga de boi, acrescenta-se a sacada corrida de ferro forjado.

Tabela 26 – Estilos arquitetônicos das residências nos centros históricos de Cusco e Ouro Preto, 2000

| CENTRO HISTÓRICO | COLONIAL | BARROCO | NEOCLÁSSICO | ECLÉTICO | NEOCOLONIAL | MODERNO | TOTAL |
|---|---|---|---|---|---|---|---|
| Cusco | 3 | 2 | 1 | 1 | 1 | 2 | 10 |
| Ouro Preto | 2 | 3 | — | 2 | 3 | — | 10 |

Fonte: Salcedo, 2003.

Em ambos os centros históricos, a maioria das residências, em Cusco (80%) e em Ouro Preto (70%), foi construída em adobe ou alvenaria de pedra e taipa de pilão. Os centros históricos concentram principalmente imóveis do período colonial, e o sistema construtivo era o adobe ou a taipa de pilão.

Tabela 27 – Sistema de construção das residências nos centros históricos de Cusco e Ouro Preto, 2000

| CENTRO HISTÓRICO | ADOBE | PAU-A-PIQUE | ALVENARIA DE PEDRA TAIPA | ALVENARIA TAIPA PILÃO | ESTR. Cª Aª ALVEN. TIJOLO | TOTAL |
|---|---|---|---|---|---|---|
| Cusco | 8 | – | – | – | 2 | 10 |
| Ouro Preto | – | 2 | 3 | 2 | 3 | 10 |

Fonte: Salcedo, 2003.

Outra semelhança, é que a maioria das residências, em Cusco (80%) e em Ouro Preto (60%), tem uso misto (residencial e comercial ou residencial e serviços) (ver Tabela 28). Em Ouro Preto, o número menor de construções com uso misto pode ser explicado pela presença significativa de repúblicas abrigadas em edificações de propriedade da Universidade Federal. Em ambos os centros históricos, por serem importantes centros de turismo, a atuação da especulação imobiliária e a crescente concentração das atividades terceirizadas da economia estão ocasionando a expulsão crescente da função residencial, a descaracterização dos imóveis e mesmo sua destruição. Cusco, por atrair um maior fluxo de turistas em razão do patrimônio e de sua proximidade com Machu Picchu, apresenta maior concentração dos serviços e de comércio.

Tabela 28 – Usos do solo das residências nos centros históricos de Cusco e Ouro Preto, 2000

| CENTRO HISTÓRICO | RESIDÊNCIA | RESIDÊNCIA COMÉRCIO | RESIDÊNCIA SERVIÇOS | RESIDÊNCIA, COMÉRCIO, SERVIÇOS | TOTAL |
|---|---|---|---|---|---|
| Cusco | 2 | 4 | 1 | 3 | 10 |
| Ouro Preto | 4 | 4 | 2 | – | 10 |

Fonte: Salcedo, 2003.

Em razão da transferência da capital de Minas Gerais de Ouro Preto para Belo Horizonte, a especulação imobiliária e a descaracterização dos imóveis foram menores. Porém, devem ser tomadas medidas para o controle do uso do solo, do teto dos aluguéis, do IPTU, da salvaguarda do patrimônio existente, entre outros. Em ambos os centros históricos, a maioria das residências (50%) em Cusco e (50%) em Ouro Preto está em regular estado de conservação, precisando de reformas nos acabamentos. Os imóveis multifamiliares apresentam regular e ruim estado de conservação (ver Tabela 29). A deterioração dos imóveis ocasionada pela ação do homem, da natureza, do tempo, pela falta de recursos dos proprietários e pela falta de incentivos fiscais dos órgãos públicos federais, regionais e locais, está levando à perda do patrimônio arquitetônico e ocasionando péssimas condições de qualidade nas residências.

As instituições do patrimônio em ambos os centros históricos têm se preocupado com a fiscalização do patrimônio residencial e com o tombamento, a administração e restauração do patrimônio público. Essas medidas não são suficientes, uma vez que o patrimônio arquitetônico residencial nesses centros históricos está caracterizado pelo adensamento, pela deterioração, descaraterização e, em alguns casos, destruição, porque é mais fácil e mais econômico demolir e construir o novo, a restaurar ou reabilitar o existente. Portanto, é de suma urgência a reabilitação das residências que preserve a tipologia, melhore as condições de moradia e mantenha a permanência da composição social dos moradores.

Tabela 29 – Estado de conservação das residências nos centros históricos de Cusco e Ouro Preto, 2000

| CENTRO HISTÓRICO | BOM | REGULAR | RUIM | TOTAL |
|---|---|---|---|---|
| Cusco | 4 | 5 | 1 | 10 |
| Ouro Preto | 4 | 5 | 1 | 10 |

Fonte: Salcedo, 2003.

Em relação à área construída, a maioria das residências, em Cusco (48,6%) e em Ouro Preto (81,8%), apresenta uma ótima área construída (mais de 60 m²) e tem ótima área construída/habitante (de 18,8 m² a mais), em Cusco (60%) e em Ouro Preto (63,6%). Porém, podemos observar também que em Cusco é significativo o número de domicílios com péssima área construída total (31,4%) e péssima área construída por habitante (28,6%), isso ocorre em razão do alto número de ambientes multiuso (ver Tabela 30).

O grande número de ambientes multiuso e de habitantes/ambiente multiuso é uma característica dos cortiços, que, por sua vez, são a exploração do espaço construído, da falta de oferta de habitação para a população de baixa renda, de fiscalização e regulamentos que controlem as condições de moradia e a demanda de habitação nos centros históricos. Diante disso, é urgente a reabilitação dos imóveis que leve a reorganizar os espaços construídos, segundo as necessidades dos moradores. Nos imóveis coloniais deteriorados (ruas San Agustin n° 256, Arones n° 147, esquina da Rua Chihuampata com Alabado), os cômodos foram alocados com baixos aluguéis e banheiros coletivos, apesar de o Reglamento Nacional de Construcciones del Peru proibir o uso de banheiros coletivos e estipular 40 m² como área mínima construída por residência. Assim, são urgentes a restauração e reabilitação dos imóveis para preservar a tipologia e melhorar a qualidade da residência. Dessa forma, fazem-se necessárias medidas de financiamento com juros baixos.

Tabela 30 – Área construída total e área construída por habitante, segundo domicílios das residências nos centros históricos de Cusco e Ouro Preto, 2000

| CENTRO | ÁREA CONSTRUÍDA TOTAL | | | | | ÁREA CONSTRUÍDA/HABITANTE | | | | |
|---|---|---|---|---|---|---|---|---|---|---|
| HISTÓRICO | ÓTIMO | BOM | RUIM | PÉSSIMO | TOTAL | ÓTIMO | BOM | RUIM | PÉSSIMO | TOTAL |
| Cusco | 17 | 5 | 2 | 11 | 35 | 21 | 4 | 0 | 10 | 35 |
| Ouro Preto | 9 | 1 | 1 | — | 11 | 7 | — | 1 | 3 | 11 |

Fonte: Salcedo, 2003.

A maioria dos dormitórios em ambos os centros históricos, em Cusco (45,7%) e em Ouro Preto (54,5%), abriga um morador. Também, no centro histórico de Cusco, é significativo o número de famílias que moram em ambientes multiuso com área construída com péssimas condições (menos de 20 m²) (37,1%), caracterizando a área como cortiços. Dessa forma, torna-se urgente a reabilitação dos imóveis para que haja melhora da qualidade de habitação.

Tabela 31 – Número de habitantes por dormitório, segundo domicílios das residências nos centros históricos de Cusco e Ouro Preto, 2000

| CENTRO HISTÓRICO | ÓTIMO 1HAB/ DORMITÓRIO | BOM 2 HAB/ DORMITÓRIO | REGULAR 3 HAB/ DORMITÓRIO | RUIM +3 HAB/ DORMITÓRIO | PÉSSIMO AMBIENTE MULTIUSO | TOTAL |
|---|---|---|---|---|---|---|
| Cusco | 16 | 1 | 5 | — | 13 | 35 |
| Ouro Preto | 6 | 3 | 2 | — | — | 11 |

Fonte: Salcedo, 2003.

Nesses centros históricos, o conforto térmico (insolação, ventilação e iluminação) dos cômodos está entre ótimas e péssimas condições (janelas orientadas segundo as recomendações e cômodos sem janelas ou janelas internas). Assim, em Cusco, 48,6% dos cômodos estão em péssimas condições de conforto térmico, e em Ouro Preto 50% entre ótimas e péssimas condições. Os cômodos são escuros, pouco ventilados e não recebem os raios solares, tornando-os insalubres e propícios para a proliferação de doenças principalmente respiratórias, sendo necessária a abertura de janelas (ver Tabela 32).

A pesquisa no centro histórico de Ouro Preto expressa ainda a presença de alcovas, as quais são comuns tanto nas residências antigas como nas novas, apesar de o Código de Obras estipular as áreas mínimas das janelas para insolação, iluminação e ventilação, segundo os tipos de cômodos. Isso demonstra que não existe a fiscalização por parte das entidades responsáveis pela aprovação dos projetos (Iphan e prefeitura). As alcovas são ambientes escuros, insalubres e propícios à proliferação de doenças respiratórias. É necessária a reabilitação que possibilite a instalação de água furtada, para permitir a insolação, a abertura de janelas ou clarabóias para a insolação e o arejamento dos cômodos.

Tabela 32 – Conforto térmico dos cômodos dos domicílios das residências nos centros históricos de Cusco e Ouro Preto, 2000

| CENTRO HISTÓRICO | ÓTIMO | RUIM | PÉSSIMO | OTIMO, RUIM | ÓTIMO, PÉSSIMO | RUIM PÉSSIMO | ÓTIMO, RUIM, PÉSSIMO | TOTAL |
|---|---|---|---|---|---|---|---|---|
| Cusco | 3 | — | 17 | 2 | 5 | 2 | 6 | 35 |
| Ouro Preto | — | — | — | 1 | 5 | — | 5 | 11 |

Fonte: Salcedo, 2003.

As diferenças entre os centros consistem no seguinte: em Cusco, 60% das residências são multifamiliares, e em Ouro Preto esse índice cai para 10% (ver Tabela 33). As residências coloniais em Cusco são grandes se comparadas com as residências coloniais de Ouro Preto, o que possibilita a alocação dos cômodos desocupados. As condições de moradia, como ambiente multiuso com banheiro coletivo, preços baixos do aluguel e proximidade aos serviços e trabalho, atraem tanto a população de baixa renda que trabalha no setor informal da economia como os estudantes.

Quanto à subdivisão da herança, a construção é, por um lado, segmentada entre os herdeiros, possibilitando a moradia das famílias dos herdeiros, como na residência da Rua Cuesta San Blas n° 561, e, por outro, dá lugar à descaracterização da tipologia do imóvel, como nas residências das ruas San Agustin n° 225 e Carmen Alto n° 294, ou mesmo à destruição do imóvel e construção nova, a exemplo da residência da Rua Plateros n° 313 .

Tabela 33 – Tipo de habitação por domicílios nos centros históricos de Cusco e Ouro Preto, 2000

| CENTRO HISTÓRICO | UNIFAMILIAR | MULTIFAMILIAR | TOTAL |
|---|---|---|---|
| Cusco | 4 | 6 | 10 |
| Ouro Preto | 9 | 1 | 10 |

Fonte: Salcedo, 2003.

Em Cusco, a maioria (54,3%) dos domicílios tem banheiro, medidor elétrico e hidrômetro coletivo, o que contribui para as péssimas condições de habitação. Os cômodos de alguns imóveis são alocados como ambientes multiuso, com banheiros coletivos. Em Ouro Preto, 100% desses serviços são individuais; vale ressaltar que as residências não têm hidrômetro (ver Tabela 34).

A presença de um único medidor elétrico para mais de duas famílias faz cair a corrente elétrica e danifica os aparelhos eletrodomésticos. Por sua vez, o hidrômetro coletivo limita o consumo de água pelo fato de a pressão de água ser pouca. E a presença de banheiros coletivos propicia a proliferação de enfermidades, que afetam a saúde dos moradores.

Tabela 34 – Características do banheiro, do medidor elétrico, do hidrômetro e do telefone dos domicílios das residências nos centros históricos de Cusco e Ouro Preto, 2000

| CENTRO HISTÓRICO | BANHEIRO | | MEDIDOR DE ENERGIA | | HIDRÔMETRO | | TELEFONE | | TOTAL |
|---|---|---|---|---|---|---|---|---|---|
| | Privado | Coletivo | Privado | Coletivo | Privado | Coletivo | Privado | Coletivo | |
| Cusco | 19 | 16 | 16 | 19 | 16 | 19 | 16 | — | 35 |
| Ouro Preto | 11 | — | 11 | — | — | — | 11 | — | 11 |

Fonte: Salcedo, 2003.

Outra diferença, em Cusco, a maioria dos moradores é composta de inquilinos (54,3%), em razão da subdivisão dos imóveis e da oferta de habitações multiuso. Em Ouro Preto, a maioria é composta de proprietários (72,7%) (ver Tabela 35). Em Cusco, na maioria dos imóveis, os cômodos são alocados para complementar a renda do proprietário.

Em Ouro Preto, na data da pesquisa só uma residência tinha inquilino e, em duas residências, moravam estudantes da Universidade Federal que consideramos "inquilinos", por não serem proprietários do imóvel. Porém, a tendência é alocar os cômodos das residências. Em nossa pesquisa, identificamos que, nas construções mais antigas, a exemplo da residência da Rua Aleijadinho n° 88 e nas residências neocoloniais da Rua Conde de Bobadela n° 62, a tendência é aumentar a alocação dos cômodos. Portanto, devem ser tomadas medidas que possibilitem a permanência dos moradores e a melhoria da qualidade de moradia e evitem o adensamento, a descaracterização, a deterioração e a destruição das edificações residenciais.

Em relação ao tempo de moradia, existe uma diferença entre os dois centros históricos. Em Cusco, a maioria das famílias reside na região há menos de vinte anos (77,1%). Entre as causas para esse fato, estão o aumento do número de prédios deteriorados, a oferta de habi-

Tabela 35 – Proprietários e inquilinos por domicílios nas residências nos centros históricos de Cusco e Ouro Preto, 2000

| CENTRO HISTÓRICO | PROPRIETÁRIOS | INQUILINOS | TOTAL |
|---|---|---|---|
| Cusco | 16 | 19 | 35 |
| Ouro Preto | 8 | 3 | 11 |

Fonte: Salcedo, 2003.

tações para locação, a mudança de domicílio em razão da oferta, da demanda e dos valores dos aluguéis, entre outras. Em Ouro Preto, a maioria das famílias mora na região há mais de vinte anos (63,6%), essas famílias são proprietárias das casas.

Tabela 36 – Tempo de moradia das famílias nos domicílios das residências nos centros históricos de Cusco e Ouro Preto, 2000

| CENTRO HISTÓRICO | MENOS DE 1 ANO | 1 a 5 ANOS | 6 a 10 ANOS | 11 a 20 ANOS | 21 a 30 ANOS | 31 a 40 ANOS | 41 a 50 ANOS | MAIS DE 50 ANOS | TOTAL |
|---|---|---|---|---|---|---|---|---|---|
| Cusco | 6 | 16 | 2 | 3 | 1 | 3 | —- | 4 | 35 |
| Ouro Preto | —- | 3 | 1 | — | 1 | 2 | 3 | 1 | 11 |

Fonte: Salcedo, 2003.

Em relação às características das famílias, a pesquisa demonstrou que os centros históricos de Cusco e Ouro Preto apresentam semelhanças, a maioria é jovem ou adulto (72,9% e 76,1%, respectivamente) Esse resultado pode ser explicado pelo fato de os casais com filhos pequenos preferirem morar nas áreas de expansão, em casas modernas. Por sua vez, os jovens e adultos preferem morar no centro, pela proximidade aos serviços e ao trabalho, entre outros aspectos. Além disso, em Ouro Preto a presença de um número considerável de repúblicas explica a presença dos jovens.

Tabela 37 – Distribuição dos membros das famílias por grupos de idade e sexo nos centros históricos de Cusco e Ouro Preto, 2000

| CENTRO HISTÓRICO | De 0 a 14 anos | | De 15 a 64 anos | | Mais de 64 nos | | TOTAL |
|---|---|---|---|---|---|---|---|
| | HOMENS | MULHERES | HOMENS | MULHERES | HOMENS | MULHERES | |
| Cusco | 7 | 11 | 36 | 34 | 4 | 4 | 96 |
| Ouro Preto | 5 | 8 | 34 | 20 | 2 | 2 | 71 |

Fonte: Salcedo, 2003.

Em ambos os centros históricos, o nível de escolaridade da maioria dos moradores, Cusco (51%) e Ouro Preto (46,6%), é superior. No centro histórico de Ouro Preto, estão concentradas as repúblicas de estudantes da Universidade Federal, e em Cusco os universitários moram em habitações multiuso. Além disso, o interesse pela educação superior tem aumentado nos últimos anos.

Tabela 38 – Distribuição dos membros das famílias por grau de escolaridade nos centros históricos de Cusco e Ouro Preto, 2000

| CENTRO HISTÓRICO | SEM ESCOLARIDADE | INICIAL | PRIMEIRO GRAU | SEGUNDO GRAU | TÉCNICO | SUPERIOR | TOTAL |
|---|---|---|---|---|---|---|---|
| Cusco | — | — | 9 | 35 | 3 | 49 | 96 |
| Ouro Preto | 3 | — | 15 | 17 | 3 | 33 | 71 |

Fonte: Salcedo, 2003.

Outra diferença significativa entre os centros históricos de Cusco e Ouro Preto é o nível de renda das famílias. Em Cusco, a maioria das famílias possui uma renda familiar que varia entre um e dois salários mínimos (42,9%), são inquilinos com renda baixa, que alocam apenas uma habitação multiuso com serviços coletivos. Em Ouro Preto, a maioria das famílias possui uma renda familiar superior a dez salários mínimos (63,6%). É relevante a reabilitação das residências que possibilitem a permanência dos moradores, a melhoria da qualidade de moradia, subsidiadas pelos governos federais, estaduais e locais (ver Tabela 39).

Em relação ao tempo de moradia no imóvel e à faixa de renda da família, os centros históricos de Cusco e Ouro Preto apresentam diferenças. Assim, em Cusco, a maioria dos moradores (62,9%) mora na região há pelo menos cinco anos, e 50% das famílias possuem uma renda entre um e dois salários mínimos (de US$ 99 a US$ 295). Em Ouro Preto, a maioria das famílias (27,3%) mora no imóvel entre 41 e 50 anos, são proprietários ou herdeiros que mantêm o imóvel como residência, e 90% das residências pesquisadas são unifamiliares. A maioria das famílias (63,6%) possui uma renda maior a dez salários mínimos (de US$ 680 a mais) e imóveis de uso misto. São também proprietários do comércio ou serviços ou, ainda, alocam os cômodos térreos para esses usos.

Em relação aos planos de desenvolvimento urbano, apenas a prefeitura de Cusco em 1992 elaborou o "Código Municipal para la Protección de la Ciudad Histórica del Qosqo" e em 2000, o Plano Diretor, que contém a regulamentação específica para o centro histórico. Porém, ainda falta determinar medidas para concretizar a reabilitação das residências: financiamento, créditos e estudos urba-

Tabela 39 – Faixa de renda por família das residências nos centros históricos de Cusco e Ouro Preto, 2000

| CENTRO HISTÓRICO | SALÁRIOS MÍNIMOS | | | | | | | TOTAL |
|---|---|---|---|---|---|---|---|---|
| | De 1 a 2 | De 3 a 4 | De 5 a 6 | De 7 a 8 | De 9 a 10 | Mais de 10 | NÃO RESPONDERAM | |
| Cusco | 15 | 8 | 2 | 1 | — | 1 | 8 | 35 |
| Ouro Preto | — | 1 | — | — | 3 | 7 | — | 11 |

Cusco: Salário mínimo em nuevos soles (NS): N$345,00 e [3]dólar: US$ 3,492, em janeiro de 2000.[4]
Ouro Preto: Salário mínimo: R$ 136,00 (reais)[5] e dólar US$ 2,00[2], em janeiro de 2000.
Fonte: Salcedo, 2003.

nísticos, arquitetônicos das edificações residências e socioeconômicos dos moradores. Já a prefeitura de Ouro Preto, até a presente data, não elaborou a regulamentação específica para o centro histórico, o que vem agravando a descaraterização, o adensamento, a deterioração e mesmo a destruição do patrimônio edificado.

Diante disso, é relevante propor a reabilitação das residências como instrumento de salvaguarda dos centros históricos.

Ante a concentração das funções do comércio e dos serviços no lugar da função residencial, que ocasiona a expulsão dos moradores, a falta de uma legislação específica para o centro histórico e de sua implementação e fiscalização, a falta de mecanismos de financiamento para a reabilitação das residências, o controle do Imposto Territorial Urbano (IPTU) e dos aluguéis, da subdivisão dos lotes e das construções, da alocação dos cômodos com áreas e condições de conforto insuficientes, entre outros, isso tudo vem contribuindo para o adensamento, a descaracterização, a deterioração, a destruição do patrimônio arquitetônico residencial e a deficiente qualidade das

---

3  Peru. Ministerio de Trabajo y Banco Central de Reserva. Salário mínimo de janeiro de 2000

4  Peru. Superintendencia de Banca y Seguros. Peru, 2000

5  Medida Provisória nº 1.824 de 1º.5.1999: salário mínimo. Disponível em: http://www.escgaspar.com.br/salario.htm.

6  Banco Central. Dólar paralelo, janeiro de 2000. Disponível em: http://www.escgaspar.com.br/dolar_para100.htm.

residências. Portanto, exigem-se urgentemente medidas de reabilitação do patrimônio residencial (preservar as tipologias da arquitetura residencial existente, permanência dos moradores e melhorar as condições de moradia) e de salvaguarda dos centros históricos, Patrimônio Cultural da Humanidade.

Os resultados e as discussões sobre as residências nos centros históricos de Cusco e de Ouro Preto subsidiaram, na reflexão, alguns critérios para a reabilitação das residências como instrumento de salvaguarda dos centros históricos dessas cidades.

# 5
## REFLEXÕES SOBRE OS CRITÉRIOS PARA A REABILITAÇÃO DA RESIDÊNCIA COMO INSTRUMENTO DE SALVAGUARDA DOS CENTROS HISTÓRICOS DE CUSCO E OURO PRETO

As reflexões sobre os critérios para a reabilitação da residência como instrumento de salvaguarda nos centros históricos de Cusco e Ouro Preto estão baseadas nas recomendações expressas nas Cartas Internacionais sobre a Salvaguarda dos Centros Históricos, na origem e no processo de formação do espaço urbano, na arquitetura residencial, nas instituições do patrimônio, nos resultados e nas discussões das residências nos centros históricos de Cusco e de Ouro Preto.

Considera-se que a residência é a função básica do centro histórico, função permanente, registro das manifestações sociais, condição básica da existência do ser humano e, fundamentalmente, é a natureza do centro histórico. Ante o adensamento, a descaracterização, a deterioração e a destruição do patrimônio arquitetônico residencial, a deficiente qualidade das residências e a expulsão crescente dos moradores, é relevante a reabilitação das residências (a preservação do patrimônio arquitetônico, a qualidade da residência e a permanência dos moradores) como instrumento de sua salvaguarda.

Entenda-se a reabilitação das residências como a ação que preserva, o mais possível, as tipologias, os volumes, os usos de solo e a composição social dos seus moradores. A adequação dos espaços construídos para as novas necessidades das famílias procura não descaracterizar a edificação existente. Busca-se fazer intervenções mínimas necessárias para conseguir a privacidade, o conforto ambiental e a satisfação das necessidades dos moradores.

A reabilitação das residências nos centros históricos deve fazer parte também do Plano de Desenvolvimento Urbano. Apesar de o Código Municipal da cidade de Cusco, de 1992, abranger as normas para reabilitação das edificações residenciais, e o Plano Diretor de 2000 normatizar os usos do solo e equipamentos, essas medidas não são suficientes porque carecem de instrumentos para financiamento, fiscalização, assessoramento, reabilitação das residências, entre outros.

Por sua vez, o Plano Diretor da cidade de Ouro Preto, de 1996, não contempla a legislação específica para o centro histórico, sendo de extrema importância, para a salvaguarda do centro histórico, a elaboração do Plano de Desenvolvimento Urbano e do Centro Histórico. Cabe à prefeitura chamar a participação dos agentes públicos, privados e da população organizada em todo o processo da elaboração do plano, desde a análise dos aspectos físicos, históricos, econômicos, sociais, culturais dos distritos, dos bairros e do centro histórico até a formulação do modelo de futuro desejado para a comunidade urbana, os objetivos, a elaboração de projetos estratégicos e a implementação.

Para propor as medidas de reabilitação das residências, partimos do pressuposto de que o centro histórico remete fundamentalmente às categorias administrativa, histórica, urbana, arquitetônica, social e econômica.

A categoria administrativa corresponde à legislação urbana e arquitetônica específica para a área delimitada como centro histórico. Sua conservação e reabilitação devem ser consideradas não apenas como um problema marginal, mas como objetivo maior do planejamento das áreas urbanas e do físico-territorial. A gestão pública, a quem compete a maioria das decisões importantes em matéria de planejamento, deve ser responsável pela proteção do patrimônio arquitetônico. Essa gestão deve atuar na regulamentação do uso do solo, das fachadas e dos volumes; avaliar tipologias e gabaritos das edificações; promover financiamento, fiscalização, reabilitação e controle da especulação imobiliária; e garantir a participação da população organizada.

Em relação à categoria histórica, o centro histórico de Cusco foi capital do território do Tahuantinsuyo no período inca, cidade de intercâmbios comerciais no período colonial e capital da região inca no período republicano. Sua arquitetura ainda está preservada e foi reconhecida como Patrimônio Nacional e como Patrimônio Cultural da Humanidade pela Unesco. Por sua vez, o centro histórico de Ouro Preto foi capital do Estado de Minas Gerais no período colonial e importante centro de serviços e do turismo no período republicano. Sua arquitetura, principalmente barroca, é ainda preservada, sendo reconhecida como Patrimônio Nacional pelo Iphan e Patrimônio Cultural da Humanidade pela Unesco. Ambos os centros apresentam um valor histórico imensurável.

A categoria histórica é relevante na vida social e cultural de uma comunidade, não somente os fragmentos mais antigos ou aqueles vinculados a um acontecimento histórico, mas também aqueles relacionados com o cotidiano, como a arquitetura residencial. A tipologia residencial corresponde a um grupo social de um determinado período histórico, portanto sua tipologia deverá ser preservada.

O valor urbano do centro histórico de Cusco está expressa nos vestígios do traçado inicial da cidade inca (ruas San Agustin, Doze Ángulos, Huaynapata, Siete Culebras, Pumacurco, Ahuacpinta, Maruri, entre outras) e no traçado da cidade colonial. Já o centro histórico de Ouro Preto apresenta o traçado inicial da cidade colonial.

A categoria arquitetônica representa as edificações dos diversos estilos e períodos históricos por meio dos quais evoluiu. A arquitetura residencial no centro histórico de Cusco está caracterizada principalmente pela superposição dos estilos inca e colonial, e arquitetura colonial, e em menor número pela arquitetura neoclássica, eclética, neocolonial e moderna. A tipologia predominante é a colonial: construção em volta de um pátio central. A maioria dos domicílios não tem área suficiente para a residência nem mesmo condições necessárias para a insolação, iluminação e ventilação. Por isso, é necessária a reabilitação das residências, principalmente a que promova a preservação da tipologia residencial e a reorganização dos espaços internos, segundo as necessidades das famílias, do Regulamento Nacional de Construciones del Peru e das condições de conforto necessárias para os cômodos, visando à permanência dos moradores e a uma melhor qualidade de vida.

A arquitetura residencial do centro histórico de Ouro Preto é predominantemente colonial e barroca e, em menor número, eclética e neocolonial. A tipologia residencial é diferente da tipologia da residência colonial de Cusco, pois está caracterizada pela construção compacta e pela presença de alcovas. A maioria das residências é espaçosa, porém a presença de alcovas torna os cômodos escuros e insalubres. Por tais razões, consideramos necessária a reabilitação das residências, que promova principalmente a preservação da tipologia residencial, a criação de programas, segundo as necessidades das famílias residentes, a reorganização dos espaços internos e a criação das condições necessárias de iluminação, ventilação e insolação nos cômodos, de acordo com o Código de Obras, e que, principalmente, conserve a permanência dos moradores e a melhoria da qualidade de vida.

Pela categoria econômica, a revalorização do patrimônio edificado passa pela preservação e por seu reconhecimento não apenas pelos moradores, como também pelos visitantes.

Em relação à categoria social, a salvação dos centros históricos é um compromisso social, além de cultural, e deve fazer parte da política de residência, a fim de permitir a permanência dos moradores e o melhoramento das condições da estrutura física das residências. Em nossa entrevista de 2000, os moradores do centro histórico de Cusco apresentavam as seguintes características: a maioria era composta de jovens e adultos, este tinham nível superior, eram inquilinos, moravam na região há pelo menos cinco anos e possuíam uma renda que variava de um a dois salários mínimos. No centro histórico de Ouro Preto, os moradores eram assim caracterizados: eram jovens e adultos, tinham nível superior, eram proprietários, moravam na região há 41-50 anos e recebiam mais de dez salários mínimos. Portanto, é necessário o financiamento para a compra ou reabilitação dos imóveis residenciais, com juros baixos concedido aos moradores.

Pela categoria econômica, a revalorização do patrimônio edificado passa pela preservação e por seu reconhecimento não apenas pelos moradores, mas também pelos visitantes. A reabilitação das residências visa melhorar a qualidade de vida dos moradores e atrair visitantes, que aumentarão a demanda por comércio e serviços. Para tal, torna-se necessária a reabilitação das residências nos centros históricos de Cusco e Ouro Preto.

Segundo a categoria social, a salvação dos centros históricos é um compromisso social, além de cultural, e deve fazer parte da política de residência, portanto deve trazer consigo soluções de saneamento integral que permitam a permanência e o melhoramento da estrutura social existente. Assim, a reabilitação deve propor a permanência dos grupos sociais residentes tanto quanto possível, sem modificações importantes da composição social dos habitantes e de uma maneira tal que todas as camadas da sociedade se beneficiem.

Para a reabilitação das residências como instrumento de salvaguarda dos centros históricos de Cusco e Ouro Preto, propõem-se as seguintes medidas: administrativas, legislação, financiamento, métodos de preservação, sanções, reparações, assessoramento e programas educacionais.

## Medidas administrativas

- A responsabilidade pela salvaguarda do patrimônio arquitetônico residencial nos centros históricos de Cusco e Ouro Preto, ameaçados por obras públicas ou privadas, deveria competir a organismos internacionais, nacionais, estaduais e locais.
- Os serviços de salvaguarda do patrimônio deveriam contar com pessoal qualificado, especialistas competentes (arquitetos, urbanistas, geógrafos, historiadores, sociólogos, arqueólogos, entre outros) em matéria de preservação do patrimônio edificado.
- Deveriam ser tomadas medidas administrativas necessárias para a salvaguarda do patrimônio arquitetônico: fiscalizações, sanções, reparações, incentivos fiscais, entre outros.
- Também é importante a criação do Conselho de Defesa do Patrimônio Artístico, Arqueológico, Histórico e Turístico em nível fe-

deral, estadual e local, composto por representantes das autoridades encarregadas da salvaguarda do patrimônio, das instituições públicas, privadas, do planejamento urbano e das instituições de pesquisa e educação. Esse órgão deveria estar habilitado a prestar medidas: administrativas, de documentação, de restauração, de fiscalização e assessoria em matéria de salvaguarda.

• A desapropriação do patrimônio deve ser necessária em casos de deterioração, descaso e abandono por parte dos proprietários. Esta deve ter caráter social.

## Legislação

• A legislação para os centros históricos deve ser específica por zonas delimitadas: zona de proteção rigorosa, que corresponderá a uma maior densidade monumental, zona de proteção com maior tolerância, na ambiência da zona de proteção e zona de proteção da paisagem urbana. Essa legislação deve fazer parte do plano urbano da cidade. Nossa pesquisa está enquadrada na zona de proteção rigorosa tanto no centro histórico de Cusco como no de Ouro Preto.

• A legislação para a zona de proteção rigorosa deve preservar as tipologias da arquitetura residencial existentes, como expressão dos diferentes períodos históricos. Para tal, deverá atender aos princípios relacionados a seguir:

1. Deve-se preservar e incentivar a função residencial por meio de mecanismos de financiamento a juros baixos, para a reabilitação, a restauração e a construção, segundo as normas do Reglamento Nacional de Construcciones del Peru ou do Código de Obras e Edificações do Brasil.

2. Nos imóveis de uso misto, deve-se separar a função residencial do comércio e serviços, a fim de criar a privacidade e tranqüilidade das residências. O comércio e os serviços devem estar localizados nos cômodos de frente para rua, no pavimento térreo.

3. Preservar as edificações existentes, a fim de evitar a descaracterização e sua demolição.

4. Preservar os vestígios da arquitetura pré-colombiana.

5. Preservar a tipologia, o volume e as fachadas das edificações existentes dos diferentes períodos históricos e estilos arquitetônicos.

6. Os espaços livres no lote devem manter a tipologia edificada, que permita a insolação e a iluminação dos cômodos e a realização de atividades coletivas (lazer, lavagem e secagem de roupas, entre outras).

7. Densidade máxima construída desde que as edificações novas e as ampliações não descaracterizem a tipologia existente, integrem-se no contexto urbano e possibilitem as áreas livres legisladas.

8. Os gabaritos de altura das fachadas voltadas para a rua devem corresponder à média da altura das edificações existentes. Quando voltadas para o interior, deve ser permitido até um pavimento a mais.

9. Na reorganização dos espaços internos das edificações existentes para a adequação dos programas residenciais das famílias, deve-se evitar a descaracterização das fachadas e a demolição das paredes internas, sempre que possível. Quando o programa residencial exige uma intervenção no arranjo interno da edificação, ésta deve ser realizada com materiais contemporâneos e de fácil remoção, porém integrados aos materiais existentes.

10. A legislação para as edificações novas deve ser contemporânea, porém integrada às edificações existentes: fachadas, materiais, tipologia da planta baixa, entre outros. Devemse evitar os projetos arquitetônicos que imitem os estilos do passado.

11. Nas intervenções contemporâneas, deve-se facilitar a sua leitura por meio de materiais contemporâneos.

12. Deve ser proibido o uso de platibandas nas construções.

13. Na intervenção em residências multifamiliares ou na proposta da reabilitação de edificações existentes, a reorganização dos cômodos deve basear-se nas necessidades dos moradores, segundo o Código de Obras e a orientação ideal das janelas. Para tal, as edificações de grande porte poderão ser divididas em domicílios com áreas suficientes, e vários domicílios com áreas insuficientes poderão agrupar-se e formar um domicílio maior suficiente para abrigar a família.

14. Recomenda-se adotar como áreas mínimas para os cômodos as estipuladas no Reglamento Nacional de Construcciones del Peru, no Código de Obras de Belo Horizonte e em nossas sugestões baseadas na elaboração de *layout* dos cômodos (área ideal). Assim, recomenda-se como áreas mínimas dos cômodos: dormitório principal = $9,90$ m², dormitório para duas camas = $9$ m², dormitório para uma cama = $8$ m², sala = $10$ m², copa = $10$ m², sala/copa = $18$ m², cozinha = $4,50$ m², copa/cozinha = $9$ m², quitinete (sala/copa/cozinha) = $19,50$ m², banheiro (chuveiro, privada e lavatório) = $3,50$ m², banheiro (privada e lavatório) = $2$ m². Todo domicílio para solteiro ou casal deve ter como área mínima construída 40m², correspondendo como acréscimo de $15$ m² de área construída a mais por pessoa.

15. Na intervenção das edificações existentes, no arranjo dos cômodos deve-se criar: a privacidade, especialmente dos dormitórios; a circulação interna ou coberta; e a abertura de janelas de preferência nos vãos existentes (porta passa a ser porta-janela, ou no lugar da porta colocar a janela) ou clarabóias para possibilitar a insolação e o arejamento dos cômodos. Nos cômodos do pavimento superior ou construção térrea, quando as janelas ou vãos estiverem voltadas ao sul, recomenda-se abrir clarabóias para permitir a insolação no cômodo. E nos cômodos do pavimento térreo dos sobrados cujas janelas ou vãos estiverem voltadas ao sul, recomenda-se integrar verticalmente os dois pavimentos a exemplo, dos

mezaninos, e a posição da claraboia deve permitir a insolação dos dois pavimentos.

16. Devem ser proibidas quaisquer intervenções que alterem as características da estrutura física das residências, como o vazado da estrutura ou a introdução de funções que deformem excessivamente a tipologia e a estrutura do edifício.

17. A subdivisão do lote ou construção deve ser realizada conforme a área mínima construída (45 m²) e a área livre mínima. Devem-se preservar a tipologia arquitetônica e os espaços coletivos conforme o Código de Obras.

18. Nas residências multifamiliares, é necessário instalar medidores elétricos e de água para cada domicílio.

19. Nas residências multifamiliares, é necessária a instalação dos aparelhos de segurança contra incêndios: hidrante e extintor.

20. Nas residências multifamiliares, é necessária a criação de um regulamento interno que possibilite uma boa convivência entre os moradores.

## Financiamento

- É importante a cooperação dos organismos internacionais de cultura e financiamento para a salvaguarda do patrimônio residencial.

- Os governos federal, estadual e local deveriam dispor de um orçamento suficiente para assegurar a salvaguarda do patrimônio, em especial das residências.

- Os governos federal, estadual e local deveriam prever o estabelecimento de créditos com juros baixos e incentivos necessários para a reabilitação do patrimônio residencial, ameaçado pela realização de obras públicas ou privadas.

- Isenção do Imposto Predial Territorial Urbano (IPTU) para os moradores ou residentes que restaurem suas residências.

• Redistribuir de uma maneira equilibrada os créditos orçamentários destinados às residências novas e à reabilitação residencial das edificações existentes.

• Os governos federal, estadual e local devem considerem a locação de créditos sociais, para dar conta da aquisição, manutenção e restauração das residências, como medida de salvaguarda do patrimônio residencial.

• Para evitar que as leis do mercado sejam aplicadas com rigor no patrimônio residencial reabilitado, o que provocaria a expulsão dos moradores, é necessária a intervenção dos governos federal, estadual e local para moderar os mecanismos econômicos, a fim de fixar os residentes. Para tal, seria necessário o incentivo econômico aos proprietários ou à associação de moradores que desejem reabilitar as residências por meio de créditos para reabilitação com juros baixos. Essas medidas evitam que os grupos sociais de menor renda (proprietários e inquilinos) sejam erradicados do centro histórico.

• Outra medida importante é manter o teto dos aluguéis das residências reabilitadas nos centros históricos, por meio da locação de indenizações de moradia aos locatários, para diminuir ou mesmo completar a diferença existente entre os antigos e os novos aluguéis.

• Conceder aos moradores que decidam reabilitar uma construção antiga vantagens financeiras, no mínimo, equivalentes às que aufeririam por uma construção nova.

• A venda do imóvel reabilitado deve ser priorizada para o inquilino ou inquilinos, sendo seu financiamento com juros baixos e de acordo com sua renda.

## Métodos de salvaguarda

• Entendemos a reabilitação como um conjunto de medidas coerentes e programadas, destinadas a potencializar os valores sociais e econômicos, ambientais, arquitetônicos e funcionais de áreas urbanas, com a finalidade de elevar a qualidade de viva da população residente, por meio de medidas para a melhoria das condições de habitabilidade e uso e implementação de equipamentos e áreas livres coletivas necessários (Colegio Oficial de Arquitectos..., 1985).

• As medidas para a salvaguarda do patrimônio arquitetônico residencial devem ser realizadas caso a caso, segundo as características da residência, do estado de conservação e das necessidades dos residentes, as quais podem ser: manutenção, conservação, preservação, restauração, reconstrução, adaptação, uso compatível e revitalização:

– O termo conservação designará os cuidados a serem dispensados a um bem para preserva-lhe as características que apresentem uma significação cultural;

– O termo manutenção designará a proteção contínua da substância, do conteúdo e do entorno de um bem e não deve ser confundido com o termo reparação;

– A preservação será a manutenção no estado da substância de um bem e a desaceleração do processo pelo qual ele se degrada;

– A restauração será o restabelecimento da substância de um bem em um estado anterior conhecido;

– A reconstrução será o restabelecimento da substância, com o máximo de exatidão, de um estado anterior conhecido, ela se distingue pela introdução na substância de materiais diferentes sejam novos ou antigos;

– A adaptação será o agenciamento de um bem a uma nova destinação sem a destruição de sua significação cultural;

– O uso compatível designará uma utilização que não implique mudança na significação cultural da substância, modificações que sejam substancialmente reversíveis ou que requeiram um impacto mínimo. (Conselho Internacional de Monumentos e Sítios. Carta de Burra, 1980)

• A revitalização busca uma nova vitalidade econômica, social, cultural e físico-espacial.

## Sanções

- Os governos federal, estadual e local deveriam adotar as medidas necessárias para que as infrações cometidas por negligência ou intencionalmente, em relação à salvaguarda do patrimônio residencial ameaçado por obras públicas ou privadas, sejam severamente punidas por seus códigos penais.

## Reparações

- Os governos federal, estadual e local deveriam adotar as medidas necessárias para assegurar a reparação, a restauração ou a reconstrução dos bens culturais deteriorados por obras públicas ou privadas. As instituições públicas e privadas e os proprietários particulares do patrimônio deveriam ser obrigados a realizar reparações ou restaurações das edificações, sendo-lhes concedida assistência financeira e técnica, quando necessária.

## Assessoramento

- As instituições internacionais e os Conselhos de Defesa do Patrimônio Artístico, Arqueológico, Histórico e Turístico deveriam proporcionar assistência às prefeituras, a particulares e associações, dispondo de pessoal especializado na salvaguarda do patrimônio, assessoramento técnico ou supervisão, que permita assegurar a salvaguarda do patrimônio arquitetônico.

## Programas educativos

- Artigos na imprensa, programas de rádio, televisão e publicações deveriam divulgar a natureza dos perigos que as obras públicas e privadas malsucedidas podem ocasionar ao patrimônio edificado, assim como difundir as intervenções bem-sucedidas que ajudam na salvaguarda do patrimônio.

- As instituições de ensino, os órgãos públicos, os organismos não-governamentais e as associações históricas e culturais deveriam realizar palestras, congressos, seminários, exposições e visitações periódicas, a fim de tornar conhecidos os perigos que as obras públicas ou privadas realizadas, sem a devida preparação, podem ocasionar ao patrimônio edificado, assim como as intervenções bem-sucedidas que contribuam com a salvaguarda deste.

# CONCLUSÕES

Em relação à salvaguarda do patrimônio, a Carta de Atenas de 1933 define como patrimônio apenas as obras culturais anteriores. Também ressalta que o emprego dos estilos do passado, sob pretextos estéticos, nas construções novas erguidas em zonas históricas, tem conseqüências nefastas. Já a Carta de Veneza de 1964 estende o conceito de monumento histórico às obras modestas que tenham adquirido com o tempo um significado cultural. Com as Normas de Quito de 1967, abrange-se o conceito generalizado de monumento às manifestações próprias da cultura dos séculos XIX e XX, e propõe-se a legislação para o espaço urbano, delimitando as seguintes zonas: a) de proteção rigorosa, b) de proteção ou respeito com maior tolerância e c) de proteção da paisagem urbana. É importante ressaltar que, em 1975, a Declaração de Amsterdã expressa que a conservação do patrimônio arquitetônico deve ser objetivo maior do planejamento urbano. Além disso, a Recomendação relativa à salvaguarda da beleza e do caráter das paisagens e sítios de 1962 expressa que os projetos novos deveriam ser concebidos de modo a respeitar determinadas exigências estéticas relativas ao próprio edifício e, para evitar cair na imitação gratuita de certas formas tradicionais e pitorescas, estar em harmonia com a ambiência do patrimônio a ser preservado.

É também importante destacar que, na década de 1970, surge na Europa a reabilitação como método de intervenção ante a descaracterização e destruição das áreas históricas.

Em relação às edificações, a Carta de Restauro de 1972 recomenda o respeito às particularidades das tipologias, construtivas e funcionais do edifício, evitando qualquer transformação que altere suas características. No caso de renovação funcional dos elementos internos, devem-se respeitar as peculiaridades construtivas e tecnológicas do edifício.

A reabilitação também é ressaltada pela Declaração de Amsterdã de 1975, a qual expressa que a reabilitação dos bairros antigos deveria ser realizada, tanto quanto possível, sem modificações importantes na composição social dos habitantes e financiada por fundos públicos. Também a Declaração de Tlaxcala de 1980 defende que qualquer ação que tente preservar os valores arquitetônicos deve melhorar as condições socioeconômicas dos habitantes e a qualidade de vida nos centros históricos. Além disso, recomenda que os governos dos países latino-americanos concedam créditos sociais para a salvaguarda das residências. A Carta de Washington de 1986 recomenda que a melhoria do hábitat deve ser um dos objetivos fundamentais da salvaguarda.

A Carta de Petrópolis de 1987 propõe que a preservação e revitalização devem ser realizadas por tombamento, inventário, normas urbanísticas, isenções, incentivos e desapropriação.

Ante o abandono e a deterioração nas áreas centrais das cidades da América Latina e Caribe, o resgate do Patrimônio Cultural da Humanidade declarado pela Unesco é prioridade cada vez mais presente na agendas dos prefeitos e das autoridades locais. Assim, na cidade de Lima, em novembro de 1997, realizou-se o 1º Encuentro de Alcaldes y Autoridades Latinoamericanas de Ciudades com Centros Históricos em processos dinâmicos de recuperação, que resultou na Declaração de Lima, a qual definiu sete áreas de atuação: a) modelos de intervenção, b) marcos de gestão e administração, c) mecanismos de financiamento, d) participação e solidariedade, e) qualidade do hábitat, f) unidade na diversidade e g) pesquisa, comunicação e capacitação. Cabe destacar que a qualidade da residência é uma das áreas de atuação dos governos locais nos centros históricos da América Latina e do Caribe. Assim, a natureza dos centros históricos é a residência, e sua reabilitação é o instrumento de salvaguarda para esses centros.

As Cartas Internacionais nortearam em grande parte a atuação e a legislação das instituições do patrimônio do Peru e Brasil, mais especificamente nos centros históricos de Cusco e Ouro Preto, ainda que as recomendações internacionais sobre a importância da preservação e reabilitação das residências não tenham sido adotadas em sua totalidade.

Ante a relevância cultural, histórica, urbana e arquitetônica dos centros históricos de Cusco e Ouro Preto, as instituições de patrimônio – o Instituto Nacional de Cultura em Cusco (INC) e a Instituição do Patrimônio Histórico, Artístico Nacional (Iphan) – documentam, tombam, administram, restauram o patrimônio público e fiscalizam a salvaguarda do patrimônio. Essas ações têm incentivado a preservação desses centros históricos, mas essas intervenções ainda não são suficientes, porque as construções residenciais modestas, porém significativas, estão crescentemente sofrendo um contínuo processo de deterioração, adensamento, descaraterização e destruição.

Diante disso, a nossa pesquisa de campo nos centros históricos de Cusco e Ouro Preto, por meio de um levantamento métrico das residências selecionadas e da aplicação dos questionários aos seus moradores, mostrou a relação dos moradores com suas residências, a fim de criar subsídios para uma reflexão sobre os critérios para reabilitação da residência e a salvaguarda dos centros históricos.

A pesquisa realizada nos centros históricos de Cusco e Ouro Preto mostrou que há semelhanças e diferenças entre eles. Assim, entre as semelhanças estão: a maioria das residências foi construída no período colonial e nos estilos "colonial" e barroco; não menos significativos são os estilos neoclássico, eclético, neocolonial e moderno; foram construídas em adobe ou alvenaria de pedra e taipa de pilão; essas residências têm uso misto (residencial e comercial ou residencial e serviços); elas apresentam uma ótima área construída (mais de 60 m²);

têm ótima área construída/habitante (de 18,8 m² a mais); estão em regular estado de conservação; os dormitórios abrigam um morador; e as janelas dos cômodos estão entre ótimas e péssimas condições de conforto (janelas orientadas segundo as recomendações e cômodos sem janelas ou janelas internas). Em relação às características dos moradores, em ambos os centros históricos a maioria é composta de jovens e adultos, os quais possuem nível superior.

As diferenças entre os centros históricos de Cusco e Ouro Preto consistem no seguinte: em Cusco, a maioria das residências é multifamiliar, é significativo o número de ambientes multiuso e domicílios com área construída péssima (menos de 20 m²), o uso de banheiros, medidores elétricos e hidrômetros é coletivo. Em relação às características dos moradores, a maioria é formada de inquilinos, os quais moram nas residências há pelo menos cinco anos e possuem uma renda familiar entre um e dois salários mínimos.

Já no Centro Histórico de Ouro Preto, a maioria das residências é unifamiliar, os domicílios possuem três dormitórios e banheiro e medidor elétrico privado, e não têm hidrômetro. Em relação aos moradores, a maioria é composta de proprietários, os quais moram no imóvel há 41-50 anos e possuem uma renda familiar superior a dez salários mínimos.

Em relação aos planos de desenvolvimento urbano, apenas a prefeitura de Cusco, em 1992, elaborou o Código Municipal para la Protección de la Ciudad Histórica del Qosqo e, em 2000, o Plano Diretor, que contém a regulamentação específica para o centro histórico. Porém, ainda falta determinar medidas para concretizar a reabilitação das residências: financiamento, créditos, estudos urbanísticos, arquitetônicos das edificações residências e socioeconômicos dos moradores. Já a prefeitura de Ouro Preto até a presente data não elaborou a regulamentação específica para o centro histórico, o que vem agravando a descaraterização, o adensamento, a deterioração e mesmo a destruição do patrimônio edificado.

Ante a crescente concentração das atividades econômicas no lugar das residências e a expulsão dos moradores, a falta de uma legislação específica para o centro histórico e sua implementação e fiscalização, a falta de mecanismos de financiamento para a reabilitação das residências, o controle do Imposto Territorial Urbano (IPTU) e dos aluguéis, a subdivisão dos lotes e das construções, a alocação dos cômodos com áreas e condições de conforto insuficientes, entre outros, estão, no entanto, contribuindo para o adensamento, a descaraterização, a deterioração e a destruição do patrimônio arquitetônico residencial e a deficiente qualidade das residências nos centros históricos de Cusco e Ouro Preto. Considerando que a residência é a função básica do centro histórico, função permanente, testemunha das manifestações sociais, condição básica da existência do ser humano e da natureza do centro histórico, é relevante a reabilitação das residências como instrumento de sua salvaguarda.

Com este livro, esperamos contribuir para os estudos sobre a reabilitação das residências e a salvaguarda dos centros históricos de Cusco e Ouro Preto, já que a arquitetura residencial é a natureza do centro histórico. Como tal, merece que as autoridades locais, regionais, nacionais e internacionais despertem seu interesse pela reabilitação das residências, como instrumento de salvaguarda dos centros históricos de Cusco e Ouro Preto.

# REFERÊNCIAS BIBLIOGRÁFICAS

ALUCCI, M. P. Critérios relativos ao entendimento das exigências de ventilação na habitação. In: Instituto de Pesquisas Tecnológicas. *Implantação de conjuntos habitacionais*: recomendações para adequação climática e acústica. São Paulo: Pini, 1998.

AVILA, A. *Barroco*: teoria e análise. São Paulo: Perspectiva, 1997.

AZEVEDO, P. O. D. *Cusco*: *ciudad histórica*: continuidad y cambio. Lima: Peisa, 1982.

BELLOTO, M., CORREA, A. M. M. *A América Latina de colonização espanhola*. São Paulo: Hucitec, 1979.

BENEVOLO, L. *História da cidade*. São Paulo: Perspectiva, 1999.

BOITO, C. *Restaurare e conservare*. Milano: [s.n.], 1893.

BORJA, J., CASTELLS, M. *Local y global*: la gestión de las ciudades en la era de la información. Madrid: Taurus, 1977.

BRANDI, C. *Teoria de la restauración*. España: Alianza, 1996.

CALVO, S. A. *La traza urbana de la ciudad inca*. Peru: INC, 1980.

COELHO, G. N., VALVA, M. D. *Patrimônio cultural edificado*. Goiânia: Editora da UCG, 2001.

COLEGIO OFICIAL DE ARQUITECTOS DE MADRID. *Curso de rehabilitación*: la teoria. Madrid: [s.n.], 1985.

COMITÊ DOS MINISTROS DO CONSELHO DA EUROPA. Manifesto de Amsterdã: Carta européia do patrimônio arquitetônico europeu. In: Instituto do Patrimônio Histórico e Artístico Nacional. *Cartas patrimoniais* (Caderno de documentos n° 3). Brasília: Iphan, 1995.

CONFERÊNÇA GERAL DAS NAÇÕES UNIDAS. Carta do Rio: 1992. In: Instituto do Patrimônio Histórico e Artístico Nacional. *Cartas patrimoniais* (Caderno de documentos n° 3). Brasília: Iphan, 1995.

CONGRESSO INTERNACIONAL DE ARQUITETURA MODERNA. Carta de Atenas de 1933. In: Instituto do Patrimônio Histórico e Artístico Nacional. *Cartas patrimoniais* (Caderno de documentos n° 3). Brasília: Iphan, 1995.

CONSELHO DA EUROPA. Declaração de Amsterdã: Carta Européia, 1975. In: Instituto do Patrimônio Histórico e Artístico Nacional. *Cartas patrimoniais* (Caderno de documentos n° 3). Brasília: Iphan, 1995.

_____. Manifesto de Ansterdã: Carta Européia do Patrimônio Arquitetônico, 1975. In: Instituto do Patrimônio Histórico e Artístico Nacional. *Cartas patrimoniais* (Caderno de documentos n° 3). Brasília: Iphan, 1995.

CONSELHO INTERNACIONAL DE MONUMENTOS E SÍTIOS. Carta de Veneza, 1964. In: Instituto do Patrimônio Histórico e Artístico Nacional. *Cartas patrimoniais* (Caderno de documentos n° 3). Brasília: Iphan, 1995.

_____. Carta de Burra, 1980. In: Instituto do Patrimônio Histórico e Artístico Nacional. *Cartas patrimoniais* (Caderno de documentos n° 3). Brasília: Iphan, 1995.

_____. Carta de Florença, 1981. In: Instituto do Patrimônio Histórico e Artístico Nacional. *Cartas patrimoniais* (Caderno de documentos n° 3). Brasília: Iphan, 1995.

_____. Declaração de Tlaxcala, 1982. In: Instituto do Patrimônio Histórico e Artístico Nacional. *Cartas patrimoniais* (Caderno de documentos n° 3). Brasília: Iphan, 1995.

_____. Carta de Washington. In: Instituto do Patrimônio Histórico e Artístico Nacional. *Cartas patrimoniais* (Caderno de documentos n° 3). Brasília: Iphan, 1995.

DOZER, D. M. *América Latina, uma perspectiva histórica*. Porto Alegre: Globo, 1966.

ENCONTRO INTERNACIONAL DE ARQUITETOS. Carta de Machu Picchu, 1977. In: Instituto do Patrimônio Histórico e Artístico Nacional. *Cartas patrimoniais* (Caderno de documentos n° 3). Brasília: Iphan, 1995.

FERNÁNDEZ, F. V. Los aspectos relativos a la morfologia urbana en los planos de rehabilitación: el estudio de León. In: Colegio Oficial de Arquitectos de Madrid. *Curso de rehabilitación*: la teoria. Madrid: [s.n.], 1985.

FLORES, V. P. *Arquitetura cuzqueña en los albores de la República (1824-1934)*. Cusco: Unsaac, 1995a.

FROTA, B. A., SCHIFFER, R. S. *Manual de conforto térmico*. São Paulo: Studio Nobel, 1995.

GASPARINI, G. A arquitetura barroca latino-americana: Uma persuasiva retórica provincial. In: AVILA, A. *Barroco*: teoria e análise. São Paulo: Perspectiva, 1997.

GUTIERREZ, R. *Arquitetura latino-americana*. São Paulo: Nobel, 1989.

GOVERNO DA ITÁLIA. Carta de Restauro, 1972. In: Instituto do Patrimônio Histórico e Artístico Nacional. *Cartas patrimoniais* (Caderno de documentos n° 3). Brasília: Iphan, 1995.

HARDOY, J. E., SANTOS, M. R. dos *Impacto de la urbanización en los centros latinoamericanos*. [s.i.]: Pnud, Unesco, 1983a.

_____. *El centro histórico del Cusco*. [s.i.]: Pnud, Unesco, 1983b.

HARVEY, D. *Condição pós-moderna*. São Paulo: Loyola, 1992.

HERRERA, J. T. *Historia social del Cuzco republicano*. Lima: Universo, 1981.

HUGON, P. *Demografia brasileira*. São Paulo: Atlas, 1977

IBERICO, E. E. Proceso urbano y vivienda. In: Centro de Estudios Guamán Poma de Ayala. *Planificando el desarrollo local*. Cusco: Centro de Estudios Guamán Poma de Ayala, 1992.

INSTITUTO DO PATRIMÔNIO HISTÓRICO ARTÍSTICO NACIONAL. *Cartas patrimoniais* (Caderno de documentos n° 3). Brasília: Iphan, 1995.

KULH, B. M. *Arquitetura do ferro e arquitetura ferroviária em São Paulo*: reflexões sobre a sua preservação. São Paulo: Ateliê, Fapesp, Secretaria da Cultura, 1998.

LEMOS, C. *História da casa brasileira*. São Paulo: Contexto, 1996.

LE-DUC, V. *Lárchitettura ragionata*: Estratti dal Dizionario, 1865.

MACHADO, D. G. *Barroco mineiro*. São Paulo: Perspectiva, 1999.

MANRIQUE, J. A. A formação da arquitetura barroca americana. In: ÁVILA, A. *Barroco*: teoria e análise. São Paulo: Perspectiva, 1997. p.173-8.

MARICATO, E. *Brasil, cidades*: alternativas para a crise urbana. Petrópolis: Vozes, 2001.

MINISTÉRIO DA EDUCAÇÃO E CULTURA-IPHAN. Compromisso de Brasília, 1970. In: Instituto do Patrimônio Histórico e Artístico Nacional. *Cartas patrimoniais* (Caderno de documentos n° 3). Brasília: Iphan, 1995.

_____. Compromisso de Salvador, 1971. In: Instituto do Patrimônio Histórico e Artístico Nacional. *Cartas patrimoniais* (Caderno de documentos n° 3). Brasília: Iphan, 1995.

256  ROSÍO FERNÁNDEZ BACA SALCEDO

OBLITAS, J. et al. *Evolución histórica de la casa cuzqueña*. Cusco: Unsaac, 1998.

ORGANIZAÇÃO DAS NAÇÕES UNIDAS PARA A EDUCAÇÃO A CIÊNCIA E A CULTURA; PROYECTO REGIONAL DE PATRIMÔNIO CULTURAL ANDINO. Coloquio sobre la preservación de los centros históricos ante el crecimiento de las ciudades contemporáneas, 1977.

ORGANIZAÇÃO DAS NAÇÕES UNIDAS PARA A EDUCAÇÃO A CIÊNCIA E A CULTURA. Recomendação relativa à salvaguarda dos conjuntos históricos e sua função na vida contemporânea, Nairobi, 1976. In: Instituto do Patrimônio Histórico e Artístico Nacional: *Cartas patrimoniais* (Caderno de documentos n° 3). Brasília: Iphan, 1995.

_____.Convenção sobre a salvaguarda do patrimônio mundial, cultural e natural, 1972. In: Instituto do Patrimônio Histórico e Artístico Nacional. *Cartas patrimoniais* (Caderno de documentos n°3). Brasília: Iphan, 1995.

_____. Recomendação relativa à salvaguarda da beleza e do caráter das paisagens e sítios, 1962. In: Instituto do Patrimônio Histórico e Artístico Nacional. *Cartas patrimoniais* (Caderno de documentos n° 3). Brasília: Iphan, 1995.

ORGANIZAÇÃO DOS ESTADOS AMERICANOS. Normas de Quito, 1967. In: Instituto do Patrimônio Histórico e Artístico Nacional. *Cartas patrimoniais* (Caderno de documentos n° 3). Brasília: Iphan, 1995.

ORGANIZAÇÃO DOS ESTADOS AMERICANOS; GOVERNO DOMINICANO. Resolução de São Domingos: I Seminário Interamericano sobre experiência na conservação e restauração do patrimônio monumental dos períodos colonial e republicano, 1974. In: Instituto do Patrimônio Histórico e Artístico Nacional. *Cartas patrimoniais* (Caderno de documentos n° 3). Brasília: Iphan, 1995.

ORMACHEA, A. V., IBERICO E. E. *Centro histórico de Cusco*: rehabilitación urbana y vivienda. Cusco: Unsaac, 1990.

PEREIRA, P. As dobras da melancolia – o imaginário barroco português. In: ÁVILA, A. *Barroco*: teoria e análise. São Paulo: Perspectiva, 1997, p.159-70.

POZO DIAZ, H. C. *Regimen legal urbano*: doctrina y legislación. Lima: Gaceta Jurídica, 2000.

REIS, N. G. *Evolução urbana do Brasil*: 1500/1720. São Paulo: Pini, 2000.

REIS FILHO, N. G. *Quadro da arquitetura no Brasil*. São Paulo: Perspectiva, 1995.

_____. Notas sobre o urbanismo barroco no Brasil. In: ÁVILA, A. *Barroco*: teoria e análise. São Paulo: Perspectiva, 1997.

RIBEIRO, D. *As Américas e a civilização*. Petrópolis: Vozes, 1983.

RUSKIN, J. *Las siete lámparas de la arquitectura*. Buenos Aires: Ateneo, 1956.

SANTOS, M. *Manual de geografia*. São Paulo: Hucitec, 1981.

SEMINÁRIO BRASILEIRO para Preservação e Revitalização. Carta de Petropolis, 1987. In: Instituto do Patrimônio Histórico e Artístico Nacional. *Cartas patrimoniais* (Caderno de documentos n° 3). Brasília: Iphan, 1995.

SIMÃO, M. C. R. *Preservação do patrimônio cultural em cidades*. Belo Horizonte: Autêntica, 2001.

SOCIEDADE DAS NAÇÕES. Carta de Atenas, 1931. In: Instituto do Patrimônio Histórico e Artístico Nacional. *Cartas patrimoniais* (Caderno de documentos n° 3). Brasília: Iphan, 1995.

SORIANO, W. E. *Los incas*. Lima: Amaru, 1987.

VASCONCELLOS, S. de. *Vila Rica*. São Paulo: Perspectiva, 1977.

_____. A arquitetura colonial mineira. In: ÁVILA, A. *Barroco*: teoria e análise. São Paulo: Perspectiva, 1997.

VAUTHIER, L. L. Casas de residências no Brasil. In: FAU-USP, MEC-Iphan. *Arquitetura civil I*. São Paulo: FAU-USP, MEC-Iphan, 1975.

VENERO, C. C. *Cuzco*: patrones de asentamientos. Lima: Colegio de Arquitectos del Peru, 1983.

## Apostilas de classe

BUSQUETS, J. Evolución del planeamiento hacia la escala intermedia. In: *Disciplina Seminários de História da Cidade e do Urbanismo*. São Paulo: FAU-USP, 1999.

LEMOS, A. I. G. de. *O método comparativo nas ciências sociais*: as particularidades da geografia. São Paulo, 2003.

## Dicionários

MINISTÉRIO DA EDUCAÇÃO. *Dicionário da língua portuguesa*. Rio de Janeiro: Ministério da Educação, 1986.

WILFRIED, K. *Dicionário dos estilos arquitetônicos*. São Paulo: Martins Fontes, 1996.

## Dissertações, teses ou outros trabalhos acadêmicos

DACAMAL, C., SALCEDO, R. F. B. *A habitação no centro histórico de Cusco*. Bauru, 2001. (Relatório final do Projeto de Iniciação Científica) – Bolsa Pibic-CNPq, UNESP-Daup.

DEL RIO, V. *Desenho urbano e revitalização na área portuária do Rio de Janeiro*: a contribuição ao estudo da percepção ambiental. São Paulo, 1991. Tese (Doutorado em Arquitetura e Urbanismo) – Universidade de São Paulo.

OLIVEIRA, M. R. da S., SALCEDO, R. F. B. *A habitação no centro histórico de Ouro Preto*. Bauru, 2000. (Relatório final do Projeto de Iniciação Científica) Bolsa Pibic-CNPq, UNESP-Daup.

SALCEDO, R. F. B. *O espaço urbano do centro histórico de Cusco (Peru)*. Rio Claro, 1994. 155p. Dissertação (Mestrado em Geografia) – Universidade Estadual Paulista.

_____. *A reabilitação da residência como instrumento de salvaguarda dos centros históricos de Cusco (Peru) e Ouro Preto (Brasil), Patrimônio Cultural da Humanidade*. São Paulo, 2003. 282p. Tese (Doutorado em Integração da América Latina) – Universidade de São Paulo.

WIPFLI, M. *Intervenções urbanas em centros históricos*: estudo de caso: cidade de Salvador. São Paulo, 2001. 245p. Dissertação (Mestrado em Arquitetura e Urbanismo) – Universidade de São Paulo.

## Documentos

BANCO CENTRAL DEL PERU. Dólar paralelo, janeiro de 2000.

INSTITUTO BRASILEIRO DE GEOGRAFIA E ESTATÍSTICA (IBGE). *Censo demográfico*. Rio de Janeiro: IBGE, 1970.

_____. *Censo demográfico*. Rio de Janeiro: IBGE, 1991.

_____. *Manual do recenseador*. Rio de Janeiro: IBGE, 2000.

FERNANDES, S. M. *Ouro Preto*: Guia dos monumentos civis e religiosos. Ouro Preto: Ministério da Cultura, Iphan-sub-regional II, 1997.

INSTITUTO NACIONAL DE ESTADÍSTICA. *Censo nacional de población y vivienda*. Peru, 1981.

PERU. Ministerio de Trabajo y Banco Central de Reserva. Salario mínimo enero 2000.

_____. Superintendencia de banca y Seguros. Peru, 2000.
SERVICIO NACIONAL METEOROLÓGICO. Cusco, Universidad Nacional San Antonio Abad, 2002.

## Documentos em meio eletrônico: *homepage* institucional

BANCO CENTRAL. Dólar paralelo. Disponível em: <http://www.escagaspar.com.br/dolar_parar100htm>.
INSTITUTO NACIONAL DE CULTURA. Decreto-Lei n° 18.799. Disponível em: <http://www.inc.perucultura.org.pe/inst2.htm>; acesso em: 31.7.2002.
INSTITUTO DO PATRIMÔNIO HISTÓRICO E ARTÍSTICO NACIONAL. Legislação: Decreto n° 2807 de 21 de outubro de 1998. Disponível em: <http://www.iphan.gov.br/legislac/decreto 2807.htm>; acesso em: 25.7.2002.
_____. Legislação: Decreto-Lei n° 25 de 30 de novembro de 1937. Disponível em: <http://www.iphan.gov.br/legislac/decretolei25.htm>; acesso em: 25.7.2002.
_____. Patrimônio mundial. Disponível em: <http://www.iphan.gov.br/bens/Mundial/mundial.htm>; acesso em: 10.7.2002.
_____. Sobre o Iphan. Disponível em: <http://www.iphan.gov.br/iphan/iphan.htm>; acesso em: 10.7.2002.
_____. Urbis: Programa de Reabilitação Urbana de Sítios Históricos, 2002. Disponível em: <http://www.iphan.gov.br/proprog/urbis.htm>; acesso em: 10.7.2002.
_____. Projeto Monumenta, 2002. Disponível em: <http:/www.iphan.gov.br/proprog/bid.htm>; acesso em: 10.7.2002.
_____. Pronac: Preservar o patrimônio é um bom negócio. Disponível em: <http://www.iphan.gov.br/proprog/pronac2.htm>; acesso em 10.7.2002.
MEDIDA PROVISÓRIA n° 1.824 de 1°.5.1999: salário mínimo. Disponível em: <http://www.escgaspar.com.br/salario.htm>.
SECRETARIA DE ESTADO DA CULTURA DE MINAS GERAIS. Atribuições legais. Disponível em: <http:/www.cultura. mg.gov.br/sec/atrib.htm>; acesso em: 5.8.2002.
_____. Supregionais. Disponível em: <http:/www.iphan.gov.br/subregionais/13srr/pagsr13.htm>; acesso em: 5.8.2002.
UNESCO BRASIL. Cultura: O patrimônio mundial, 2002. Disponível em: <http:/www.unesco.gov.br/programas/cultura/pat_mund. asp>; acesso em: 1°.8.2002.

## Projetos das residências

### Ouro Preto

INSTITUTO DO PATRIMÔNIO HISTÓRICO E ARTÍSTICO NACIONAL – Sub-regional II. Projeto da residência da Rua Antônio Albuquerque n° 117. Plantas, cortes e fachadas, Esc.: 1/50. Ouro Preto, 1999.

_____. Projeto da residência da Rua Cláudio Manoel n° 28. Plantas, cortes e fachadas, Esc.: 1/50. Ouro Preto, 1999.

_____. Projeto da residência da Rua Conde de Bobadela n° 62. Plantas, cortes e fachadas, Esc.: 1/50. Ouro Preto, 1999.

_____. Projeto da residência da Rua Conde de Bobadela n° 82-84. Plantas, cortes e fachadas, Esc.: 1/50. Ouro Preto, 1999.

_____. Projeto da residência da Rua São José n° 171. Plantas, cortes e fachadas, Esc.: 1/50. Ouro Preto, 1999.

_____. Projeto da residência da Rua São José n° 225. Plantas, cortes e fachadas, Esc.: 1/50. Ouro Preto, 1999.

### Cusco

FLORES, V. P. Projeto da residência da Rua Tupac Amaru n° 185, Esc.: 1/300 : plantas e fachada. In: _____. *Arquitetura cuzqueña en los albores de la República (1824-1934)*. Cusco: Unsaac, 1995b. p.131.

_____. Projeto da residência da esquina da Rua Chihuampata com a Rua Alabado: plantas e fachada, Esc.: 1/250. In: _____. *Arquitetura Cuzqueña en los albores de la República (1824-1934)*. Cusco: Unsaac, 1995c.

INSTITUTO NACIONAL DE CULTURA – CUSCO – Arquivo. Projeto da residência da Rua Carmen Alto n° 294. Plantas, cortes e fachadas, Esc.: 1/50, 1/100. Cusco, 2000.

_____. Projeto da residência da Rua Cuesta San Blas n° 256. Plantas, cortes e fachadas. Cusco, 2000.

_____. Projeto da residência da Rua Plateros n° 313. Plantas, cortes e fachadas Esc.: 1/50, 1/100. Cusco, 2000.

VENERO, C. C. Projeto da residência da rua Arones n° 147: implantação, plantas, cortes e fachadas, Esc.: 1/200, 1/300. In: _____. *Cuzco: patrones de asentamientos*. Lima: Colegio de Arquitectos del Peru, 1983. p.134-5.

## Legislação ou documentos jurídicos

BLOCH, L. L. *Código de Obras e Edificações do Estado de São Paulo*: comentado e criticado. São Paulo: Pini, 1993.

BRASIL. *Constituição da República Federativa do Brasil e glossário*. Rio de Janeiro: FAE, 1989.

CAMARA PERUANA DE LA CONSTRUCCIÓN. *Reglamento Nacional de Construcciones*. Lima, 1997.

INSTITUTO NACIONAL DE CULTURA. *Lei n° 24.047*: General de amparo al patrimonio cultural de la nación. Cusco, 1993.

_____. *Documento: Plan operativo institucional*. Cusco: Instituto Nacional de Cultura, 1993.

MUNICIPALIDAD DEL QOSQO. *Código Municipal para a protección de la Ciudad Histórica del Qosqo*. Cusco, 1992.

PREFEITURA DE BELO HORIZONTE. *Código de Obras e Edificações*. Decreto-Lei n° 84 de 21 de dezembro de 1940.

## Planos

FUNDAÇÃO JOÃO PINHEIRO. *Plano de conservação, valorização e desenvolvimento de Ouro Preto e Mariana*: relatório síntese. Belo Horizonte: Fundação João Pinheiro, 1974.

MUNICIPALIDAD DEL CUSCO. *Plano Diretor*. Cusco, 2000.

PREFEITURA MUNICIPAL DE OURO PRETO. *Plano Diretor*. Ouro Preto, 1996.

## Revistas

DANIEL, C. Poder local no Brasil urbano. *Revista de Estudos Regionais Urbanos: Espaço e debates (São Paulo)*, n.24, 1988.

FERNÁNDEZ, A. J. Campesino. Los centros históricos: análisis de su problemática. *Norba: Revista de Geografia*, Universidade de Estremadura, v.V,1984.

IBERICO, E. E., DEGREGORI, L. N. Cuzco en la encrucijada. Análisis del registro catastral del Centro Histórico. *Crónicas Urbanas, Centro Guaman Poma de Ayala*, ano VI, n.6-7, 1998.

MOTTA, L. A Sphan em Ouro Preto: uma história de conceitos e critérios. *Revista do Patrimônio Histórico e Artístico Nacional (Rio de Janeiro)*, n.22, 1987.

SOUZA, A. de. Qualidade da vida urbana. *Revista Debates Urbanos (Rio de Janeiro)*, n.7, 1984.

SOBRE O LIVRO

*Formato*: 14 x 21 cm
*Mancha*: 23,7 x 42,5 paicas
*Tipologia*: Horley Old Style 10,5/14
*Papel*: Offset 75 g/m² (miolo)
Cartão Supremo 250 g/m² (capa)
*1ª edição*: 2007


EQUIPE DE REALIZAÇÃO

*Coordenação Geral*
Marcos Keith Takahashi

Impressão e acabamento